高等职业教育物流专业规划教材

U0868672

Distribution Management Practice

配送管理实务

主　编　黄　晶
副主编　魏杰羽　黄　芬　王　爽

ZHEJIANG UNIVERSITY PRESS
浙江大学出版社

序

2009年3月国务院发布了《物流业调整和振兴规划》，强调必须加快发展现代物流业，建立现代物流服务体系，以物流服务促进其他产业发展；为进一步贯彻落实《国务院关于印发物流业调整和振兴规划的通知》精神，2011年国务院办公厅又发布了关于促进物流业健康发展措施的意见。

物流业的蓬勃发展对物流人才形成了巨大的需求，2013年全国物流业增加值3.9万亿元，同比增长8.5%，占GDP的比重为6.8%，与此同时，我国的物流成本约占GDP总量的18%，这一比重已经超过发达国家的两倍，也远高于其他金砖国家。一方面是物流业的高速发展带来巨大的物流人才需求；另一方面，我国物流行业信息化、机械化程度较低，管理水平相对落后，导致物流成本长期居高不下。要提高物流业整体管理水平，必须培养出高素质、高技能的物流人才。

本书是国家骨干高职院校建设中，针对高职高专物流管理专业及相关专业群编写的校企合作教材之一。《配送管理实务》教材面向企业实际，遵循职业教育教学规律，在进行社会行业调研基础上，以真实职业(群)活动实践顺序(作业流程)为教材内容设计主线，面向应用，突出学生配送基层作业及营运管理能力培养。本书具有以下特点：

1. 循序渐进，组织教材章节

考虑到我国高职高专学生学习新知识的特点，本教材由浅至深安排教学内容，任务1让学生认知配送，了解配送，提高学生学习配送的兴趣；任务2—8遵循配送企业作业流程，从配送中心两大块作业，即进货与出货着手，使学生对配送中心各基层操作岗位作业流程及岗位职责有一定了解，使学生在学习该知识点后能胜任收货员、仓管员、订单处理员、拣货员、复核员、包装员、车辆调度、配送员、退货处理员等基层岗位；任务9—11主要从更高层次的岗位需要介绍配送中心营运管理方面的内容，使学生能胜任配送营运管理类岗位。

教材章节排序符合高职高专学生学习规律，由浅及深，循序渐进，让学生逐步掌握配送作业及管理技能。

2.贴近实际,设计教学环节

为了让学生了解配送企业的实际情况,编者深入配送企业进行挂职锻炼,收集了大量企业素材,同时,在教材编写过程中,邀请企业专家参与编写,提出宝贵意见,因此是一本校企合作教材。本教材精选大量企业实例,辅以企业实际作业流程、各具体作业岗位职责,以及配送设施设备图片,使学生在接触到教材后能更直观地了解配送企业实际作业情况。同时,在各章节后设计有实训操作环节,达到还原企业实际工作状态的目的。学生可以直观、形象地获取经验,从而可以轻松获取实际职业行动能力。

3.突出职业能力培养,做到教学做一体化

教材编写坚持知识的掌握服务于能力的构建,围绕职业能力的形成组织课程内容,以工作任务为中心来整合相应的知识和技能。不追求理论知识的体系完整,但求教学内容先进、重点突出、取舍合理、结构清晰、层次分明,表述深入浅出,用平实的语言阐释抽象的理论,以求信息传递高效简洁。本书以配送作业原理与操作具体工作项目为载体,设计、组织课程内容,形成以工作任务为中心,以技术实践知识为焦点、以技术理论知识为背景的课程内容结构,实现了课程内容由学科结构向工作结构的转变,提高了可操作性。加强工作任务与知识、技能的联系,增强了学生的直观体验,诱发其学习的参与性和主动性。在关键技能环节,有针对地设置实际操作练习,加大技能培训力度,从而方便学生将知识转化为专业性的技能技巧,提高其解决和处理现实问题的综合能力。

本教材设计了知识目标、技能目标、项目任务、任务导入、任务实施、重要知识、阅读与思考、企业实例、每日一练、核心概念、业务技能自测、案例分析、实训操作等栏目,构建了相对完整的配送管理理论及操作体系,回归了以培养学生技术应用能力为主线的高职高专教育本位,突出强调学生学习的参与性与主动性,体现了教材定位、规划、设计与编写等方面的职业教育教学改革示范性,适合高职高专院校物流管理专业及相关专业群选用。

《配送管理实务》一书由黄晶设计编写方案并担任主编,魏杰羽、黄芬和王爽老师担任副主编。参与编写的还有王宁等老师。黄晶对全书统一加工整理,总纂定稿。在教材编写过程中,武汉市楚天技能名师、中百生鲜配送中心陈仁伟经理,九州通医药集团湖北物流公司李玥部长给予了宝贵的意见,并提供了部分企业资料,在此深表感谢。

在编写过程中,我们借鉴、引用了大量国内外配送管理教材及企业案例资料,在此对作者表示真诚的感谢。在本书出版之际,我们还要感谢浙江大学出版社曾熙编辑对本书的出版给予的大力支持与帮助,在此,一并致以衷心感谢。

由于编者水平有限,加上时间仓促,书中疏漏与不妥之处在所难免,敬请有关专家和读者批评指正。

编　者

2014年7月

目 录

导 言

本书是一部真正实现“任务驱动、项目引领”的高职高专《配送管理》示范性教材。全书根据教育部等六部门编制的 2014 年《现代职业教育体系建设规划(2014—2020年)》文件精神，通过对物流行业配送企业工作岗位实地考察分析，以真实职业活动顺序(作业流程)为主线进行教材内容设计，形成了特征鲜明的“工作过程导向”教学蓝本。编写过程中，在不改变核心理论的前提下将知识内容进行了重组，真正做到了“必须与够用”，使理论的基础地位变为对实践操作的服务地位。

按作业流程全书分为三大模块 11 个工作任务。

模块一　配送入门	任务 1　配送及配送中心认知
模块二　配送基层作业	任务 2　进货储存作业 任务 3　订单处理作业 任务 4　拣货作业 任务 5　补货作业 任务 6　配送加工作业 任务 7　送货作业 任务 8　退货处理作业
模块三　配送运营管理	任务 9　配送流程管理 任务 10　配送成本控制 任务 11　配送绩效评价

本书是一本较为完整地阐述配送作业管理原理与操作的教材，适合高职高专物流管理专业、连锁经营管理专业及相关专业选用。更适合作为配送管理在职人员的工作实践指导用书或参加物流师职业资格考试人员的参考用书。

模块一

配送入门

PEISONG RUMEN

任务1

配送及配送中心认知

知识目标

通过完成本任务,你应该能够:

1. 理解配送及配送中心的概念。
2. 了解配送及配送中心的分类。
3. 准确描述配送中心环节及作业流程。
4. 了解国内外知名的配送企业及配送的发展趋势。

技能目标

1. 能够区分一般送货、运输、仓储与配送之间的关系。
2. 能够区分传统仓库与配送中心的区别。

任务导入

尊敬的读者：你了解配送吗？配送与我们所说的物流有何关联呢？在我们的日常生活中有哪些活动属于配送？配送活动一般在哪里进行呢？这些活动与我们所说的仓储、运输以及一般送货有何异同呢？配送活动中有哪些基本环节？它的基本作业流程又是怎样的？

为了详细地了解上述问题，我们必须先从配送的基础知识入手，首先请尝试完成本任务：配送及配送中心认知。

我们又将本任务分为两个分项任务：

分项任务1：配送认知。

分项任务2：配送中心认知。

你可以对照能力目标，反复演练，有的放矢地依次完成各分项任务，直至完成本任务，为早日胜任配送企业相关岗位做好准备。

任务实施

一、 配送认知

➢任务提示

本分项任务将引领你理解配送的定义，并识别生活中的各种配送现象！

➢任务先行

什么是配送？它与一般送货、仓储、运输有何异同？它是如何产生的？要了解这些问题，请往下看！

(一)配送的含义

配送是物流中一种特殊的、综合的活动形式，几乎包括了所有的物流功能要素，是物流的一个缩影或在某小范围中物流全部活动的体现，又称“小物流”。作为物流系统的一个子系统，配送活动在现代企业经营和社会消费中有着重要作用。

重要知识1-1

配送的定义

国家标准(GB/T 18354-2006)《物流术语》关于配送的定义为：“在经济合理区域范围内，根据用户要求，对物品进行拣选、包装、分割、组配等作业，并按时送达指定地点的物流活动。”

掌握配送的含义，我们需要明确以下几个方面的问题：

1. 配送的内涵

要正确理解配送的内涵，必须明确以下几点：

第一，配送的范围不能太大也不能太小，而是在一个经济合理的区域范围内，有面向全球的配送，也有面向国内某省市的配送，但以市内配送居多。

第二，配送是从用户利益出发、按用户要求进行的一种活动。因此，配送企业的地位是服务地位而不是主导地位，但过分强调"按用户要求"是不妥的，用户要求受用户本身的局限，有时实际会损害自我或双方的利益。对于配送者来讲，必须以"要求"为据，但是不能盲从；应该追求合理性，进而指导用户，实现共同受益的商业原则。

第三，配送是"配"和"送"有机结合的形式。配送与一般送货的重要区别在于，配送利用有效的分拣、配货等理货工作，使送货达到一定的规模，以利用规模优势取得较低的送货成本。如果不进行分拣、配货，有一件运一件，需要一点送一点，那就会大大增加成本。所以，追求整个配送的优势，分拣、配货等项工作是必不可少的。

2. 配送与送货的关系

配送的实质就是送货，但和一般送货又有区别，主要区别如表1-1所示。

表1-1　配送与送货的区别

内容	配送	送货
组织模式	一种有确定组织、确定渠道，有一套装备及管理、技术力量，有一套制度的体制形式	一种偶然的行为
组织水平	高水平的现代送货形式	低水平的传统送货形式
形式	"中转"型送货	直达型送货
组织者	配送企业	生产企业

3. 配送与仓储的关系

一般情况下，仓储与配送几乎同时出现，似乎仓储与配送是密不可分的，而实际中也存在这样的情况，一些物流企业在做仓储的同时也会提供一些配送服务，那么仓储与配送是否是同一概念呢？答案是否定的。配送与仓储的区别体现在主要功能、主要环节、数据收集以及作业的附加值等方面，如表1-2所示。除此之外，仓储企业和配送企业的利润点也是不一样的，仓储企业主要通过收取仓储费或仓位租赁费创造利润，而配送企业主要通过赚取配送费或商品进销之间的差价来赚取利润。

表 1-2　配送与仓储的关系

内容	配送	仓储
主要功能	以配送为主，储存为辅	主要目的是储存货物
主要环节	包括进货、接收、存储、加工、拣货配货、配装、装运等环节	包括接收、存储、保管、盘点、装运等环节
附加值	高附加值活动	低附加值活动
数据收集	实时收集数据	成批收集数据

4. 配送与运输的关系

配送中也包含一段运输，但配送中的运输活动与我们通常所说的运输是有区别的（见表 1-3）。

表 1-3　配送与运输的关系

内容	配送	运输
运输性质	支线运输、区域内运输、末端运输	干线运输
货物性质	多品种、小批量	少品种、大批量
运输工具	小型货车	大型货车或铁路/水路运输
管理重点	服务优先	效率优先
附属功能	装卸、保管、包装、分拣、流通加工、订单处理等	装卸、捆包

（二）配送的产生及发展

1. 配送的产生

配送最早产生于美国等西方发达国家，随着国际交流的日益增加和经济全球化趋势的不断加强，这种先进的物流方式逐步在其他国家和地区推行开来。在发达国家，配送已经成为制造商和经营商普遍接受和采用的物流方式，而且还在迅速发展。

配送是由送货逐渐演变而来的。一般的送货形态在西方发达国家已经有相当长的历史，在买方市场情况下，送货最初是作为一种迫不得已的推销手段出现的。但是随着经济复兴和高速发展，送货作为商品的主要流通手段，暴露出物流分散、生产企业自备车辆、出行混乱、道路拥挤、运输效率低、流通费用上升等问题。

在这种形势下，改变传统的物流方式，采用现代化的物流技术，进一步提高物流合理化程度，自然成为一些国家的共同要求，并且就此采取了一系列改革措施。

日本曾经做过的一项调查表明，由于社会上自备车辆多、道路拥挤及停车时间长，企业收集和发送货物的效率明显降低。但如果减少企业自备车辆，就意味着企业运力的下降。为了保证企业生产和销售的顺利开展，需要依赖社会的运力和仓储力。因此，日本政府积极推行“共同配送制度”，经过不断变革，一种被日本企业界称之为“配送”的物流体制应运而生了。

美国"20世纪财团"也曾组织了一次调查,表明"以商品零售价格为基数进行计算,流通费用所占的比例达59%,其中大部分为流通费"。因此,美国许多企业成立了配送中心,将独立、分散的物流进行统一装卸和搬运,大大降低了流通费用,节约了劳动消耗。资料表明,美国有30%以上的生产资料是通过企业配送中心销售的。

2.配送的发展

配送是伴随着生产的不断发展而发展起来的,其发展过程大体上经历了三个阶段,即萌芽阶段、成长阶段和成熟阶段。

(1) 配送的萌芽阶段(20世纪60年代初期)

在市场营销活动中,为了更好地促进销售而进行送货活动,当时送货只是销售过程的一个附加活动。在这个时期,物流活动中的一般性送货开始向备货、送货一体化方向转化。从形态上看,初期的配送只是一种粗放型、单一性活动,其范围很小,规模不大。

(2) 配送的成长阶段(20世纪60年代中期)

随着经济的快速发展以及货物运输量的急剧增加和商品市场竞争的日趋激烈,配送在发达国家获得进一步发展。

在这个时期,欧美一些国家组建或设立了配送中心,普遍开展货物配载及送货上门活动。配送货物的种类日渐增多,而且配送活动的范围也在不断扩大。从配送形式和配送组织上看,这个时期曾试行了"共同配送"并且建立起了配送体系。

(3) 配送的成熟阶段(20世纪80年代后期)

受多种社会和经济因素的影响,配送有了长足的发展,并以高技术为支撑手段,形成了系列化、多功能的供货活动。

这一阶段,配送区域进一步扩大,实施配送的国家已不再局限于发达国家,许多发展中国家也按照流通社会化的要求实行了配送制,积极开展配送;配送方式日趋多样化,出现了共同配送、即时配送等新的配送方式;配送手段日益先进,自动分拣、光电识别、条形码等先进技术与无人搬运车、分拣机等新设备的出现,使配送的准确性和效率大大提高,配合计算机的应用,使物资配送实现了自动化;配送的集约化程度明显提高,配送企业的数量在逐渐减少,但是,单一企业总体实力和经营规模却在增长;配送服务质量要求越来越高,这不仅仅体现在准确和速度方面,还包括低成本以及满足客户个性化服务的能力,在激烈的市场竞争中,配送企业必须通过自身专业化的服务来保持高质量的客户服务。

阅读与思考 1-1

沃尔玛的配送

沃尔玛集团于 2001 年荣登世界 500 强企业首位。除了其在全世界拥有众多店铺进行规模化发展外，还有一个决定性的因素就是其拥有一个强大的物流配送与支撑系统。这种强大的后勤支撑系统大大降低了沃尔玛的运营成本，扩大了其利润空间，是沃尔玛达到最大销售量和低成本存货周转的核心。沃尔玛前任总裁大卫·格拉斯曾说过："配送设施是沃尔玛成功的关键之一，如果说我们有什么比别人干得好的话，那就是配送中心。"

请思考：配送系统的建立对连锁零售业有何意义？

(三)把握配送的分类

根据不同的分类标准，可以对配送进行以下分类：

1. 按实施配送的组织者不同进行分类

(1) 配送中心配送

这种配送的组织者是配送中心，规模大，有一整套实施配送的设施、设备和装备等。

优点：能力强、配送品种多、数量大等。

缺点：灵活机动性较差，投资较高。

(2) 仓库配送

它一般是以仓库为据点进行的配送，也可以是以原仓库在保持储存保管功能前提下，增加一部分配送职能，或经对原仓库的改造，使其成为专业的配送中心。

(3) 商店配送

这种配送的组织者是商业或物资的门市网点。商店配送形式是除自身日常的零售业务外，按用户的要求将商店经营的品种配齐，或代用户外订外购一部分本店平时不经营的商品，和本店经营的品种配齐后送达用户。

(4) 生产企业配送

配送业务的组织者是生产企业。一般认为这类生产企业是具有生产地方性较强的产品的特点，如食品、饮料、百货等。

2. 按配送货物的种类和数量多少进行分类

(1) 单(少)品种大批量配送

这种配送适应于那些需要数量较大、品种单一或较少的生产企业。如煤炭的配送。

(2) 多品种少批量配送

由于这种配送的特点是用户所需的物品数量不大、品种多，因此在配送时，要按用户的要求，将所需的各种货物配备齐全，凑整装车后送达用户。日用商品的配送多采用这种方式。

(3) 配套成套配送

这种配送的特点是用户所需的物品是成套性的。

3. 按配送时间和数量的多少进行分类

(1) 定时配送

这种配送是按规定的时间间隔进行配送，每次配送的品种、数量可按计划执行，也可以在配送之前以商定的联络方式通知配送时间和数量。

定时配送根据送达的时限不同，又可以分为小时配、日配、快递等形式。

小时配即接到配送要求后，1 小时内将货物送达，适用于突发的个性化需求配送和应急配送；日配即接到配送要求后，24 小时内将货物送达，是定时配送中实行较为广泛的一种；快递是一种快速配送方式，一般而言，覆盖地区较广，服务承诺期限按不同地域会有所变化，综合利用“小时配”和“日配”等在短时间内实现送达的方式，但不明确送达的时间，一般用作向社会广泛服务的方式，很少用于企业的生产配送。

(2) 定量配送

它是指按规定的批量在一个指定的时间范围内进行配送。这种配送方式由于配送数量固定，备货较为简单，可以通过与用户的协商，按托盘、集装箱及车辆的装载能力确定配送数量，这样可以提高配送效率。

(3) 定时定量配送

这种方式是按照规定的配送时间和配送数量进行配送，兼有定时配送和定量配送的特点，要求配送管理水平较高。

(4) 定时定路线配送

它是在规定的运行路线上制定到达时间表，按运行时间表进行配送，用户可按规定路线站和规定时间接货，或提出其他配送要求。

(5) 即时配送

这种配送是完全按用户提出的配送时间和数量随即进行配送，它是一种灵活性很高的应急配送方式。采用这种方式的物品，用户可以实现保险储备为零的零库存，即以即时配送代替了保险储备。

(6) 准时配送

准时配送是指按照双方协议时间，准时将货物送达，这种配送方式准确及时，便于实现“零库存”管理，但是它的配送成本较高，主要适合于生产配送。

4. 按经营形式不同进行分类

(1) 销售配送

这种配送主体是销售企业，或销售企业作为销售战略措施，即所谓的促销配送型。这种配送的对象一般是不固定的，用户也不固定，配送对象和用户取决于市场的占有情况，因此，配送的随机性较强，大部分商店配送就属于这一类。

(2) 供应配送

用户为了自己的供应需要采取的配送方式，它往往是由用户或用户集团组建的配送据点，集中组织大批量进货，然后向本企业或企业集团内若干企业配送(连锁超市)。

商业中的联销商店广泛采用这种方式。这种方式可以提高供应水平和供应能力，可以通过大批量进货取得价格折扣的优惠，达到降低供应成本的目的。

(3) 销售—供应一体化配送

这种配送方式是销售企业对于那些基本固定的用户及其所需的物品，在进行销售的同时还承担着对用户有计划地供应职能，既是销售者，同时又是用户的供应代理人。这种配送有利于形成稳定的供需关系，有利于采取先进的计划手段和技术，有利于保持流通渠道的稳定等。

阅读与思考 1-2

家电配送

近年来，我国家电零售连锁业快速扩张并取得了显著的销售增长和市场地位的提升。根据中国连锁经营协会的调查统计，2012 年“中国连锁经营 100 强”中，有 3 家家电零售企业入围前 30 强。其中国美电器以 1100 亿元的销售规模与苏宁电器并列第二。然而近年来家电零售连锁业自身的利润在不断摊薄，因此降低企业内部经营成本已成为未来发展的必由之路，而物流配送体系的优化将是重要的一环。

国美目前在全国共有物流配送基地 50 个，在全国的物流配送以大区为单位。在北京国美设有北京大库，各个国美分店都有自己的现提仓库。苏宁目前在全国共有门店 1724 多家，其中北京地区有 82 家，企业将在全国建设物流配送中心基地 5 个。

从家电配送方式来看，主要有两种：

一是门店配送：按照各门店订货信息，由配送中心配齐商品，给门店补货，这是典型的 B2B 的配送模式。这种补货主要针对各种小家电。配送中心将商品送到门店后，顾客到门店购买并自己携带回家。这类商品称为非集中送货类商品，在总销售额中一般约占 40%的份额。

二是给顾客配送：当顾客在门店购买家电商品后，门店将顾客的购买信息传递给配送中心的信息处理系统，配送中心会集中不同地域、品种各异、需求零星的购买指令，经过拣货出库，按顾客所在地区划分配送区域，将商品凑整装车后由配送据点送达用户，这是典型的 B2C 的物流模式。因为大家电顾客自身难以搬运，属于集中送货类商品。这种终端物流模式主要针对大家电的配送。

请思考：按经营形式分，家电配送属于哪一种？

5. 按加工程度的不同进行分类

(1) 加工配送

这种配送是与流通加工相结合，在配送据点设置流通加工，或是流通加工与配送据点组建一体化实施配送业务。流通加工与配送的结合，可以使流通加工更具有针对性，并且配送企业不但可以依靠送货服务、销售经营取得收益，还可以通过流通加工增值取得收益。

(2) 集疏配送

这种配送是只改变产品数量组成形式，而不改变产品本身的物理、化学性质，并与干线运输相配合的配送方式，如大批量进货后小批量多批次发货，或零星集货后形成一定批量再送货等。

6. 按配送企业专业化程度进行分类

(1) 综合配送

这种配送的特点是配送的种类较多，且来源渠道不同，但在一个配送据点中组织对用户的配送，因此综合性强。同时，由于综合性配送的特点，决定了它可以减少用户为组织所需全部商品进货的负担，只需和少数配送企业联系，便可以解决多种需求。

(2) 专业配送

它是按产品性质和状态划分专业领域的配送方式。这种配送方式由于自身的特点，可以优化配送设施，合理配备配送机械、车辆，并能制定适用合理的工艺流程，以提高配送效率。

(四) 了解配送的基本环节

从整体上看，配送是由备货、理货、送货和配送加工四个基本环节组成的，其中每个环节又包含着若干具体的活动。

1. 备货

备货是指准备货物的一系列活动。它是配送的基本环节，又是决定配送成败与否、配送规模大小的最基础环节，同时也是决定配送成本和配送效益的关键环节。如果备货不及时或者不合理，备货成本较高，会大大降低配送的整体效益。

备货包括两项具体活动：筹集货物和储存货物。

筹集货物可以由不同的行为主体去完成。若生产企业直接进行配送，那么筹集货物的工作自然是由生产者自己去组织。在专业化流通体制下，筹集货物的工作会出现两种情况：其一，由提供配送服务的配送企业直接承担，一般是通过向生产企业订货或购货完成此项工作；其二，选择商流物流相分离模式进行配送，订货、购货等筹集货物的工作主要由货主(如生产企业)自己去做，配送中心只负责进货和集货等工作，货物所有权属于配送服务的需求者。

总之，筹集货物是由订货、进货、集货以及相关的验货、结算等一系列活动组成的。

储存货物是购货、进货活动的延续。在配送活动中，货物储存有两种表现形态：一种是暂存形态，另一种是储备形态。暂存形态的储存，是按照分拣、配货工序的要求，在理货场地储存少量的货物。这种形态的储存是为了适应"日配""即时配送"需要而设置的，其数量多少对下一个环节的工作方便与否会产生很大的影响，但不会影响储存活动的总体效益；储备形态的储存，是按照一定时期的配送活动要求和根据货源的到货情况有计划地确定的，它是使配送持续运作的资源保证。货物储备的合理与否，会直接影响到配送的整体效益。

2. 理货

理货是配送区别于一般送货的重要标志。理货包括货物分拣、配货和包装等各项活动。

货物分拣是指采用适当的方式和手段，从储存的货物中分出（或拣选）客户所需要的货物。分拣货物一般采用摘取式和播种式两种方式来操作。摘取式分拣就是像在果园中摘果子那样去拣选货物。具体做法是：作业人员拉着集货箱（分拣箱）在排列整齐的配送中心货架间巡回走动，按照拣货单上所列的品种、规格、数量将客户所需要的货物拣出并装入集货箱内。播种式分拣货物类似于田野中的播种操作。具体做法是：将数量较多的同种货物集中运到发货场，然后根据每个货位的发送量分别取出物品，并分别放到每个代表客户的货位上，直到配货完毕。

配货是指把拣取分类完成的货品经过配货检查过程后，装入容器和做好标识，再运到配货准备区，待装车后发货。

包装是指物流包装，其主要作用是保护货物并将多个零散包装物品放入大小合适的箱子中，以实现整箱集中装卸、成组化搬运，同时减少搬运次数，降低货损，提高配送效率。另外，包装也是产品信息的载体，通过外包装上书写的产品名称、原料成分、重量、生产日期、生产厂家、产品条形码、储运说明等信息，方便客户和配送人员识别产品，进行货物的装运。

3. 送货

送货是配送活动的核心，也是备货和理货工序的延伸。

在物流活动中，送货活动实际上就是货物的运输（或运送），因此常常以运输代表送货。但是，组成配送活动的运输（有人称为“配送运输”）与通常所讲的“干线运输”是有很大区别的：前者多表现为对客户的“末端运输”和短距离运输，并且运输的次数比较多；后者多为长距离运输。由于配送中的送货需要面向众多的客户，并且要多方向运动，因此在送货过程中，常常要涉及运输方式、运输路线和运输工具的选择。按照配送合理化的要求，必须在全面计划的基础上，制定科学的、距离较短的货运路线，选择经济、迅速、安全的运输方式和适宜的运输工具。通常，配送中的送货都以汽车作为主要的运输工具。

4. 配送加工

配送加工是流通加工的一种，它虽然不是普遍的，但是往往有着重要的功能，能大大提高客户的满意度。

（五）掌握配送的业务流程

1. 配送的基本作业流程

配送作业一般都是按典型业务流程来组织的，对于大多数配送活动，其流程如图1-1所示。

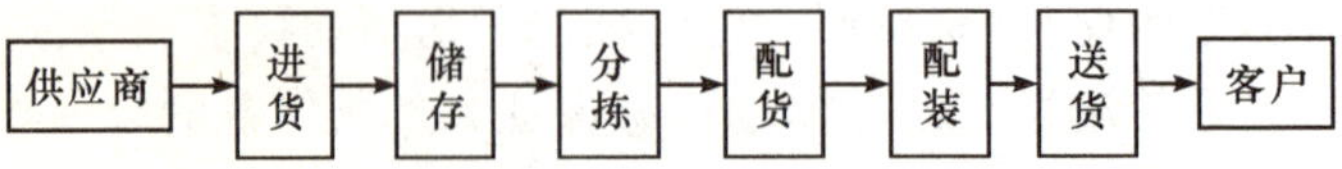

图 1-1　配送基本作业流程

2. 无储存业务的配送流程

无储存业务的配送流程没有储存业务，进货后直接进行分拣配送，适用于一些保质期比较短或者急需物品的连锁企业商品配送。例如，保质期较短或者保质要求较高的生鲜食品的配送，如图1-2所示。

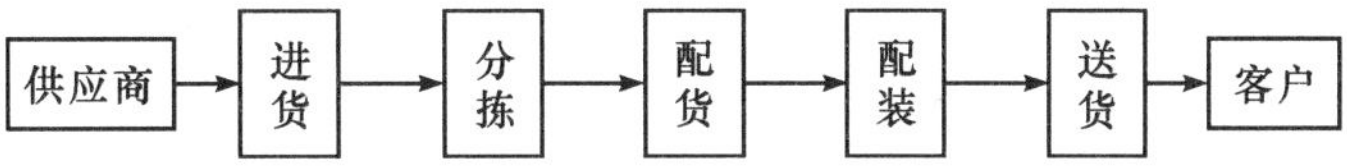

图1-2 无储存业务的配送流程

3. 包含流通加工业务的配送流程

在有些商品的配送过程中，需要结合商品的特点及客户的要求，进行部分的流通加工作业，在满足客户需求的同时实现了增值效益。例如，鲜菜、鲜肉和水产品，在配送的过程中，往往需要有将大块货物分成小块，对货物按等级分类，给蔬菜去根、去老叶，鱼类去头、去内脏，配制半成品等加工工序，如图1-3所示。

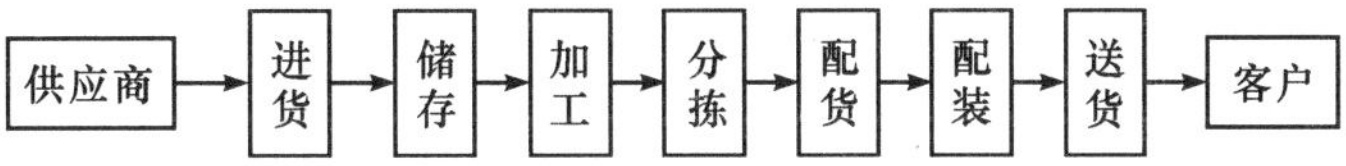

图1-3 包含流通加工业务的配送流程

4. 无分拣配货环节的配送流程

虽说分拣是配送业务的明显特征，但有些配送活动却不需要分拣、配货等环节，例如水泥、煤炭等以散装或裸露方式流转且不适合与其他物品一起装载的物品。其配送流程十分简单，一般是进货时商品批量大、品种单一，但发货时需要转换成小批量，如图1-4所示。

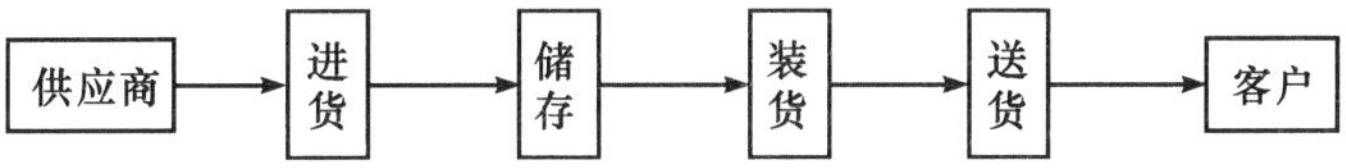

图1-4 无分拣配货环节的配送流程

阅读与思考1-3

奥运会鲜花配送适用于哪种流程？

北京奥运会花卉配送中心成立于2007年12月，面积达2600平方米。奥运会期间，每场比赛的颁奖用花就是从这里按照已经确定的奥运会颁奖用花方案制成高质量的花束，并准确、及时、安全地送到各个奥运场馆。据花卉中心相关工作人员介绍，北京奥运会花卉配送中心里的花是从1500种备选奥运花卉中挑选出来的，除了奥运会颁奖用花，还服务于包括礼仪在内的各种场合用花。运动员领奖时手捧的花束中，每朵花距离它从土中采摘出来的时间都不超过6～8小时。据市园林绿化局发布消息称，整个奥运会期间，奥运花卉配送中心共配送颁奖花束"红红火火"1606束。

请思考：奥运会花卉的配送适用于哪种流程呢？

(六)配送作业模式

1. 按照配送主体的经营权限和服务范围划分

(1)商物一体化的配送模式

商物一体化的配送模式又叫作配销模式。这种模式下,配送主体不仅从事商品流通的物流过程,而且将配送活动作为一种营销手段和营销策略,既参与商品所有权的让渡,又提供高效优质的物流服务。配送主体一般是商品经销企业或者生产企业的物流机构。其运作特点如图 1-5 所示。

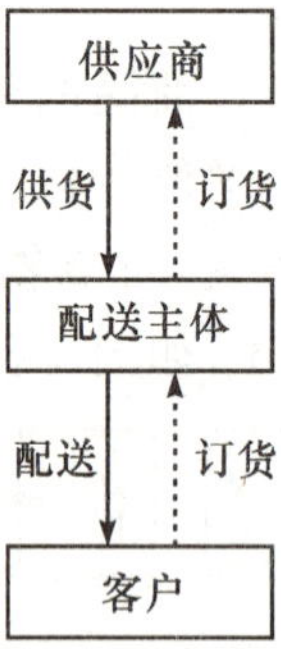

图 1-5　商物一体化的配送模式

(2)商物相分离的配送模式

在商物分离的配送模式下,配送主体不直接参与商品的交易活动,不经销商品,只负责提供储存保管、分拣配货、流通加工、送货等相关的物流活动。由于业务比较单一,有利于提高专业化的物流服务水平,占用资金少,经营风险较小。其运作特点如图 1-6 所示。

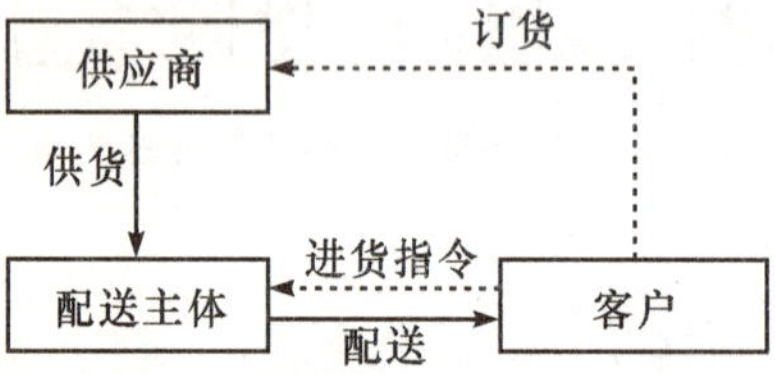

图 1-6　商物相分离的配送模式

2. 按照配送主体划分

(1)自营配送模式

自营配送模式是指企业物流配送的各个环节由企业自身筹建并组织管理,实现对企业内部及外部货物配送的模式。此模式有利于企业产供销一体化,不足之处可能会影响企业的核心业务。

一般而言,采用这种配送模式的都是规模较大的集团公司,如青岛海尔、沃尔玛等。

(2)共同配送模式

共同配送模式是指有多个企业联合组织实施的配送活动。共同配送是物流企业之间为提高配送效率,以及实现配送合理化而建立的一种功能互补的配送联合体。企业间通过横向联合、集约协调,以求同存异和效益共享。开展共同配送要坚持功能互补、平等自愿、互惠互利、协调一致的原则。共同配送的本质是通过作业活动的规模化降低作业成本，提高物流资源的利用效率。

共同配送是物流配送发展的总体趋势。当然，共同配送涉及很多具体的细节问题，在实施过程中难免会出现一些困难。首先，各企业经营的商品不同，有日用百货、食品、酒类饮料、药品、服装乃至厨房用品、卫生洁具等。不同的商品由于特点不同，对配送的要求也不同，所以共同配送存在一定的难度。其次，各企业的规模、商圈、客户、经营意识等方面也存在差距，往往很难协调一致。另外，还有费用的分摊、泄露商业机密的担忧等。

(3)互用配送模式

互用配送模式是几个企业为了各自的利益，以契约的方式达成某种协议，互用对方配送系统进行的配送模式。优点在于企业不需要投入较大的资金和人力，就可以扩大自身的配送规模和范围，但需要企业有较高的管理水平以及与相关企业的组织协调能力。

(4)第三方配送模式

第三方配送模式是指交易双方把自己需要完成的配送业务委托给第三方来完成的配送运作模式。随着物流发展和第三方配送体系的不断完善，第三方配送模式成为许多工商企业和电子商务配送的首选，其优点是容易实现个性化的配送和降低成本。

➢每日一练

自己试着和同学一起交流，生活中的配送现象有哪些？

分项任务小结

完成本分项任务后，请进行自我测试：你是否已理解配送的定义、分类及作业流程？

二、配送中心认知

➢任务提示

本分项任务将引领你了解配送中心的真正内涵！

➢任务先行

完成以上分项任务，我们已经初步了解配送的基本知识。接下来，再了解配送中心的含义，进而把握配送中心的作业流程，了解配送中心的组织结构及岗位设置等内容，从而确定自身以后可能从事的岗位。

(一)理解配送中心的概念

重要知识 1-2

配送中心的含义

从事配送业务的物流场所或组织,应基本符合下列要求:

1. 主要为特定客户或末端客户提供服务。
2. 完善的信息网络。
3. 以配送为主,储存为辅。
4. 配送功能健全。
5. 辐射范围小。
6. 提供高频率、小批量、多批次配送服务。

配送中心的形成和发展是物流系统化和规模化的必然结果,是现代物流的重要标志。日本出版的科学论著《变革中的配送中心》中指出:"由于用户在货物处理的内容上、时间上和服务水平上都提出了更高的要求,为了顺利地满足用户的这些要求,就必须引进先进的分拣设施和配送设施,否则就建立不了正确、迅速、安全、廉价的作业体制。因此,国外大部分企业都建造了正式的配送中心。"

配送中心的建设是基于物流合理化和发展市场的需要。配送中心是物流领域中社会分工、专业分工进一步细化之后产生的,是以组织配送式销售和供应、执行实物配送为主要功能的流通型物流节点。它很好地解决了用户多样化需求和厂商大批量专业化生产的矛盾,因此,逐渐成为现代化物流的标志。

阅读与思考 1-4

家乐福生鲜食品配送中心

家乐福生鲜食品配送中心专为家乐福服务,经营蔬菜、水果类及干果类商品。该配送中心租用的示范农场的库房及办公区面积达 500 平方米,其中加工作业区面积约 330 平方米(分为收货区、加工区、配送区、临时储存区四个作业区),高 3 米左右;储存区、冷藏仓库面积各为 70 平方米;堆垛最高为 18 米(为搬运方便)。配送中心里基本是人工作业,机械作业设备只有小叉车(4 台×650 千克)。入库商品由供应商负责运输、装卸,出库商品由配送中心负责配送。该配送中心的包装容器为平均承重 25 千克/筐的标准筐。

请思考:家乐福为何要建生鲜食品的配送中心?

配送中心将运输的支线和干线连接起来变成了"线",把分散的物流节点连接起来变成了"网",可以说配送中心的出现是物流产业的一大跨越。图 1-7 是无配送中心的流通示意图,图 1-8 是有配送中心的流通示意图。

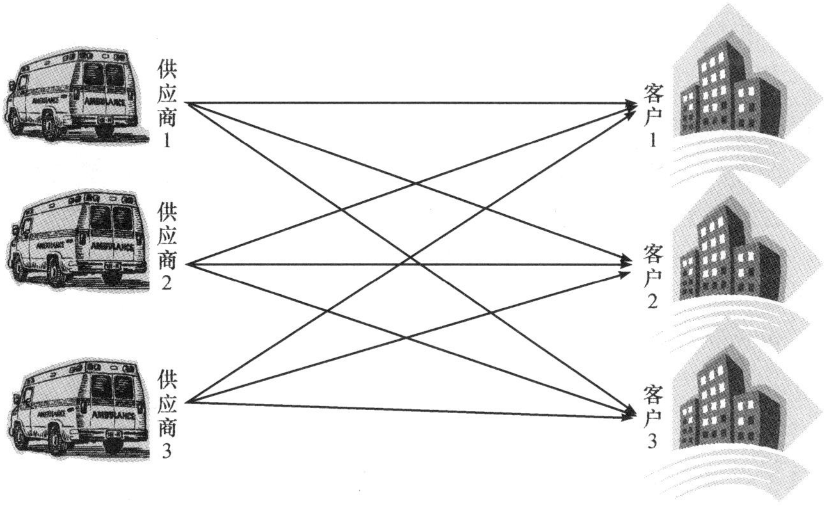

图 1-7　无配送中心的流通示意图

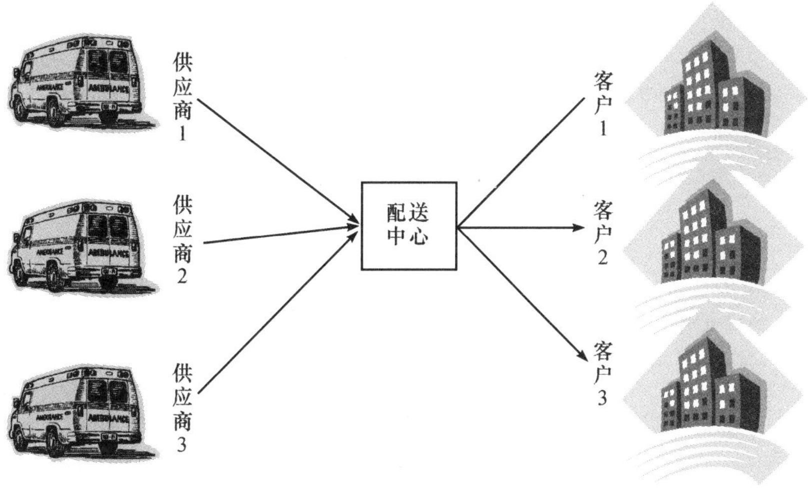

图 1-8　有配送中心的流通示意图

通过两图对比，可以看出建立配送中心之后，各供应商可以直接将货送往配送中心，再由配送中心送往各客户，这样大大降低了各供应商的送货任务，同时也大大提高了各客户的收货效率。

重要知识 1-3

物流中心与配送中心的区别

物流中心的定义

根据国家标准(GB/T 18354-2006)《物流术语》,将物流中心定义为:"从事物流活动的场所或组织,应基本符合以下要求:主要面向社会服务;物流功能健全;完善的信息网络;辐射范围大;少品种、大批量;存储吞吐能力强;物流业务统一经营管理。"

物流中心是物流网络的节点,具有物流网络节点的系列功能。总结现有的物流设施,典型的物流中心主要有以下几类:集货中心、送货中心、转运中心、加工中心、配送中心、物资中心。

物流中心与配送中心的区别

国外配送中心的定义是广义的配送中心,英语是"Distribution Center",也即物流中心的意思。而国内配送中心的定义是具体执行末端物流,即以配送方式执行末端物流的基地,是狭义的配送中心,英语是"Delivery Center",而不是"Distribution Center"。物流中心和配送中心是不完全相同的设施,物流中心更综合、更概括、更宏观一些,而配送中心仅是物流中心的一种主要形式,更专业、更具体、更微观一些。

表 1-4 配送中心与仓库的区别

仓库	配送中心
保管和保养物品的场所的总称	从事配送业务的物流场所或组织
主要具有保管保养功能,功能比较单一	除了具备保管、储存功能外,一般还具有分拣、配货、包装、流通加工、信息处理等功能
静态储存为主	动态储存为主

(二)掌握配送中心的分类

1. 按照配送中心承担的流通职能分类

(1)供应型配送中心

配送中心执行供应的职能,专门为某个或某些用户(例如连锁店或生产企业)组织供应的配送中心。供应型配送中心担负着向多家用户供应商品,起着供应商的作用,因此,这类配送中心占地面积比较大,一般建有大型的现代化仓库并储存一定数量的商品。

供应型配送中心的主要特点是配送的用户有限且稳定,用户的配送要求范围也比较确定,属于企业型用户。因此,配送中心集中库存的品种比较固定,进货渠道也比较稳固，同时，可以采用效率比较高的分货式工艺。

(2)销售型配送中心

销售型配送中心是指以销售经营为目的，以配送为手段的配送中心。

这类配送中心主要有以下类型：一种是生产企业将其产品直接给消费者的配送中心，在国外，这种类型的配送中心很多；另一种是流通企业作为本身经营的一种方式，建立配送中心以扩大销售，我国目前拟建的配送中心大多属于这种类型，国外的例证也很多。

销售型配送中心的用户一般是不确定的，而且用户的数量很大，每一个用户购买的数量又较少，属于消费者型用户。这种配送中心很难像供应型配送中心一样实行计划配送，计划性较差。

销售型配送中心集中库存的库存结构也比较复杂，一般采用拣选式配送工艺。销售型配送中心往往采用共同配送方法才能取得较好的经营效果。

2.按配送中心归属分类

(1)自有型配送中心

自有型配送中心是指隶属于某一个企业或企业集团，通常只为本企业提供配送服务的配送组织。连锁经营的企业常常建有这类配送中心，如美国沃尔玛公司所属的配送中心，辽宁成大方圆连锁公司的配送中心等就是公司独资建立并专门为本公司所属的连锁企业提供商品配送服务的自有型配送中心。

(2)公共型配送中心

公共型配送中心是以营利为目的，面向社会开展后勤服务的配送组织。其特点是服务范围不限于某一个企业。配送中心总量中，这种配送组织占有相当大的比例，并随着经济的发展其比例还会提高。

(3)合作型配送中心

合作型配送中心是由几家企业合作兴建，共同管理，为这几家企业服务。如我国上海 6 家船厂共同组建的钢材配送中心就属于合作型配送中心。

3.按配送中心辐射服务范围分类

(1)城市配送中心

城市配送中心是向城市范围内的用户提供配送服务的物流组织。由于城市范围一般处于汽车运输的经济里程，这种配送中心可直接配送到最终用户，一般都使用载货汽车。此种配送中心配送的对象多为连锁零售企业的门店和最终消费者，如我国很多城市的食品配送中心、菜篮子配送中心等都属于城市配送中心。城市配送中心配送的特点为多品种、小批量，配送距离短，要求反应能力强，提供门到门的配送服务。

(2)区域配送中心

区域配送中心以较强的辐射能力和库存准备，向省(州)际、全国乃至国际范围的用户提供配送服务。这种配送中心配送规模较大，一般而言，用户也较大，配送批量也较大。配送对象通常是下一级的配送中心、营业所、商店、批发商或企业用户，虽然也从事零星的配送，但不是主体形式。如前所述的美国沃尔玛公司的配送中心，建筑面积 12

万平方米，每天可为6个州100家连锁店配送商品；荷兰“国际配送中心”，在接到订单后，24小时内即可将货物装好，3～4天时间内就可以把货物运送到欧盟任一成员国用户手中。

4. 按照配送中心的功能分类

(1)储存型配送中心

储存型配送中心具有很强的储存能力，一般来讲，在买方市场下，企业成品销售需要有较大库存支持；在卖方市场下，企业原材料、零部件供应也需要有较大库存支持。大范围配送的配送中心，需要有较大库存，也就是储存型配送中心。我国目前拟建的配送中心，都采用集中库存形式，库存量较大，多为储存型。

(2)流通型配送中心

流通型配送中心基本上没有长期储存功能，仅以暂存或随进随出方式进行配货、送货，具体包括通过型和转运型配送中心。这种配送中心的典型方式是，大量货物整进并按一定批量零出，采用大型分货机，进货时直接进入分货机传送带，分送到各用户货位或直接分送到配送汽车上，货物在配送中心仅做少许停滞。

(3)加工型配送中心

加工型配送中心是以配送和加工为主要业务的配送中心。在这种配送中心内，有分装、包装、初级加工、集中下料、组装产品等加工活动。

阅读与思考 1-5

以下配送中心都属于哪种类型？

1. 瑞士GIBA－GEIGY公司的配送中心，拥有世界上规模居于前列的储存库，可储存4万个托盘。

2. 美国福来明公司的食品配送中心的建筑面积为7万平方米，其中，包括4万平方米的冷库、3万平方米的杂货仓库，经营商品达8万多种，其存储能力相当大。

3. 日本的阪神配送中心，中心内只有暂存，大量储存则依靠一个大型补给仓库。

4. 世界著名连锁服务店肯德基和麦当劳的配送中心。

5. 沃尔玛配送中心对沃尔玛超市的配送。

6. 上海地区六家造船厂的钢板配送中心。

5. 按照配送中心的性质分类

(1)专业配送中心

专业配送中心大体上有两个含义：

第一，配送对象、配送技术属于某一专业范畴，在某一专业范畴具有一定的综合性，综合这一专业的多种物资进行配送。例如目前我国石家庄、上海等地建的制造业配送中心大多采用这一形式。

第二，配送为专业化职能，基本不从事经营的服务型配送中心。

(2)柔性配送中心

在某种程度上和专业配送中心相对立的配送中心。这种配送中心不向固定化、专业化方向发展，而是服务方向能随时变化，对用户要求有很强适应性，不固定供需关系，向不断发展配送用户和改变配送用户的方向发展。

不同种类、不同行业形态的配送中心，其作业内容、设备类型、营运范围可能完全不同，但是就系统规划分析的方法与步骤来说有其共同之处。配送中心正逐渐向信息化、自动化、专业化方向发展(见表1-5)。

表1-5　配送中心的类别

分类方法	配送中心类型
按照配送中心承担的流通职能分类	供应型配送中心
	销售型配送中心
按配送中心归属分类	自有型配送中心
	公共型配送中心
	合作型配送中心
按配送中心辐射服务范围分类	城市配送中心
	区域配送中心
按照配送中心的功能分类	储存型配送中心
	流通型配送中心
	加工型配送中心
按照配送中心的性质分类	专业配送中心
	柔性配送中心

(三)了解配送中心的功能

配送中心集采购、储存、流通加工、理货、送货、信息处理为一体，是专业从事配送业务的场所或经济组织，是现代化的流通设施或物流据点，综合了集货中心、分货中心、加工中心的功能。

1. 备货功能

备货是配送的基础性工作，包括筹集货源、订货、进货、集货及与之有关的货物交接、验收、装卸和结算等。配送的优势之一，就是可以集中用户的需求进行一定规模的备货。备货是决定配送成败的初期工作，如果备货成本太高，会大大降低配送的效益。

2. 储存功能

配送中心按照用户的要求即时将各种配装好的货物送交到用户手中，满足生产和消费的需要。为了顺利而有序地完成向用户配送商品的任务及更好地发挥保障生产和消费需要的作用，通常配送中心都要兴建现代化的仓库并配备一定数量的仓储设备，储存一定数量的商品。配送中心的储存有储备和短时储存两种形态。储备是在一定期间按经营的要求，形成的对配送的资源保证。而短时储存是具体执行日配送时，按分拣配货要求，在理货场所的少量储存准备，或在拣选、配货之后，形成的发送货物的暂存。

3. 分拣及配货功能

分拣配货是配送中心有特点的功能要素，是完善送货、支持送货的准备性工作，能够大大提高送货水平和配送系统水平。配送中心以适当的方式、技术和设备对配送中心的备货按客户需求进行分拣作业，分货以后实现向不同客户的送货。

4. 配装功能

某一客户的配送数量不能达到送货车辆的有效载运负荷时，需要集中不同客户的订货，进行搭配装载，以充分利用运能、运力，这就是配装。配装可以提高送货水平，降低配送成本，是配送与以往送货的重要区别之一。

5. 配送运输功能

配送运输是运输中的末端运输、支线运输，区别于一般运输。由于配送客户多且分散，市内交通复杂，配送运输如何选择最优路线，使配装和配送路线选择有机结合，是难度比较大的工作。

6. 送达服务功能

货物送达之后，应选择卸货地点、卸货方式，把货物移交给客户并进行结算。送达服务是配送的延伸功能。

7. 配送加工功能

配送加工是一种增值物流服务，完善了配送中心的服务功能，提高了客户满意度，同时给企业创造了利润。如大包装改小包装、组合包装、贴条码、栓标签、切割、过秤等。

8. 信息处理功能

配送中心集商流、物流、信息流、资金流为一体，具有对商流、物流信息进行收集、分类、加工、整理、传输、储存的功能。

配送中心是集诸功能于一体的现代化流通设施，强调功能的协调和一体化。

(四)熟知配送中心的作业流程

不同配送模式的配送中心，会根据自身订单的特点和客户的特点设计适合本企业的配送流程。配送中心的基本作业流程如图 1-9 所示。

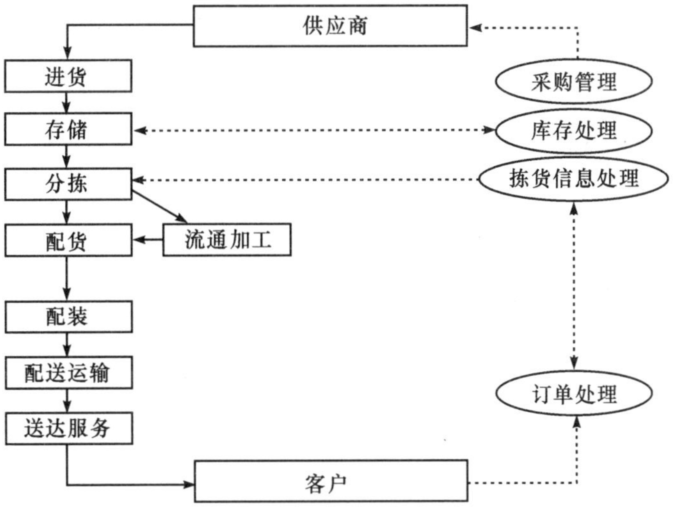

图1-9　配送中心业务流程

(五)熟悉配送中心的岗位与职责

“因事设岗”是配送中心岗位设置的基本原则。在配送中心业务运营中，具体岗位的设置要视配送中心的规模、设施设备、作业内容及服务对象而定，对一些主要岗位的设置还应由配送中心的作业流程来决定。配送中心一般可以设置如下岗位：

1. 采购或进货组

采购或进货组主要负责订货、采购、进货等作业环节的安排及相应事务处理，同时负责货物的验收。

2. 仓储组

仓储组负责货物的入库、保管、养护、拣取、配货等作业的运作及管理。

3. 加工组

加工组负责按照用户的要求对货物进行包装、分割、计量、栓标签、刷标志、组装等简单的流通加工作业。

4. 调度组

调度组负责对配送业务运营中所需的人员、车辆及其他设备设施进行总体协调和派遣，及时协调、处理和解决收发货业务中出现的各种特殊情况。

5. 配送组

配送组负责按照客户的要求优化配送的路线，指导装卸搬运人员完成货物装车，将货物交送客户，同时对完成配送进行确认。

6. 客服组

客服组负责接收客户的订货信息，帮助客户查询送货情况、处理客户投诉、受理客户退换货等。

7. 财务管理组

财务管理组负责打印发票、核对配送完成表单、出货表单、库存管理表单，协调控制监督整个配送中心的货物流动，同时负责管理各种收费发票和物流收费统计、配送费用结算等工作。

8. 退货组

当客服组接到客户的退货请求后，将安排车辆收回退货商品，再集中到仓库的退货处理区，重新清点整理，对退货的商品进行处理。

➢企业实例

湖北九州通物流中心的配送流程与内部布局

公司一般的配送流程如下：

接受订单→费用结算→下发发货任务→整、零件发货→零货复核→外复核→调度车辆→出车复核并装车→交接出货单据→在途运输→交货

营销部开票大厅

客户订单的受理、下达就在开票大厅完成。

2012年，湖北公司经营的西药品种达12000种，业务区域覆盖湖北省全境及周边湖南、江西、安徽等部分省市地区，2011年全年销售额为40亿元。

公司根据客户类型和区域实行分类营销，大厅是针对诊所、单体药店等小型客户，办公室内面向的是大中型商业客户，所有客户都可以通过电话、传真、邮件等方式订货，同时还可以登录九州通医药电子商务平台进行网上订货。

电子商务平台2001年开始运行，目前有30000家注册会员、5.5万次日点击率。2009年销售额达11亿元，位于国内同类型网站第一。

公司还有器械和中药两个展厅，客户在展厅内能对产品有更加深入和直观的了解，方便其选购。

主物流分拣作业中心

整个作业中心是由三部分组成的，分别为暂存区、作业区和存储区。

收货区

收货月台面积为130平方米，可满足5辆车同时卸货，日均入库能力为1万件。

商品卸货后，会先由质管部进行质量验收，合格后由收货员进行数量验收，之后根据商品流通属性，由拣货员将货物分送至各个库区，A类进立库，BC类进一楼整件库或楼层储备库。收货员通过移动收货台车完成收货作业，该台车配备了电脑、无线传输系统和红外条码扫描系统，收货员能在入库月台上随时随地将收货商品信息和立体库托盘条码录入系统，通过无线网络传入服务器数据库。

托盘上的商品是要进入立库的商品。入库前，复核员将通过PDA扫描托盘条码对商品进行再次复核确认，然后叉车员将商品运至输送线上。

当输送线上的红外扫描器扫描托盘条码后，系统自动在立体库中给商品分配一个合适的货位。

立体库输送线上安装有360度托盘全息扫描位，检查托盘商品是否码放规则，体积是否超过标准的货位规格，以确保托盘商品不会在立体库中出现歪斜倒塌事故。

质管部

九州通集团对药品质量管控是非常规范的，特别设立质管部，对公司药品的进、销、存、退、换等过程中的质量进行严格把关。

质管部会对所有上下游客户资质作审查和存档。目前全集团有供应商12000多家，下游客户80000多家，档案管理工作非常庞大，因此建立了纸质档案存放室和电子档案管理系统两套存档方式。所有资料通过扫描存入了电子档案管理系统，并采用了集团统一编码管理，调档、检索全部实现办公自动化。

质管部还设置了化学检验室、仪器分析室、微生物检验室等药品化验室，对第一次经营的商品都会对其质量进行检验，合格后，才会采购销售。另外，在日常商品检验维护中，也会对有异常的商品进行检验分析，确保供应给客户的商品是安全放心的。

自动化立体仓库

占地3000平方米，库高22米，共12层，由10排、96列货架和5台自动堆垛机组成。拥有11260个托盘货位，可存贮货物18万～22万件，占到整个中心库存量的60%。

整个仓库采用U型动线设计，一边为入库输送线，另一边是出库输送线，这样堆垛机在出入库并行作业的同时能有效避免作业交叉，提升效率。目前，立库每小时出入库能力为200个托盘量，占到整个物流中心作业量的50%。

仓库作业采用系统和设备自动控制，入库时系统通过扫描托盘条码，识别其对应货物，自动生成立库入库指令，然后通过无线设备传输给自动堆垛机，堆垛机将托盘存放到对应货位上；出库时系统根据订单需求，识别货物的所在托盘货位后进行叉取，投放到缓冲带上，通过输送线传送出库。

整个立体库采用节电模式设计，通过重量感应和光电感应，分段驱动输送线运作。同时库内设有监控系统、温湿度调节装置和消防感应系统，确保药品存储的安全。

当有出库托盘时，系统会自动打印出库托盘的作业标签，管理人员将该标签贴到相应商品上，工作人员将商品从出库口拖出，按标签上指示的位置将商品送到相应的区域。

冷库

需要冷藏药品越来越多，确保存储条件，冷库面积100平方米，可存贮货物16000件，采用NEC自动温控系统，设货架和堆垛，按即GSP标准分类存储。

调度中心

调度中心是整个物流中心分拣作业控制枢纽。营销开票大厅的订单通过财务审核后，自动下传到仓储作业系统——LMIS系统。

调度员根据订单类型和作业忙闲程度批次下发任务。系统在后台将订单上的任务拆分为零货和整件任务。整件任务通过纸质标签，指导员工进行作业，而拆零任务，则是通过电子标签和周转箱的形式进行作业的。

当有空周转箱到达调度区后，输送线上的BCR(Barcode Reader，一种定位传感器)就会扫描这个周转箱上的条码，并将拆零任务分配给该周转箱，然后系统和设备会自动地将该周转箱分拨到有对应、有等待拣选商品的小区。小区作业人员扫描周转箱后，有拣选任务的巷道灯就会亮起，员工会走到该巷道，来到有电子标签闪亮的货架前。

周转箱通过这个 BCR 扫描口时，系统会自动将周转箱分配到空复核台上。复核员打开周转箱，在系统中输入周转箱号，系统自动显示该周转箱中的商品信息，并打印出拼箱标签。复核员用扫描仪扫描商品上的条码，进行核对、包装，然后将标签粘贴到零货箱上，放到输送线上，商品就会被送到出库月台上。同时，空周转箱要放到下面的周转箱回流线上，周转箱自动回流至调度处重新进行任务分配。

零货拣货区

零货拣货区占地 500 平方米，零货区共有 32 组货架，13000 多个货位，存有近 10000 多种药品，每个货位只存放一个品规的一个批号商品，因此，同一品规如有多个批号则需要多个货位存放。这样才能确保商品真正做到先进先出。

整件发货区

整件发货区的商品既要满足整件商品的出库需要，又要满足拆零区的补货需求。

整件商品的储存主要采用货架、堆垛两种储存方式，货架上每个品种 1～2 件，少量出库，占地 550 平方米，存 7000 件货物；堆垛区占地 800 平方米，存 12000 万件货物，根据剂型的不同分货位存放。

出库月台暂存区

出库月台暂存区是整个仓库内作业的最后环节，所有在分拣中心拣选出商品就存放在这里，通过最后一道月台复核后，就可以装车出库了。

整个月台面积近 970 平方米，可同时供 17 台车进行装车，可存放 10000 件货物，周转 2 次，满足每日 20000 件的出库量。

月台和库内所有其他存储区域一样采用精确化货位管理，首先根据配送类型将月台分为四个大区，同时系统根据货物配送区域和件数将连续的月台货位分配给同一家客户，提高装车配送效率。

➢每日一练

自己试着总结配送中心的作业流程。

分项任务小结

完成本分项任务后，请进行自我测试：你是否能说出三个以上国内外知名的配送企业以及其中某一企业的运作流程吗？

一、核心概念

配送　即时配送　准时配送　共同配送　配送中心

二、业务技能自测

（一）不定项选择题

1. 配送是指“在（　　），根据用户的要求，对物品进行拣选、加工、包装、分割、组配等作业，并按时送达指定地点的物流活动”。

   A. 城市范围内　　B. 全国范围内

C. 经济合理区域范围内　　D. 全省范围内

2. 配送最早产生于(　　)等西方发达国家。

A. 美国　　B. 日本　　C. 荷兰　　D. 英国

3. 日用商品的配送，主要采用的是(　　)的形式。

A. 少品种大批量配送　　B. 多品种少批量配送

C. 成套配套配送　　D. 不定时配送

4. 定时配送常见的形式有(　　)。

A. 日配　　B. 小时配　　C. 快递　　D. 周配

5. (　　)是指按照双方协议时间，准时将货物送达，这种配送方式准确及时，便于实现"零库存"管理，但是它的配送成本较高，主要适合于生产配送。

A. 即时配送　　B. 准时配送

C. 定时配送　　D. 定时定量配送

6. 配送必备的基本环节有(　　)。

A. 备货　　B. 理货　　C. 送货　　D. 配送加工

7. 以下(　　)是配送中心区别于传统仓库的显著特点。

A. 以储存为主，配送为辅　　B. 储存与配送并重

C. 以配送为主，储存为辅　　D. 以上答案均不对

8. 沃尔玛的配送中心属于(　　)。

A. 供应型配送中心　　B. 销售型配送中心

C. 自有型配送中心　　D. 公共型配送中心

9. (　　)是指几个企业联合起来实施配送。

A. 集中配送　　B. 共同配送

C. 互用配送　　D. 分散配送

10. 以下属于配送中心基本功能的是(　　)。

A. 备货功能　　B. 信息处理功能

C. 储存功能　　D. 分拣功能

(二)判断题

1. 即时配送就是用户需要的时间及时送达。(　　)

2. 配送的本质就是送货。(　　)

3. 配送中心是物流中心的一种形式。(　　)

4. 不同类型、不同功能的配送中心，其配送流程是一致的。(　　)

5. 配送中心内的作业体现了商流、物流、资金流、信息流四流合一的特点。(　　)

(三)简答题

1. 什么是配送？配送与送货有何异同？

2. 什么是配送中心？配送中心与仓库有何区别？

3. 画出配送的基本作业流程图。

4. 画出配送中心的一般作业流程图。

三、案例分析

梅林正广和的配送系统

某天下午，上海新闸路1124弄的一户人家拨通“85818”电话，报出自己在正广和购物网络的用户编号，要求订购两桶纯净水、一袋免淘米，并说明第二天上午家里留人，支付支票。几秒钟之内，这份订单被接线话务员输入正广和的计算机系统，系统根据用户编号从数据库中调出用户住址，在根据地址和送货时间自动把这份订单配置到第二配送站次日上午的送货单。当天晚上9时，位于上海繁华地段静安区康定东路16号的正广和销售网络第二配送站里，经理罗方敏准时打开电脑，接收从总部传过来的送货单。这份送货单的用户遍布第二配送站辖区静安东区之内，送货时间是23日上午，用户地址、电话、编号、所需货物、数量、应收款等已经被清楚地列出来。

几乎与此同时，一份相同的送货单也传到公司配送中心和运输中心。第二天一大早，运输中心派出车辆，到配送中心仓库提出已配好的货物，发往第二配送站。

第二配送站墙上贴着一张静安东区详细到门牌号的地图，签收完货物后，罗经理根据这张地图和自己的经验排好送货路线，把上午的单子分派给7个送货工人。整个上午，这些揣着送货单的工人蹬着有“梅林正广和”和“85818”字样的三轮车，在静安东区的弄堂里出出进进，完成送货到家的“最后一公里”。

中午12时30分，所有小工送货和收款的情况被汇总成表，通过第二配送站的电脑传送至总部。个别没有送到的，汇总表中的“原因”一栏会注明“01”“02”“03”，分别代表“地址错误”“家中无人”等等。

各配送站每天上午10时30分、下午2时30分、晚上9时30分共三次接收总部的送货指令，分别安排当天下午、晚上和次日上午的送货计划，然后在每天的下午6时30分、次日上午8时30分、下午2时30分把每天下午、晚上和次日上午的送货完成情况传回总部。每天收回的水票和现金也交至总部结算。根据这些信息，总部再决定是否有必要给配送站及时补货。

有4名职能管理人员、7名送货工人、1辆货车和7辆“黄鱼车”、房屋月租金7000元的第二配送站，每天大概要送出大桶纯净水300多桶、袋装米30多包，还有饮料、鲜花、罐头等其他几十种物品。在正广和遍布上海的大约100个配送站里，第二配送站规模算是中等。据说，每个配送站的年利润都在15万到20万左右。

三个配送中心、100个配送站、200辆小货车、1000辆“黄鱼车”、1000名配送人员，构成了正广和在上海的整个配送网络。这个号称上海市区“无盲点”的网络组织严密而有序，有60万户市民依靠这个配送网完成日常饮水和其他日用消费品的采购。

阅读以上材料，回答问题：

1. 分析梅林正广和的配送类型及配送模式。
2. 画出梅林正广和的配送系统配送流程图，并指明每个环节的负责部门及其主要职责。
3. 分析梅林正广和配送体系的最大特点及其优势。
4. 分析这样的配送体系是否具有普遍意义，为什么？

四、实训操作

配送企业调研

走访身边的配送企业，通过调研了解配送企业的主营业务、规划布局、组织结构、岗位设置及作业流程。

[**实训目标**] 通过深入实地调研了解配送企业的实际情况，加深对本任务内容的理解。

[**实训组织**] 学生每6人分为一组，选择不同的企业调查。

[**实训提示**] 教师提出活动前准备及注意事项，同时随队指导。

[**实训成果**] 各组汇报，教师讲评。

模块二

配送基层作业

PEISONG JICENG ZUOYE

任务2

进货储存作业

知识目标

通过完成本任务,你应该能够:

1. 理解进货作业的概念。
2. 掌握进货作业的流程。
3. 了解进货过程中的注意事项。

技能目标

1. 能制定进货作业计划。
2. 能熟练运用叉车及相关器具完成卸货作业。
3. 能与送货方完成货物及单据交接手续。
4. 能准确完成验收作业并正确填写验收入库单。
5. 能对验收过程中的异常状况进行正确处理。

任务导入

尊敬的读者:你了解配送作业中的进货储存吗? 进货储存的流程是怎样的呢? 进货储存涉及哪些环节,哪些岗位,哪些单证?

为了详细地了解上述问题,我们必须先从进货储存的基础知识入手,需完成以下两个分项任务:

分项任务1:进货储存作业认知。

分项任务2:进货储存作业管理。

你可以对照能力目标,反复演练,有的放矢地依次完成各分项任务,直至完成本任务,为早日胜任装卸搬运人员、验收员、仓管员做好准备。

任务实施

一、进货储存作业认知

➢任务提示

本分项任务将引领你理解进货储存的定义,掌握进货储存作业流程及相应的岗位职责!

➢任务先行

什么是进货储存? 该如何完成进货储存? 谁来完成进货储存? 完成进货储存作业时需注意哪些问题? 要了解这些问题,请往下看!

(一)什么是进货储存

进货储存是配送的准备工作或基础工作,它是配送的基础环节,又是决定配送成败与否、规模大小的重要因素,同时,也是决定配送效益高低的关键环节。

重要知识 2-1

进货储存的定义

进货储存就是配送中心根据客户的需要,为配送业务的顺利实施,而从事的组织商品货源和进行商品存储的一系列活动。

重要知识 2-2

进货的注意事项

1. 进货要严格遵守时间。进货时间的确定应考虑厂商作业时间、交通状况、营业需要及内部员工出勤时间。

2. 验收单、发票需齐备。

3. 商品整理分类要清楚，在指定区域进行验收。

4. 拒收变质、过保质期或已接近保质期的商品。

(二)进货储存作业基本流程

进货储存作业包括：制定进货作业计划、进货前的准备工作、接运与卸货、分类与标示、核对有关单据和信息、入库验收、处理进货信息等环节。

进货储存作业的基本流程如图 2-1 所示。

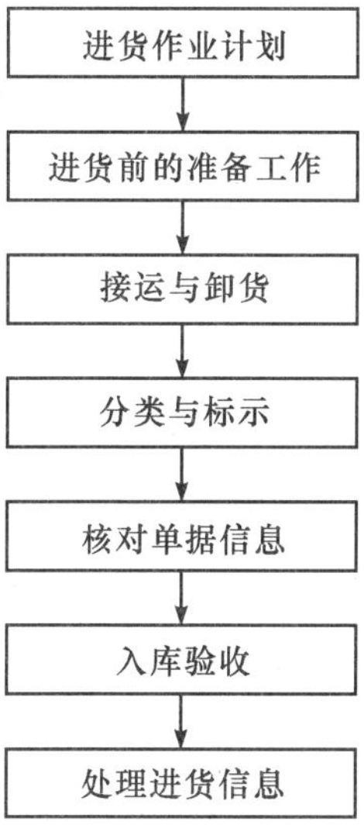

图 2-1　进货储存作业基本流程

(三)进货作业计划

物流中心的进货作业计划制订的主要基础和依据是需求订单。进货作业的制订必须依据订单所反映的信息，掌握商品到达的时间、品类、数量及到货方式，尽可能准确预测出到货时间，以尽早做出卸货、储位、人力、物力等方面的计划和安排。进货作业计划的制订有利于保证整个进货流程的顺利进行，同时有利于提高作业效率，降低作业成本。

1. 进货作业计划系统设计的原则

为让搬运者安全有效地卸货，使物流中心能迅速、灵活、正确地收货，进货计划在进行系统设计时应注意以下原则：

(1)应多利用配送车司机卸货，以减少公司作业人员和避免卸货作业的拖延。

(2)尽可能将多样活动集中在同一工作站，以节省必要的空间。

(3)尽量避开进货高峰期，并依据相关性安排活动，以达到距离最小化。

(4)货物的移动应尽量保持直线流动。

(5)依据相关性安排活动，达到距离最小化或省去步行的机会。

(6)安排人力在尖峰时间使货品能维持正常速率地移动。

(7)考虑使用可流通的容器，以省除更换容器的动作。

(8)为方便后续存取及能随时应付确认查询的要求，应详细记录进货资料。

(9)为小量进货计划准备小车。

(10)尽可能省略不必要的货品搬运及储存。

2.进货需考虑的因素

在计划进货前，需考虑所有相关的影响因素才能将之整合规划，而在进货方面需考虑的因素很多，主要包括：

(1)进货对象及供应商总数：一日内的供应商数量(平均，最多)。

(2)商品种类与数量：一日内的进货品项数(平均，最多)。

(3)进货车种与车辆台数：车数/日(平均，最多)。

(4)每一车的卸(进)货时间。

(5)商品的形状、特性。如散货、单元之尺寸及重量，包装形态，是否具危险性，托盘叠卸的可能性，人工搬运或机械搬运，产品的保存期限等。

(6)进货所需人员数(平均，最多)。

(7)配合储存作业的处理方式。

(8)每一时刻的进货车数调查，以图2-2进货时间带来表示。

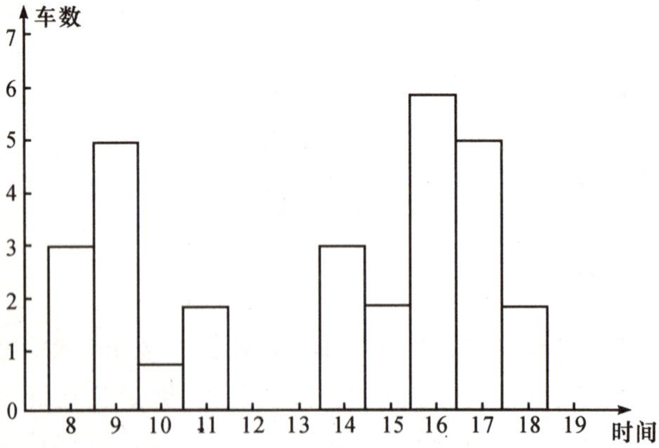

图2-2　进货时间带

(四)进货前的准备

在商品到达物流中心之前，必须根据进货作业计划，在掌握入库商品的品种、数量和到库日期等具体情况的基础上做好进货准备。做好入库前的准备，是保证商品入库稳中有序的重要条件。

1. 进货作业方式的准备

一般配送中心有托盘、箱子、小包装三种存储作业方式，货车送货时也是这三种方式。相应地，当配送中心接到一批货物时，首先要做好接车准备，将货车送货形式与存储作业连接起来，可分以下三种状况来说明，如表 2-1 所示。

表 2-1　货品单位转换说明

货品单位转换	作业方式
进货与存储都是同样形式的单位	进货以输送机或堆高机直接将货品运至存储区
存储以小包为单位，但进货以托盘、箱子为单位	必须在进货点即做卸托盘或拆装的动作，以自动托盘卸货机拆卸托盘上的货物，再拆箱将小包放在输送机上
存储以托盘为单位，但进货以小包或箱子为单位；或存储以箱子为单位，但进货以小包为单位	小包装或箱子必须先堆叠于托盘上或将小包先装入箱子后再存储

2. 准备工作的主要内容

(1)储位准备。

(2)人员准备。包括收货人员、验收人员、仓管员、装卸搬运人员等。

(3)设备器材的准备。安排好足够空间的收货场地和叉车等搬运机械，以及备好收货回单图章、存放单据盒(或夹子)、物流条形码(或粉笔)、包装加固材料等。

(4)相关文件准备。包括订购单、供应商的送货预报、验收入库单等。

(五)接运与卸货

有些商品通过铁路、公路、水路等公共运输方式转运到达，需物流中心从相应站港接运商品；而有些商品将会被直接送达物流中心，对它们必须及时组织卸货入库。配送中心卸货一般在收货站台上进行。

卸货即是将货品由车辆搬至卸货月台的动作，其要解决的关键问题在于车辆与月台间之间的间隙。

1. 卸货方式

主要有三种，分别是人工卸货、输送机卸货、叉车卸货。

2. 卸货设施

卸货作业时，一般为作业安全与方便起见，常会使用到下列四种设施：

(1)可移动式楔块(Portable Ramps)

可搬移的楔块又叫竖板(图 2-3)，当装卸货品时，可放置于卡车或拖车的车轮旁固定，以避免装卸货期间车轮意外滚动可能造成的危险。

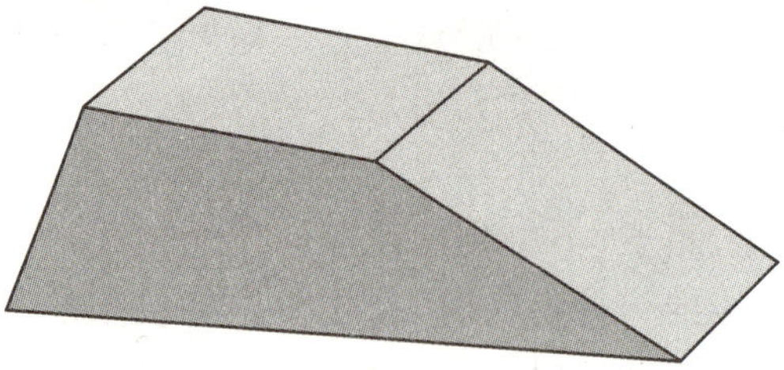

图 2-3　可移动式楔块

(2)升降平台(Levelers)

最安全也最有弹性的卸货辅助器应属升降平台,而升降平台分为卡车升降平台(Truck Levelers)(图 2-4)及码头升降平台(Dock Levelers)(图 2-5)两种。当配送车辆到达时,就卡车升降平台而言,可提高或降低车子后轮使得车底板高度与月台一致,而方便装卸货;若就码头升降平台而言,则可调整码头平台高度来配合配送车车底板的高度,因而两者有异曲同工之效。

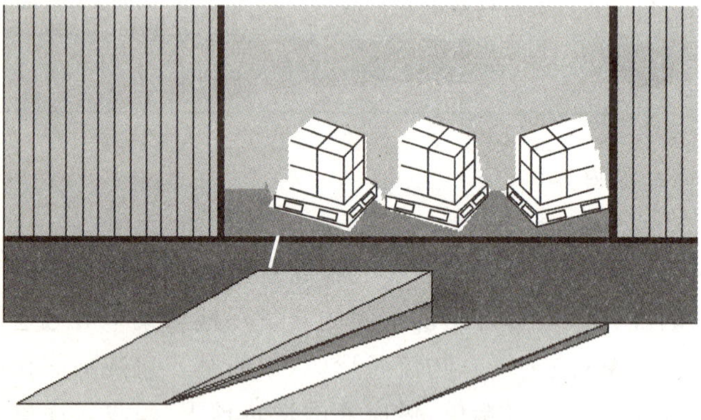

图 2-4　卡车升降平台

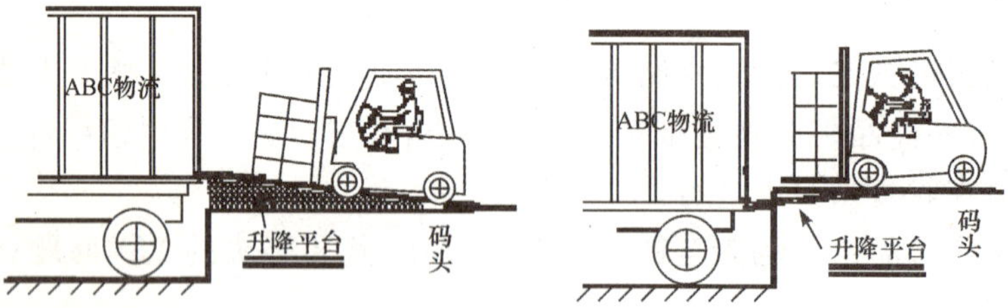

图 2-5　码头升降平台

(3)车尾附升降台(Lift Gate)

装置于配送车辆尾部的特殊平台。当装卸货时,可运用此平台将货物装上卡车或卸至月台,如图 2-6 所示。Lift Gate 可延伸至月台,亦可倾斜放至地面,其设计有多种样式,适用于无月台设施的物流中心或零售点的装卸货使用。

图 2-6　车尾附升降台(Lift Gate)

(4)吊钩(Hook)

当拖车倒退入码头碰到码头缓冲块(bumper)时,码头吊钩设施即开动一吊钩,吊钩可钩住拖车,以免装卸货时轮子打滑(如图 2-7 所示),其功用有如移动式的楔块,亦可用链子等代替吊钩。

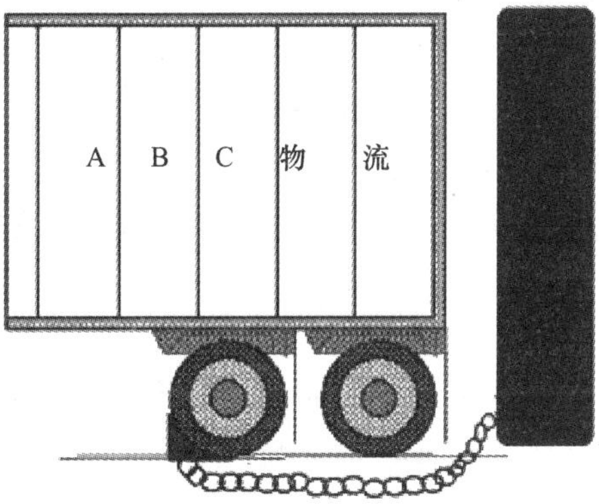

图 2-7　码头吊钩(Hook)

除了使用以上四种设施来克服车辆与月台间的间隙外,若车辆后车厢高度本来就与码头月台同高,则可考虑直接将车辆尾端开入停车台装卸货的方式(如图 2-8 所示),不但可让车辆与月台更紧密结合,使得装卸作业方便有效率,而且对于货品安全也更能发挥保护作用。

图 2-8　车辆高度与月台同高之卸货方式

3. 卸货作业流程

卸货作业流程如图 2-9 所示。

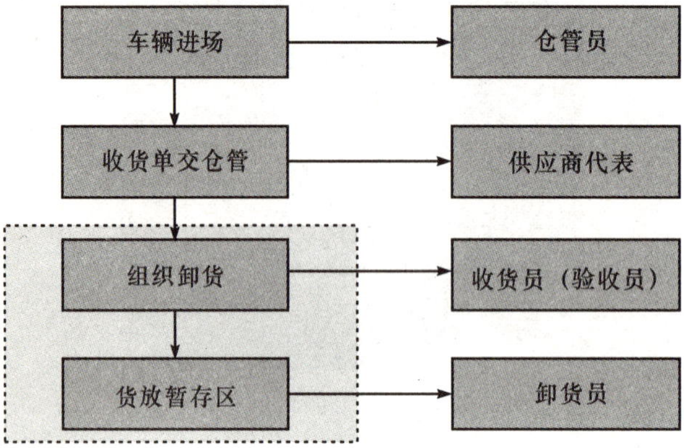

图 2-9　卸货作业流程

4. 卸货作业技术要领

(1)卸货前检查外包装完整性。

(2)按照操作规则进行卸货操作：

① 按品名、规格分别堆放，以便验收。

② 按包装上的指示进行取放，防止破损。

③ 对包装破损品单独放置，以便处理。

④ 正确使用装卸设备、工具和安全防护用具，保证货品和人员的安全。

重要知识 2-3

托盘作业时的注意事项

进货储存作业在卸货时如果是采用托盘，则货物在码托时有如下注意事项：

1. 商品码放托盘时，商品标志必须朝上，商品摆放宽度不超过托盘宽度，每板高度不得超过规定标准。

2. 商品重量不得超过托盘规定的载重量。

3. 每盘商品必须标明件数，上端要捆扎牢固，防止跌落。

4. 托盘上商品尽量堆放平稳，便于向高堆放。

阅读与思考 2-1

预收货

在卸货之前，还可根据企业情况设置预收货环节。

1. 预收货流程

(1)门卫按照供应商到货预约指导车辆进入物流中心，并完成登记。

(2)供应商代表到信息中心投到货单。

(3)信息员核对系统中的订单与到货单。

作业流程如图 2-10 所示：

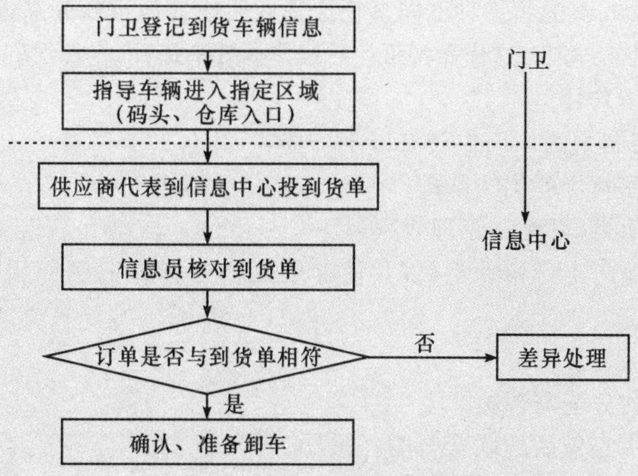

图 2-10　预收货作业流程

2. 注意事项

(1)门卫应对到达车辆严格控管。应对供应商名称、车牌号、货品类别进行核对，未到预约时间，不可放行。

(2)信息员做好到达货品的预检。查看货品的类型、规格、数量、金额是否与订单一致。

(3)差异处理。预收货过程中如果发现差异，处理方式可见下表：

表 2-2　预收货差异处理

问题	处理方法
信息系统里找不到与到货单匹配的订单	与信息中心联系，确认是否为漏做单，如是，则补充，如不是，则拒收
订单信息与到货单信息不一致	要求供应商代表在到货单上注明差异情况，并更正差异

请思考：预收货环节的设立有何意义？优缺点是什么？

(六)分类与标示

在对商品进行初步清点的基础上，需按储放地点、唛头标志进行分类并做出标记。在这一阶段，要注意根据有关单据和信息，对商品进行初步清理验收，以便及时发现问题，查清原因，明确责任。

1. 货品的分类

若徒有货品编号而不事先将异类货品加以区分，作业员仍费心做目标找寻的工作，因而要让货品有条理的保管，且在作业过程中能很快被寻获，进货时的分类工作是必不可少的动作。

(1)货品分类的意义

分类(Classification)，是将多种不同事物按其性质或其他条件分别逐次区分，将之归纳于不同类别，作系统的排列。这样做将可使后续作业效率提升，能收到事半功倍的效果。

(2)货品分类的作用

分类在货品控制中的作用主要有以下一些：

① 可作货品控制合理化的基础。

② 清楚分层归类，可提高管理效率。

③ 能减少作业之走行移动距离，并使存取人员更容易记忆货品位置，可说是增进作业效率之关键。

④ 便于收发保管。

⑤ 方便货品的分配与调拨。

⑥ 便于物流中心货品的联合与委托采购。

⑦ 便于记账及统计分析。

⑧ 便于审计、会计及税收工作的进行。

⑨ 可作为货品编号的依据。

(3)货品分类的原则

完全与合理的分类能让原本繁杂的作业变得有系统，因而进行货品分类时应注意下列原则：

① 分类应按照统一之标准，自大分类至小分类依同一原理区分，以合乎逻辑。

② 分类必须根据企业本身的需要，来选择适用的分类形式。

③ 分类必须有系统地展开，逐次细分，方能层次分明。

④ 分类应明确而相互排斥，当某一产品已归于某类，绝不可能再分至他类。

⑤ 分类必须具有完全性、普遍性，分类系统应能包罗万象适用于广大的地区类别，使所有物料均能清楚归类。

⑥ 分类应有不变性，即货品一经确定其类别后，便不可任意变更，以免造成混乱。

⑦ 分类应有伸缩性，以便随时可增列新货品或新产品。

⑧ 分类必须确切实用，绝不可流于空想。

(4)货品分类的方式

① 为适应货品储存保管需要，而按照货品特性分类。

② 为配合货品使用而按照货品使用目的、方法及程序分类，如将需要流通加工者划分为一类，直接原料划分为一类，间接原料划分为一类。

③ 为适应货品采购的便利，而按照交易行业分类。

④ 为便利货品账务处理，按照会计科目分类，如价值很高者划分为一大类，价值低廉者划分为一大类。

⑤ 依货品状态分类，如货物的内容、形状、尺寸、颜色、重量等。

⑥ 依信息分类，如货品送往之目的地差别、顾客差别等。

大体来说，捆包出货前的分类以⑥为最多，而进货的分类则不一定，视公司的情况、性质、要求来做选择。

2.货品的编号标示

由于进货作业是物流中心作业的第一阶段，因而如何让后续作业能够迅速正确地进行，并使货品品质及作业水准也能得到妥善维持，在进货阶段就将货品作好清楚有效的编号，是不可省去的一项手续。

(1) 货品编号的意义

所谓编号(Symbolization or Stock number)，是将货品按其分类内容，加以有次序的编排，用简明之文字、符号或数字代替货品的名称、类别及其他有关信息的一种方式。

(2) 货品编号的作用

货品经过有秩序的编号后，不论对作业或管理皆能提高效率、实现标准化操作，其主要作用如下：

① 增加货品资料的正确性。

② 查核管制容易。

③ 提高货品活动之工作效率，且便于资讯之联系传递。

④ 可以利用电脑处理分析。

⑤ 可以节省人力、减少开支、降低成本。

⑥ 便于进料及发料。

⑦ 因记录正确可迅速按次序储存或拣取货品，一目了然减少弊端。

⑧ 削减存货。一旦有了统一编号，可以防止重复订购相同的物件，且仓储及盘点作业将更易于进行，对控制存货有很大帮助。

⑨ 可考虑选择作业的优先性，如先进先出。

⑩ 利用编号代码来表示各种货品，可防止公司机密外泄。

(3)货品编号的原则

既然货品编号对公司作用很多，但怎样才算是一个合理的编号形式呢？以下为必须具备的几个基本原则：

① 简易性：应将货品化繁为简，便于货品活动的处理。

② 完全性：要使每一项货品都有一种编号代替。

③ 单一性：每一个编号只能代表一项货品。

④ 一贯性：要统一而有连贯性。

⑤ 充足性：其所采用的文字、记号或数字，必须有足够之数量来编号。

⑥ 可扩展性：为未来货品的扩展及产品规格的增加预留地步，使其可因增加商品而自由延伸，或随时从中插入。

⑦ 组织性：编号应有组织，以便存档或查知账卡及相关资料。

⑧ 易记性：应选择易于记忆之文字、符号或数字，或富于暗示及联想性。

⑨ 分类展开性：若货品过于复杂使得编号庞大，则应使用渐进分类的方式来做作层级式的编号。

⑩ 应用机械性：管理电脑化为目前趋势，因而编号应考虑与事务性机器或电脑的配合。

(4)货品编号的方法

货品编号大致可分为下列六种方法：

①流水号编号法：此法由1开始按数字顺序一直往下编，是最简单的编号法，常用于账号或发票编号，属于延展式方法。但需配合编号索引，否则无法直接理解编号意义。

例如：

编号	货品名称
1	洗发精
2	肥皂
3	牙膏
4	洗面乳

图2-11　流水编号法

②数字分段法：与上法不同的，在于其把数字分段，让每一段数字代表共同特性的一类货品。

例如：

编号	货品名称
1	4块装肥皂
2	6块装肥皂　从1至5预留给
3	12块装肥皂　肥皂编号用
4	
5	
6	
7	黑人牙膏
8	白人牙膏　从6到12预留给
9	牙膏编号用
…	

图2-12　数字分段法

③分组编号法：此编号法依货品的特性分成多个数字组，每一数字组代表此项货品的一种特性，例如第一数字组代表货品的类别，第二数字组代表货品的形状，第三数字组代表货品的供应商，第四数字组代表货品的尺寸，至于每一个字组的位数要多少视实

际需要而定。此方法现今使用尤为普遍。

例如：

类别　形状　供应商　尺寸

编号　07　—5　—006　—110

其编号意义如下：

货品	类别	形状	供应商	大小	意义
编号	07				饮料
		5			圆筒
			006		统一
				110	4′×9′×15′

图 2-13　分组编号法

④实际意义编号法：依货品的名称、重量、尺寸乃至于分区、储位、保存期限或其他特性的实际情况来考虑编号。此方法特点在于由编号即能很快了解货品的内容及相关资讯。

例如：

编号		意义
FO4915 B1	FO	表示 Food，食品类
	4915	表示 4′×9′×15′，尺寸大小
	B	表示 B 区，货品所在储区
	1	表示第一排货架

图 2-14　实际意义编号法

⑤后数位编号法：运用编号末尾的数字，来对同类货品作进一步的细分，也就是从数字的层级关系来看出货品的归属类别。

例如：

编号	货品类别
260	服饰
270	女装
271	上衣
271.1	衬衫
271.11	红色

图 2-15　后数位编号法

⑥暗示编号法：用数字与字母的组合来编号，编号本身虽不是直接指明货品的实际情况（与实际意义编号法不同），但却能暗示货品的内容，这种方法的优点是容易记忆，但又不易让外人理解。

例如：

编号

货品名称	尺寸	颜色与型号	供应商
BY	005	WB	10

BY 表示脚踏车(B)icycle
005 表示大小型号 5 号
W 表示白色(White)
B 表示小孩型(B)oy's
10 表示供应商号码

图 2-16　暗示编号法

对货品编号的方法进行总结，大致有下列两种形式：

延展式：此形式并不限制货品分类的级数或文字数的多寡，可视实际需要不断延长，较具弹性。但排列上难求整齐规律，是美中不足的地方。

非延展式：此形式之编号对于货品分类的级数及采用的文字数字均有一定限制，不能任意伸展，因而虽能维持整齐划一的形式，但缺乏弹性，难以适应实际增减的需要。

为识别货品而使用的编号标志可置于容器、零件、产品或储位上，让作业员很容易地获得信息。一般来说，容器及储位的编号标志是以特定使用为目的的，其能被永久保留，而零件或产品上的标志则可弹性地增加物件号码，甚或制造日期、使用期限，以方便出货的选择，如先进先出等。

(七)核对单据

进货商品通常会具备下列单据或相关信息：送货单，采购订单、采购进货通知，供应方开具的出仓单、发票、磅码单、发货明细表等；除此之外，有些商品还有随货同行的商品质量保证说明书、检疫合格证、装箱单等；对由承运企业转运的货物，接运时还需审核运单，核对货物与单据反映的信息是否相符。

(八)入库验收

入库验收是对即将入库的商品，按规定的程序和手续进行数量和质量的检验，也是保证库存质量的第一个重要的工作环节。

验收工作的进行，有两种不同的情形：第一种情形是先行点收数量，再通知负责检验单位办理检验工作；第二种情形是先由检验部门检验品质，认为完全合格后，再通知仓储部门，办理收货手续，填写收货单。

1. 验收的标准

货品要能达到公司满意程度才准许验收入库，因而验收即要符合预定的标准。基本上验收货品时，可根据下列几项标准进行检验：

(1) 采购合同或订单所规定的具体要求和条件。

(2) 采购合约中的规格或图解。

(3) 议价时的合格样品。

(4) 各类产品的国家品质标准或国际标准。

2. 验收的方式

(1) 全检。主要是数量的全检。

(2) 抽检。对于大批量到货商品、规格尺寸和包装整齐商品，多数采用抽检的方法。

3. 验收的内容

(1) 质量验收

配送中心对入库商品进行质量检验的目的是查明入库商品的质量情况，发现问题，分清责任，确保入库商品符合订货要求。在品质检验方面，包括物理试验、化学分析及外形检查等。

(2) 数量验收

入库商品必须按不同供应商或不同类型初步整理查点大数，之后必须依据订单和送货单的商品名称、规格、包装细数等对商品数量进行验收，以确保准确无误。

数量的点收方面，除核对货品号码外，还可依据采购合约规定的单位，用度量衡工具，逐一衡量其长短、大小和轻重。即包括三种方式：计件、检斤、检尺求积。

(3) 包装验收

包装验收的目的是为了保证商品在运输过程中的安全，在验收时，应具体检查箱子封条是否破损，包装内商品是否外露等。

一旦验收不合格，则有可能采取退货、维修或寻求折让的动作，以下是一张“货品验收处理程序表”(表 2-3)，将验收的可能情况与处理措施的选择列出，供在验收时便于了解情况及作决策时参考。

表 2-3　货品验收处理程序表

常见问题处理	数量溢余	数量短缺	品质不合格	包装不合格	规格不合格	单据与实物不符
通知供应商	√	√			√	√
按实数签收		√				
维修整理			√	√		
查询等候处理	√				√	√
改单签收	√				√	√
拒绝签收	√		√	√	√	√
退单、退货	√		√	√	√	√

4. 验收工作要领

(1)需在供应商代表在场的情况下进行。

(2)金属材料、某些化工品检斤验收。

(3)检验货品外包装是否有变形、破损、受潮等现象并做详细记录，以便确认责任人。

(4)抽样检验时若发现某一货品存在质量问题,应对该货品进行全检。

重要知识 2-4

验收过程中的注意事项

从事配送业务的物流场所或组织,应基本符合下列要求:

1. 不要一次同时验收几家供应商的进货。
2. 不可直接送货进仓库。
3. 避免在营业高峰时间进货。
4. 不允许由厂商独自清点商品。

验收作业完成后,由仓管员根据货物种类、特性等因素给货品分配储位,并由装卸搬运人员将货物放入指定货位储存。

阅读与思考 2-2

验收过程中的人员分工和具体职责

直接上级:仓库主管

本职工作:商品的验收及退货管理

直接责任:

1. 验货员必须对公司忠诚负责,保障公司利益,要严格公司货源价格、销量等商业机密,不得外泄。

2. 验货员在验货时要把商品质量关、数量关,一定要遵守验货流程验货,不能出现多验、少验、漏验、重验、混验等现象。

3. 所有供应商的货品都必须经过验货口,对所有供应商一视同仁,都要正常检验,严禁破损变质等有质量问题的货品进入仓库。

4. 接待供应商要热情主动,坚持原则,拒收供应商一切形式的行贿行为,不能因为蝇头小得丧失原则,损坏公司利益。

5. 验收单、退货单、调拨单、报损单等各种单据,必须手续齐全,填写清楚。

6. 配合现场工作,坚持把验货工作做好才能下班,单据及时传递资讯室,不得无故压单,丢失单据责任自负。

7. 坚守验货工作岗位,要做到货到人在,不能让供应商到处找验货员,影响正常供货。

请思考:验收员遵守以上工作要求有何意义?

(九)进货信息的处理

1. 商品信息的登录

到达物流中心的商品，经验收确认后一般应填写“验收入库单”，单据的格式根据商品及业务形式而不同，但一般包含供应商信息、商品信息、订单信息等。填写好单证后并将有关入库信息及时准确地登入库存商品信息管理系统，以便及时更新库存商品的有关数据。货物信息登录的目的在于为后续作业环节提供管理和控制的依据。

2. 作业辅助信息的收集与整理

对于作业辅助信息也要进行搜集与处理。在进货通道、站台、库房布局等硬件设施的设计与布局中，需要考虑许多相关因素，才能达到既能控制适当的规模，节省投资，又能满足作业需要的目的。这些信息将决定进货工作量的大小、装卸货方式及设备的选择、库内外卸货站台的空间、进货验收对人员及设备等方面的需求、进货作业活动所需场地和空间的大小、车辆等运输工具的安排。进货辅助信息主要来自于进货作业过程中发生的相关信息，因此，必须注意收集与整理，以便为管理决策提供重要的参考数据。

➢每日一练

自己试着和同学一起交流，如何完成进货储存任务?

分项任务小结

完成本分项任务后，请进行自我测试：你是否已理解进货储存的定义、作业流程?

二、进货储存作业管理

➢任务提示

本分项任务将引领你了解进货储存的真正内涵!

➢任务先行

完成以上任务，我们已经初步了解进货储存的基本知识。接下来，我们将学习进货储存作业管理的内容，继而能进一步胜任装卸搬运人员、验收人员、仓管人员的岗位。

(一)进货储存作业涉及的主要单据

1. 订购单

订购单是订购产品和货物的单据。订购单有多种样式，举例如表 2-4 所示。进货单是进货储存作业中主要用来核对送货单及实物、判断进货货品是否是正确的根据。

表 2-4　订购单样表

订购单订单编号：　　　　　　　　　　　　　　　　　　　　　　年　　月　　日

客户名称				联系人			
客户地址				联系电话			
客户代码				传真号			
序号	货品编码	货品名称	规格	单位	数量	单价	合计
1							
2							
3							
4							
5							
6							
交货方式							
交货日期							
交货地点							
交易条款：货到付款，须附发票。							
注意事项：货物如果在运输过程中有污损、受潮或与订单不符等情况，拒收。							

注：本单一式两联　核准：　　　　　　　　审核：　　　　　　　　经办：

订购单有以下两个特点：

其一是协约性，即买卖双方都应信守订货单中的各项条款。

其二是严肃性，订货单具有合同的性质，买卖双方都应严肃对待，不可有欺诈行为。

2. 送货单

送货单是供货方与订货方（配送中心）之间的销售物品凭证。一般由供应商司机随同货物送达配送中心。送货单一般由客户名称、送货单号、送货日期、货品名称、规格、单位、数量、单价、金额、送货人、签收人等字段组成。送货单一般也可分为单联、两联、三联，或者多联，范例如表 2-5 所示。

表 2-5　送货单

收货单位				送货人员			
送达地点				送货时间			
发运物品详细内容							
货物名称	型号	规格	单位	数量	单价	总额	备注

续表

收货方验收情况				收货方负责人签字			
	验收人员				负责人	(公章)	
	日期				日期		

3. 验收入库单

有的企业会分成验收单和入库单两张单据来完成验收入库工作的记录，现在更多的企业是把它们合为一张验收入库单，简化手续和使信息在一张单证上更加完备，单据流转更便捷。范例如表 2-6 所示。

表 2-6　验收入库单

供应商			采购订单号			验收员		
运单号						验收日期		
运货日期			到货日期			仓管员(日期)		
序号	储位号码	商品名称	商品规格型号	商品编号	单位	应收数量	实收数量	备注

(二)进货储存作业涉及的主要岗位

1. 装卸搬运人员

协助司机在进货月台停靠，根据货物特性准备卸货作业相关器具；正确将货物卸至托盘并合理堆码，运用搬运工具将货物运至验收区域。搬运人员应能熟练运用叉车及相关器具完成卸货作业，且对使用完的相关器具应归位。

2. 验收员

准备好验收作业相关单证(验收单、订购单等)，协同司机完成验收作业，与司机完成单证及货物的交接，将填好的单证交公司相关部门以备后续作业。在作业过程中应准确完成验收作业并正确填写验收入库单。将验收入库单与司机送货单、订购单等进行单证核对。

3. 仓管员

填写验收入库单并核对入库商品并签字，对入库货物按配送中心编码规格编码并按储位存放。

(三)进货储存作业涉及的主要设备

1. 托盘：集装作业的工具，减少装卸搬运次数。

2. 地牛：手动托盘车，主要用来进行短距离搬运作业。

3. 叉车：分为电动、燃油等类别。具有载重能力强、减轻工作人员劳动强度等优点。但操作叉车的工作人员需经过专业培训并拿到相应的执业资格证书并操作熟练才可以上岗。

4. 输送机：最常见的有皮带式输送机、滚筒式输送机和链式输送机。

(四)商品进货验收中常见问题的处理

商品进货验收过程中常会出现各种问题，碰到问题我们该如何去应对呢？前面用一张表简单向大家展示了一些碰到的问题和处理的方法，这里具体总结了一些典型问题和处理方法：

1. 货单不符

是指入库商品在数量、品种、规格等方面与入库单据所载不符。在商品入库验收中，出现货单不符，应在货运交接单上据实批注，以分清仓库与运输部门的交接责任。同时，仓库应立即查询送货单位，待对方核实确认后，再作处理。如属货主少送的要补充，多送的数量要补单或退货；如属货主单位开错、漏开的，要办理正式更正手续等。总之，处理完后，才能签发凭证。

2. 商品质量问题

是指入库商品质量出现异状的情况。分情况处理，如异状轻微，不影响使用，而货主单位又要求入库并同意提前出库的，仓库应将异状情况连同货主单位意见，在入库凭证上批注清楚，予以办理入库手续，但在库内，为防止异状扩大，要采取保养措施；如异状严重数量又多，仓库应拒绝收货。

3. 商品包装问题

是指入库商品包装出现异状的情况。应会同送货人员开箱检查。并由送货人员开具包装异状记录，或在送货单上注明。同时，在仓库内另行存放，以便处理。

4. 货单不同行

是指入库商品和入库单据出现不同时到达的情况。此情况不能办理入库手续。如有单无货，将单据退回货主；如属有货无单，则将商品暂时代管，等入库单到齐后，再办理入库手续。

➢企业实例

实例1　海南兽药企业进货储存销售实现全程可追溯管理

海南省兽药经营管理全面推行GSP认证制度一年来，共有200多家兽药企业因不符合条件未通过认证而退出市场，全省兽药企业进货、储存、销售实现全程可追溯管理。

省农业厅兽药饲料处处长王杏蕃说，随着无疫区建设不断巩固完善，特别是海南建设全国重要的畜禽产品出口基地，对畜牧业生产投入及质量安全提出更高的要求，为全面加强兽药市场监管，提升行业经营管理水平，从去年开始海南省全面推行GSP认证制度。

全面实行GSP认证制度后，全省兽药经营企业从近900家减少到600余家，不符合条件的200多家企业被勒令停止运行，退出市场，行业小、散、乱现象得到很大程度的改变。王杏蕃说，现在全省兽药经营管理全面走向规范化，兽药从购进到销出全程实现可追溯，假冒伪劣兽药将无处藏身，畜禽产品生产安全得到有效监控。

实例2　统一进货储存 长沙烟花爆竹企业合力消除储运环节隐患

烟花爆竹属危险货品，为堵住流通领域的地下暗流，确保有序经营，安全消费，长沙全市从事烟花爆竹行业生产及经营的123家公司共同组成的长沙市烟花爆竹流通协会成立，联购分销的经营模式正式开始启动，市内非法储存、以零代批的烟花爆竹地下窝点将被逐一取缔。

正规进货量不到一成

据了解，目前，市内五区办理了烟花爆竹零售经营许可证的经营网点525户，但到有资质的批发公司购进的零售网点仅200家，绝大部分的零售经营户直接从浏阳、宁乡厂家或地下非法批发企业进货。2006年全市正规批发公司销售额仅为307.5万元，而根据市场调查，市内五区最保守的估算烟花爆竹消费至少在5000万元以上。由于经营市场长期处于松散的自由经营状态，非法储存、以零代批的地下窝点大多隐匿于城区综合性大市场的周边，地处管理的"真空"地带。市安全监部门负责人认为，地下窝点流通的烟花爆竹在生产、运输、储存、销售等环节均存在不同程度的安全隐患，规范市场秩序迫在眉睫。

6台配送专用车已经到位

据介绍，联购分销经营模式将采取"统一进货，统一储存，分区配送"的方式进行，并在市内五区设立五个委托点，具体实施烟花爆竹统一配送经营。目前，协会发起单位长沙天祥日杂商贸有限公司已在原有专业危爆仓库的基础上，筹集资金300余万元，收购了市乡镇企业局危爆物品储存仓库，并配备了6台符合要求的配送专用运输车辆。仓储设施、经营场所均通过市安监局和专家组的验收、审定，由省安监局颁发了《烟花爆竹经营(批发)许可证》。

价格合理安全系数更高

联购分销的终端销售价格比从厂家直接进货可能高点，但不会高出很多，在烟花爆竹经营的进、存、调、销四个环节，每个环节都会产生相应的费用。如果零售商从批发公司进货，批发公司已承担了其中进货、储存、调配等环节的费用。而从厂家进货，资金占用产生的利息、租用仓库的租金、调配产品的运费等费用都要由零售商自己承担，所有费用计入成本，直接从厂家进货，价格未必会比批发公司的价格低。一旦从非正规渠道进入的产品发生安全事故，其风险成本显而易见。采取联购分销的经营模式最大的好处是解决了烟花爆竹在流通领域的安全问题。

➢每日一练

自己试着总结如何进行进货储存作业。

分项任务小结

完成本分项任务后，请进行自我测试：你是否更加明确进货储存作业的岗位分工和工作内容，所需主要单证，所需主要设备？

一、核心概念

进货　验收入库　卸货　装卸搬运

二、业务技能自测

（一）不定项选择题

1. 进货前的准备工作包括（　　）

A. 储位准备　　B. 人力安排
C. 核对单据　　D. 设备器材准备

2. 一般来说，配送中心的进货方式主要有（　　）

A. 托盘　　B. 箱子　　C. 单品　　D. 车辆

3. 卸货方式主要有（　　）

A. 人工卸货　　B. 输送机卸货
C. 码托盘叉车卸货　　D. 以上都不是

4. 数量验收的方法有（　　）

A. 计件　　B. 检斤　　C. 检尺求积　　D. 以上都不是

5. 卸货作业时，一般为作业安全与方便起见，常会使用到（　　）

A. 可移动式楔块　　B. 升降平台
C. 车尾附升降台　　D. 吊钩

6. 验收的内容包括（　　）

A. 质量　　B. 数量　　C. 包装　　D. 以上都不是

（二）判断题

1. 进货作业是配送作业中物流活动开始的第一个环节，其工作质量直接影响到后续作业的质量。（　　）

2. 一般来说，商品验收在核对有关单据和信息工作之前进行。（　　）

3. 进货时尽可能将多种活动集中在一个工作站，以节省必要的空间。（　　）

4. 商品验收是进货作业最重要的一项作业。（　　）

5. 商品验收的唯一标准是采购合同。(　　　)

(三)简答题

1. 什么是进货?

2. 影响进货作业的因素有哪些?

3. 画出进货储存的基本作业流程图。

三、案例分析

某配送中心的自动进货检验系统

某配送中心为商业配送中心,其自动进货验收系统如图 2-17 所示。

在这一系统布置中,进货检验流程如下:

第一步:商品经站台卸下后直接送到暂时堆存货物的输送机上。

第二步:当堆码商品的托盘到达进货验收工作站时,作业人员开始查验托盘上的商品。每一工作站都设有电脑终端机,每一台电脑都能显示每一货物的采购订单及对货物品种和质量的要求。因此,系统允许任何货物可以从任一工作站验收入库,不必选择特定通道,在暂存输送机和验货工作之间设有转动车,随时将任何堆积的托盘转送至任一工作站,以均衡所有输送机与工作站的工作量,提高设备利用率和作业效率。

第三步:若商品经验收合格,作业人员即设定该货物的储位,则托盘或货箱送至输送机尽头,可由叉车运至储存场所,也可以由自动传送带送至设定的储位。

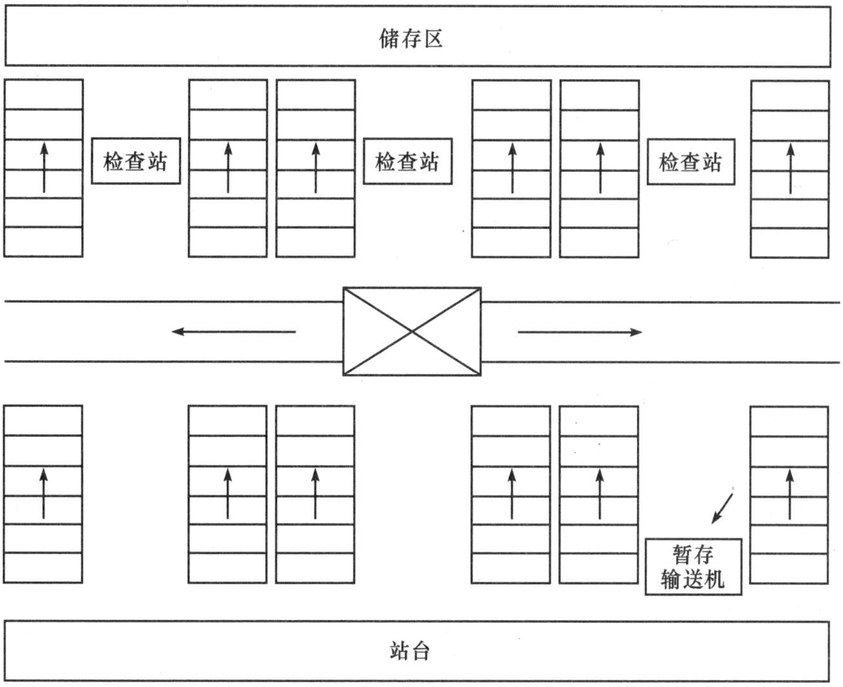

图 2-17　自动进货验收流程范例

阅读以上材料,回答问题:

1. 该配送中心的进货流程与一般的配送中心收货流程有什么差异?

2.要哪些基本的设备才能完成自动进货验收流程？

四、实训操作

情景描述

中百配送中心于2014年9月6日向联想电脑有限公司下了一张采购联想电脑及显示器等商品的订单，2014年9月17日，顺丰物流公司将货物送到公司收货月台，司机准备好了相关单据，与相关人员一起办理交接手续，工作人员完成商品的进货验收入库手续。

表2-7 订购单

订单编号：20140906001　　　　2014年09月06日

客户名称		中百配送中心		联系人		赵雨	
客户地址		武汉市东西湖吴家山		联系电话		027-83871234	
客户代码		ZBPSZX		传真号		027-83871234	
序号	货品代码	货品名称	规格	单位	数量	单价	合计
1	LXDN	联想电脑	M715E	箱	5	3200.00	16000.00
2	LXDN	联想电脑	M700E	箱	4	2000.00	8000.00
3	LXXSQ	联想显示器	L197WD	箱	6	1900.00	11400.00
4	LXXSQ	联想显示器	L2022W	箱	6	1800.00	10800.00
交货方式		送货上门					
交货日期		2014-9-17					
交货地点		中百配送中心					
交易条款：货到付款，须附发票。							
注意事项：货物如果在运输过程中有污损、受潮或与订单不符等情况，拒收。							

注：本单一式两联　核准：xx　　审核：xx　　经办：xx

[实训目标]几个同学为一组，根据实际情景模拟配送中心进货储存作业相关岗位，结合相关单证，完成一次完整的进货储存作业。通过实际分工扮演企业相关岗位人员，相互协作完成进货储存作业，加深对本任务内容的理解。

[实训组织]学生每6人分为一组，分角色完成进货储存作业。

[实训提示]教师提出活动前准备及注意事项，同时随队指导。

主要单据：订货单、送货单、验收入库单。

主要设备：模拟车厢、托盘、叉车、条码打印机。

主要人员：送货方司机、搬运人员、验收人员、仓管员。

各岗位及及其主要工作内容如下表所示：

表 2-8 进货存储作业实操训练岗位及主要工作内容表

岗位	主要工作内容
司机	将载货汽车装载好运送的货物，运到配送中心的进货月台，准备好送货单、发货明细表、发票等相关单证；协助搬运人员完成卸货作业；与验收人员共同完成验收并完成单证交接；持签章送货单将车辆驶回原位
搬运人员	协助司机在进货月台停靠，根据货物特性准备卸货作业相关器具；正确将货物卸至托盘并合理堆码，运用搬运工具将货物运至验收区域
验收人员	准备好验收作业相关单证（验收单、订购单等）；协同司机完成验收作业，与司机完成单证及货物的交接；将填好的单证交公司相关部门以备后续作业
仓管员	填写入库单并核对入库商品在入库单上签字，打印商品条码，贴到商品右上角，准备好相关储位；将货物运至对应储位存放

［**实训成果**］各组演练并汇报，教师根据进货储存作业评价表（如下）对各组进行打分，并指出问题。

表 2-9 进货储存作业评价表

评价项目	评价子项目	分值
进货作业	进货前准备工作充分、合理	10
	卸货操作正确熟练	10
	验收作业正确、手续齐全	20
	货物编码、分类合理	5
	货物堆码方式正确、货位分配合理	10
	进货入库作业单证处理正确	15
小组配合	分工明确、配合默契	10
	汇报条理性、简洁明了	10
	工作效率高、按时完成任务	10

任务3

订单处理作业

知识目标

通过完成本任务,你应该能够:

1. 理解订单处理内涵,掌握订单处理类型。
2. 了解接受订货方式。
3. 掌握订单确认流程,掌握存货分配模式及存货不足异动处理方式。
4. 掌握订单处理过程遵循原则,掌握影响订单处理时间因素。

技能目标

1. 能识别订单中哪些要素需要进行确认,掌握不同订单形态的处理方法。
2. 能够进行订单处理流程作业。
3. 能快速准确的建立客户档案。
4. 能够合理地进行存货分配。
5. 能制定订单处理异常的应变计划。
6. 能够考虑影响订单处理时间的各种因素。
7. 选择相应的订单处理方法,提高订单处理的效率和客户服务水平。

任务导入

尊敬的读者:在您初步了解了配送和配送中心之后,一定还想知道配送作业是怎样开始的,就让我们从订单处理入手吧!订单处理作业是配送运作的“指挥家”,物流领域的顶级高手与平庸之辈的差距就在于此。试想一下:

1.配送中心如何做到有效、正确的接单,并简化接单作业呢?

2.怎样处理大量繁杂的订货信息?

3.怎样掌握订单进度?

4.怎样改善订单处理流程?

若想解答上述问题,请尝试完成本任务:订单处理作业。

我们又将本任务分为两个分项任务:

分项任务1:订单处理作业流程。

分项任务2:订单处理作业管理。

你可以对照能力目标,反复演练,有的放矢地依次完成各分项任务,直至完成本任务,为早日胜任配送企业订单处理岗位做好准备。

任务实施

一、订单处理作业流程

➢任务提示

本分项任务将引领你了解订单处理定义和流程,并了解订单处理输出资料!

➢任务先行

什么是订单处理?有哪些订单形态?订单处理包括哪些内容?要了解这些问题,请往下看!

(一)什么是订单处理作业?

订单处理作业是实现企业顾客服务目标最重要的环节之一,是配送服务质量得以保证的根本。改善订单处理过程,缩短订单处理周期,提高订单满足率和供货的准确性,提供订单处理全程信息跟踪,可以大大提高顾客服务水平和顾客满意度,使配送中心获得竞争优势。

重要知识3-1

订单处理作业的定义

订单处理是指从接到客户订单到着手准备拣货之间的作业阶段,对客户订单进行品项数量、交货日期、客户信用度、订单金额、加工包装、订单号码、客户档案、配货方法和订单资料输出等一系列的技术工作。

订单处理可通过人工或计算机信息处理系统来完成,人工处理比较具有弹性,但只适合少量的订单,一旦订单数量稍大处理将变得缓慢且易出错,而计算机处理不但速度快而且成本低,差错极少,适合大量的订单。

(二)订单内容

一份完整的订单应包含哪些内容?

订单内容的设计要实用简洁,避免重复。一般可把订单档分为订单表头档和订单明细档,如图3-1所示。

订单表头档	订单明细档
订单号	订单号
订货日期	商品代码
客户代号	商品名称
客户名称	商品规格
客户采购单号	商品单价
送货日期	订购数量
配送批次	订购单位
付款方式	金额
业务员号	折扣
配送要求	交易类别
订单形态	
备注	

图3-1 订单内容

无论是订单表头档还是订单明细档,一般都有关键信息来连接,可帮助订单处理相关岗位人员核对订单或方便分割汇总订单,如订单号码。各配送中心可以根据订单处理系统的要求自行设计内容与格式。配送中心设计的订单格式举例见表3-1:

表3-1 某客户订单

订单号:20140305001

序号	产品名称	规格	数量	重量	体积(长×宽×高)	单价(元)	总价(元)	备注
订货单位:		＊＊＊超市＊＊＊店				日期: 2014-03-05		
电话:		＊＊＊				传真: ＊＊＊		
序号	产品名称	规格	数量	重量	体积(长×宽×高)	单价(元)	总价(元)	备注
1	汉高蜜橘片	258g×12瓶	20箱		30×18×15	48	960	
2	蒙牛酸牛奶	18袋百利包	10箱					
3	娃哈哈锌爽歪歪	200g×16瓶	15箱					
…	…							
合计金额								
交货日期:2014年3月6日下午4点前								
交货地点:＊＊超市收货处								

续表

订单形态:☑一般交易 □现销式交易 □间接交易 □寄库交易 □其他
加工包装:无特殊要求
配送方式:☑送货 □自提 □其他
用户信用:☑一级 □二级 □三级 □四级 □五级
付款方式:月结
特殊要求:允许缺货后补货
制单:凌潇潇　　　　审核:

(三)订单处理作业流程

订单处理作业的流程是配送中心对订单处理的一系列环节,是客户订货信息在配送中心的处理程序,一般由这几部分组成:接受客户订单—确认订单—设定订单号码—建立客户档案—存货查询和分配存货—计算拣取的标准时间—依订单排定出货时程和拣货顺序—订单资料处理输出。如图 3-2 所示:

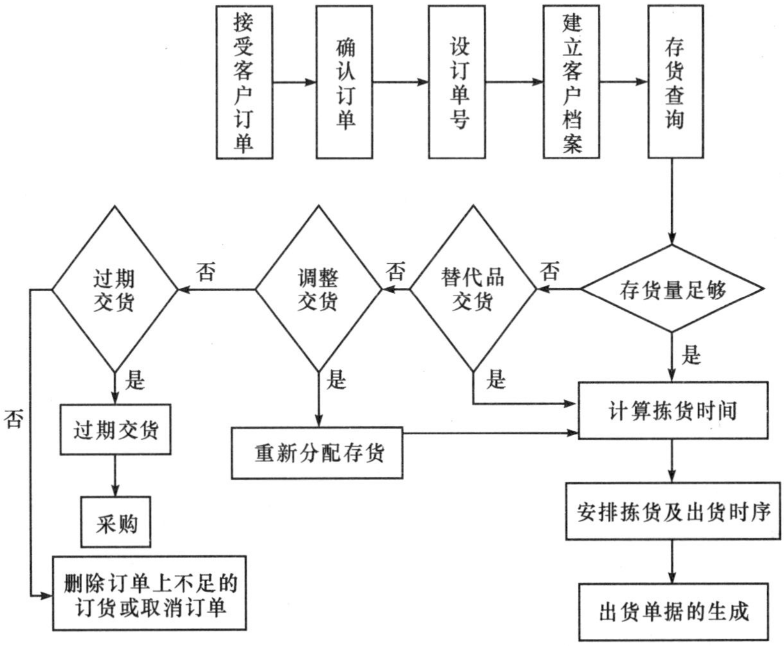

图 3-2　订单处理作业流程

1. 接受客户订单

接单为订单处理作业的第一步,配送中心接受客户订货的方式主要有传统订货的方式和电子订货方式两类。随着流通环境及科技的发展,接受客户订货的方式也渐渐由传统订货方式向计算机间直接送收订货信息的电子订货方式发展。

(1)传统订货方式

传统的订货方式有以下几种:

①厂商铺货:供应商将商品放在车上,一家家去送货,缺多少补多少。周转率较快或新上市的商品较常使用。

②厂商巡货、隔日送货:供应商派巡货人员前一天先到各客户处寻查需补充的货品,隔天再进行补货。

③电话口头订货:订货人员将商品名称及数量,以电话口述方式向厂商订货。

④传真订货:客户将缺货资料整理成书面资料,利用传真机传给厂商。

⑤邮寄订单:客户将订货表单邮寄给供应商。

⑥客户自行取货:客户自行到供应商处看货、取货,此种方式多为以往传统杂货店因地域较近所采用。

⑦业务员跑单接单:业务员到各客户处推销产品,而后将订单带回或紧急时以电话先联络公司通知客户订单。

不管利用哪种订货方式,都需要记录和建档工作,这就需要人工输入资料,而且经常会重复输入、重复填写传票,浪费时间,此外在重复输入过程中经常会由于输入数据不一致而又要重新核查,耽误了时间,影响客户订单处理效率。尤其是现阶段客户更趋向于多品种、小批量、高频度的订货,配送时间也要求及时准确,传统订货方式逐渐跟不上客户的要求。

(2)电子订货方式

传统订货中,有时因为对方电话无人接听需要多次重复拨打电话,或是会听错订单内容和送货要求,或是不慎丢失订货单电话记录而无法核实订货信息影响工作效率等等,越来越多的企业都采用了电子订货方式替代传统订货。电子订货是指通过电子传递方式取代传统人工输入、传送的订货方式,即将传统订货资料转为电子资料形式,再由通信网络传送进行订货。电子订货方式有以下几种:

①订货簿或货架标签与终端机配合:订货人员携带订货薄及手持终端机及扫描器巡视货架,若发现商品缺货则用扫描器扫描订货薄或货架上的商品标签,再输入订货数量,利用计算机将订货资料传给总公司或供应商。

②POS(Point of Sale 销售时点)管理系统:客户设定安全存量,每当销售一笔商品时,计算机自动扣除该商品库存;当库存量低于安全库存时,即自动产生订货资料,将此订货资料确认后即可透过信息网络传给总公司或供应商。

③订货应用系统:客户信息系统里若有订单处理系统,可将应用系统产生的订货资料,经由特定软件转换功能转成与供应商约定的共通格式,再在约定时间将资料传送出去。

电子订货方式较之传统订货方式速度快,可靠性高,差错率降低,客户服务水平明显提高,更能适应多品种、小批量、多批次的订货,同时缩短交货时间,减少人工处理差错率,减少了退货处理作业。

(3)电子订货方式的发展

电子订货系统(Electronic Ordering System , EOS),是不同组织间利用通信网络和终端设备,以在线连接方式进行订货作业与订货信息交换的体系。如将批发、零售商场所发生的订货数据输入计算机,通过计算机通信网络连接的方式即刻将资料传送至总公司、批发业、商品供货商或制造商处(如图 3-3 所示)。

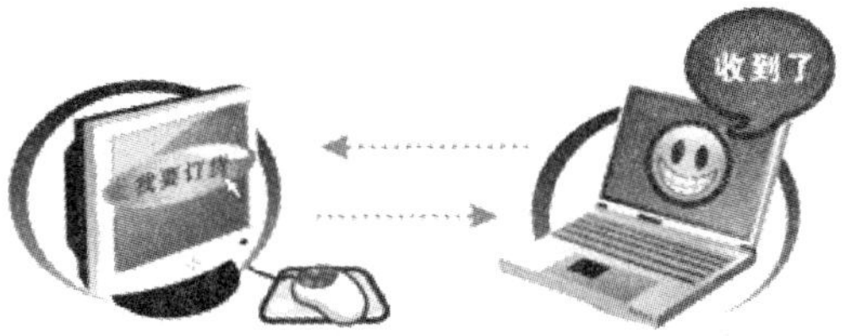

图 3-3 电子订货系统

从应用层面上来讲,电子订货系统分成企业内订货和企业间订货。

初期的电子订货系统是从企业内部的订货开始的,也就是各分店或分公司,借由终端机和总公司的计算机联机来传送订货数据,总公司再将各分店的订货数据汇总,通过电话传真的方式将订单下给供应商,供应商收到后再重新将订单输入计算机完成接单而后再进行后续的作业。而比较先进的做法是,总公司通过调制解调器或是增值网络中心(VAN)所提供的 E-mail 功能来传送订单数据给供应商。不过供应商还是需要对收到的订货数据进行人工录入订单系统以便后续的拣货、出货作业。企业内部电子订货如图 3-4 所示。

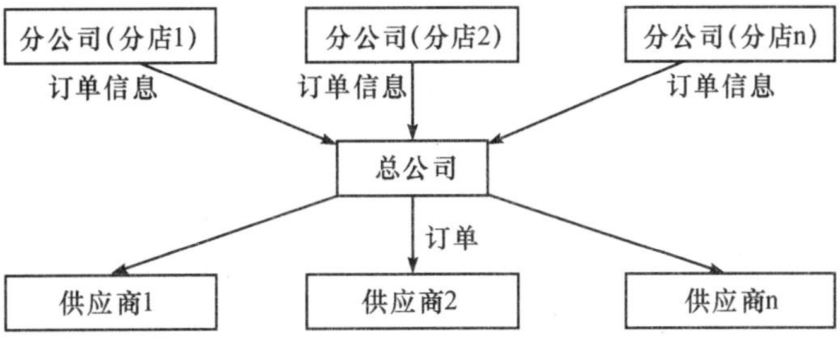

图 3-4 企业内部电子订货

企业间的电子订货需要借助 EDI 以及 VAN 的导入来提供协助。各零售店经过增值网络中心将订货数据传给总公司,经汇整处理后将订货数据转为标准的 EDI 格式,再传给 VAN 中心,由 VAN 中心将资料传给供应商,或是零售商直接将订单数据传给 VAN 中心,再由 VAN 中心传送订单数据给各供应商。供应商可从 VAN 取得订单数据,将取得的标准 EDI 数据转成公司内部所使用的格式,再进行接单操作,再来进行后续的订单处理工作(如图 3-5 所示)。

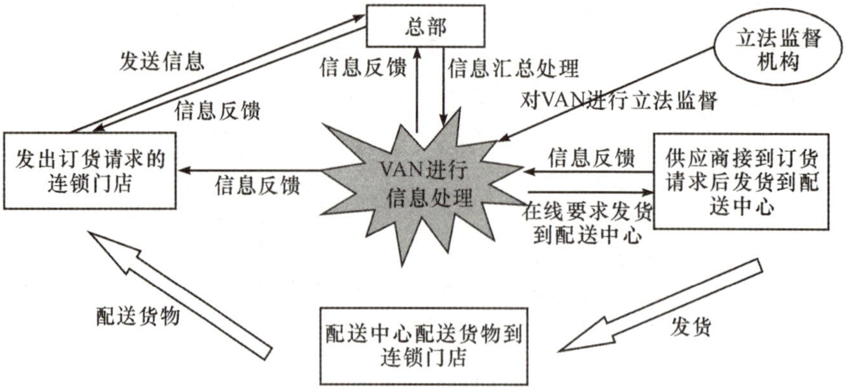

图 3-5　连锁企业电子订货系统流程

电子订货系统有利于提高企业物流信息系统的效率，使各个业务信息子系统之间的数据交换更加便利和迅速，丰富企业的经营信息。

阅读与思考 3-1

某香精制造公司贯穿于 ERP 系统中的客户订单处理功能

某香精制造公司是一家由日方控股的中日合资企业，该公司地处上海，公司本部设于浦西，在浦东建有一个承担生产任务和物料管理职能的工场。该公司合资的中方企业早在 1982 年就应用计算机辅助企业管理，开发了以香精企业管理，开发了以香精配方的生产测方、生产计划、原料库存管理等为主要功能的第一代信息系统。至 2003 年，经过四次升级改版，公司已在日常运作管理的某些环节应用了信息技术，为实施 ERP 系统打下了基础。

近十几年来我国香精市场随着经济的持续高速增长呈现出客户需求多样化、规模不断扩大、进入企业增多和竞争日益加剧的局面，香精企业普遍地面临着生产成本上升和利润下降的压力。该公司虽有知名品牌和广泛营销渠道，也感到了前所未有的市场竞争压力，在企业内部，客户订单响应、库存积压处理和原料采购管理等方面面临诸多棘手的问题。

香精企业与一般的制造业相比，原料种类常达数千、甚至上万种，原料库存量变化大。有的原料国内采购当天可送到，有的需要进口，可能数月才能到货，采购周期长短不一；产品香气类型繁多，一家大型香精生产企业拥有上万个香精配方不足为奇。原料和产品种类众多，为了及时满足下游客户的需求，导致储备的原料种类多、数量大，资金占用随之增大。由于下游客户数量多，规模参差不齐，需求变化快，在实际生产中大型香精企业往往会一日数次追加或更改生产任务。这些集中于原料采购的特殊性，就表现为较高的原料需求不确定性和紧急性，加大了采购管理的难度。

2003 年公司得到董事会的批准，全面启动提升企业信息系统，构建新一代的企业级ERP系统项目，以图通过进一步改进内部管理提高生产效率，降低成本，提高客户服务水平，加强竞争能力，应对市场的竞争。

原有信息系统中的客户订单处理功能

该公司原有的信息系统具有客户订单管理的功能，其订单处理流程的主要环节如下：

(1)销售员与客户洽谈。主要手段是电话、传真和邮件，洽谈内容包括客户需求的品种、数量、交货日期等。

(2)客户订单确认。销售员将数据确认的客户订单报送销售计划员做销售计划。实际中很多订单的交货日期模糊不清，如某月、某旬，有些还只是一个意向，没有交货的日期。因此销售员手头积压着较多的交货日期模糊的客户订单。

(3)销售要货计划编制。销售计划员集中书面的客户订单，将其中的主要数据输入销售计划子系统，系统按交货日期和生产周期，每天产生新的销售要货计划表。

(4)生产计划员使用生产管理子系统，从销售要货计划中摘出新的和有变化的记录，更新月度生产计划表。

(5)生产计划员的第二项工作是根据月度生产计划表，通过生产管理子系统的测方功能对每一笔生产任务进行产品的原料测算，如有足够的原料就安排生产，编制生产作业计划，打印后送车间执行。

(6)对原料无法满足需求的生产计划任务，生产计划员以书面形式向采购该部门提出原料采购需求。

订单处理功能在数据结构上，设有客户订单、销售要货计划、生产计划、作业安排等数据表，各有关部门的人员只看到相应的数据表。在订单处理的前端，销售员不使用计算机，因此销售计划员是系统前端的用户。生产管理子系统与原料管理子系统之间，只有后者向前者提供的原料库存数据，生产缺料数据则未包括在系统中。

显然，原有信息系统在客户订单的完整性、生产计划与原料采购管理之间的信息交互等方面，存在不足，客户订单处理功能已不能适应新的环境变化和公司期望的客户服务改进目标。

贯穿于ERP系统中的客户订单处理功能

在客户需求多样化和市场竞争日益加剧的背景下，公司为提高客户服务的水平，决定将客户订单管理作为ERP系统方案的一个重点内容予以精心设计。因此公司的市场、销售、生产、采购和信息管理等部门与开发商一起围绕客户订单状态的确认、执行进程、部门间协作等要点进行了分析和讨论，期望ERP系统中客户订单管理能对客户服务的水平有一个实质性的提高。

根据新的系统需求，经过公司各部门有关管理人员与开发商的研究，提出了称之为“贯穿于ERP系统中的客户订单处理功能”的方案，该方案的逻辑路径如

图 3-6 所示。该 ERP 系统方案在销售管理、生产计划和原料采购等业务之间也设计了动态的数据交互，以实现各部门的数据共享，见图 3-7。

新的客户订单处理功能的主要特点为：

(1)设置客户订单进程状态变量。该系统为客户订单附加了一系列状态变量，订单每前进一个阶段就标注相应的完成标志和日期。

(2)各部门的管理人员共享客户订单数据，通过订单的状态标志，可以了解和控制订单的执行进程。

(3)销售员直接将所有接到的客户订单数据输入系统，对交货日期模糊的客户订单，系统将进行模糊处理，以界定出尽可能明确的交货日期或交货时段。

(4)根据客户订单、销售要货计划、生产计划，按不同的等级，自动生成原料缺料表，为原料采购提供依据。

(5)该系统还能对订单的执行状态进行排序和预警，为订单执行效率和正确性的提高产生作用。

该公司的 ERP 系统实施后，运行效果证明确实显著地提高了客户服务的水平。

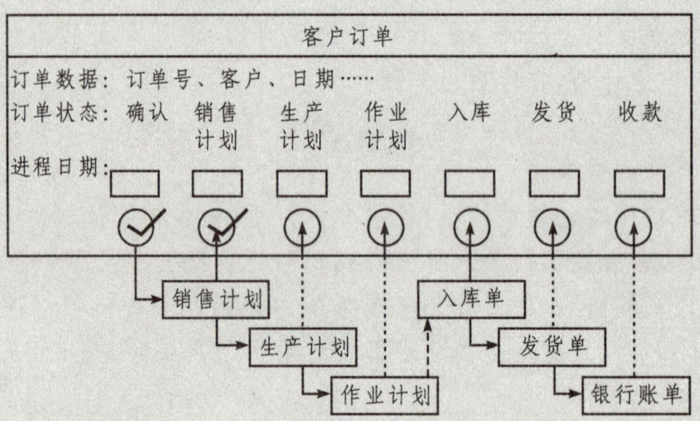

图 3-6 贯穿于 ERP 系统中的客户订单处理功能

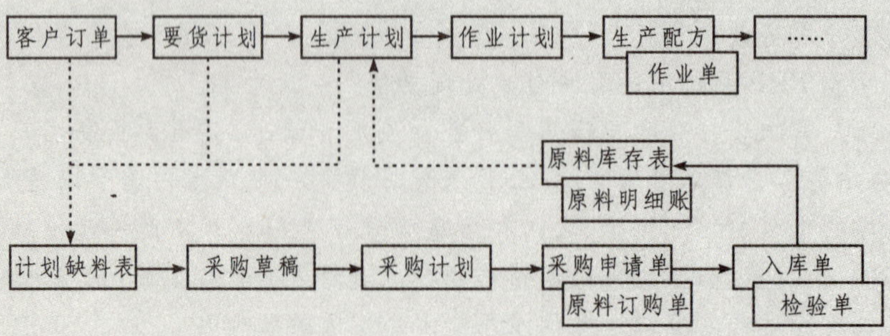

图 3-7 ERP 系统方案在各部门业务之间的数据交互与数据共享

请思考：

1.新的客户订单处理功能与原有系统的功能在哪些地方有改进？

2.新的客户订单处理功能对客户服务水平的提高在哪些方面能得到体现？

3.在客户订单处理的各部门协作方面，新方案的功能能产生什么作用？

4.为更好地服务于客户，新的客户订单处理功能还有哪些地方可以做进一步的扩展？

2.客户订单确认

当配送中心接收到客户订单后，应对订单的各项内容进行确认，以防发生错误或损失。订单确认的项目主要包括：

(1)订货信息的确认

确认订货信息是对订货资料项目的基本检查，即检查货物品名、数量、送货日期等是否有遗漏、笔误或不符合公司要求的情况。尤其发现送货时间有问题或出货时间已延迟的时候，需要与客户重新确认送货内容或更正运送时间。若采用电子订单方式接单，需要对已接受的订货资料加以检验确认。

(2)确认客户信用

查询客户档案里的客户信用状况和财务状况，确定客户是否有能力支付该笔订单的货款。一般的查询方法是：通过查询客户的信用额度与现有应收账款的差额，若为正，则客户信用度较高；若已然为负，则要再次确认客户是否能按期付款。在配送中心的管理信息系统中，一般可以提供两种途径查询客户信用状况：一是按照客户代号或客户名称查询，二是通过订购货品资料来查询。

顾客的信用调查原则上是由销售部门来负责，但有时销售部门忙于争取订单时，也可以由配送中心来负责。一旦查核结果发现客户的信用有问题，配送中心可将订单送回销售部门进一步调查或者做退回处理。

(3)确认订单形态

物流配送企业收到的订单形态可能是多种多样的，每种形态订单的处理方式也不尽相同(如表3-2所示)。

表3-2 订单形式与处理方式

订单形式	交易形态	处理方法
一般交易订单	即接单后按正常的作业程序拣货、出货、发送、收款的订单	接单后，将资料输入订单处理系统，按正常的订单处理程序处理，资料处理完后进行拣货、出货、发送、收款等作业
间接式交易订单	客户向配送中心订货，直接由供应商配送给客户的交易订单	接单后，将客户的出货资料传给供应商由其代配。此方式需注意的是客户的送货单是自行制作或委托供应商制作的，应对出货资料加以核对确认
现销式交易订单	与客户当场交易、直接给货的交易订单	订单资料输入后，因货物此时已交给客户，故订单资料不再参与拣货、出货、发送等作业，只需记录交易资料即可

续表

订单形式	交易形态	处理方法
合约式交易订单	与客户签订配送契约的交易，如签订某期间内定时配送某数量的商品	在约定的送货日，将配送资料输入系统处理以便出货配送；或一开始便输入合约内容的订货资料并设定各批次送货时间，以便在约定日期系统自动产生所需的订单资料
寄库式交易订单	客户因促销降价等原因先行订购一定数量的商品，后视需求后再要求出货的交易订单	检查客户是否确实有该项产品寄存，有则出货，无则拒绝
兑换券交易订单形式	客户通过兑换券兑换商品的配送出货订单	将客户兑换券所兑换的商品配送给客户时，系统应核对客户是否确认由此兑换券回收资料，若有则依据兑换券兑换的商品及兑换条件予以出货，否则拒绝

(4)确认订货价格

不同级别的客户可能对应着不同的零售价，不同的订购数量也可能导致价格的差异，因此输入信息系统商品订货价格时应加以核对。

(5)确认加工包装

加工包装的确认即对于客户订购的商品，在订单上有没有特殊包装要求，是否有分装、贴价格标签等要求，如果有赠品的还需要确认记录有关赠品的包装资料等。

3.设定订单号码并建立客户档案

(1)设定订单号码

客户的订单上一般都带有订单编号，不过这是客户企业内对订单的编号，配送中心为了便于订单管理，一般还需要按照自己的习惯或编号原则对接到的订单进行重新设定订单号，并把该订单号与客户订单号对应起来。该订单号码主要是为了系统内查询、核算方便，因此所有跟该订单有关的后续处理工作的单证上均应附此号码。

(2)建立客户档案

客户档案不但能让此次交易顺利进行，而且有益于今后合作机会的增加，因此，新接到订单后一般都会为客户建立档案，或更新档案。客户主档应包含订单处理用到的及与物流作业相关的资料，具体包括：

①客户姓名、代号、等级形态(产业交易性质)。

②客户信用额度。

③客户销售付款及折扣率的条件。

④开发或负责此客户的业务员。

⑤客户配送区域。例如：地区、省、市、县及城市各区域等，基于地理位置或相关特性将客户分类于不同区域将有助提升管理及配送的效率。

⑥客户收货地址。

⑦客户点配送路径顺序：按照区域、街道、客户位置，为客户分配适当的配送路径顺序。

⑧客户点适合的车辆形态：往往客户所在地点的街道对车辆大小有所限制，因而需

将适合该客户的车辆形态存于资料档案中。

⑨客户点卸货特性：客户所在地点或客户卸货位置，由于建筑物本身或周围环境特性(如地下室或高楼层)，可能造成卸货时有不同的需求及难易程度，在车辆及工具的调度上需加以考虑。

⑩客户配送要求：客户对于送货时间有特定要求或有协助上架、贴标签等要求的也应将其存于资料档案中。

⑪过期订单处理指示：若客户能统一决定每次延迟订单的处理方式，则可实现将其写入资料档案，以省去临时询问或需紧急处理时的不便。

客户档案有多种形式，配送中心可以根据订单处理系统的要求自行设计，如表3-3客户档案管理示例。

4.存货查询与分配库存

订单处理的一个关键环节，查询存货和将库存分配给每位客户，这要求库存信息实现实时监控，同时对客户信用、客户要货时间密切关注。

(1)存货查询

存货查询的目的是确认库存是否能够满足客户需求，通常称为“事先拣货”。存货档案的资料一般包括货品名称、代码、产品描述、库存量、已分配库存、有效库存及期望进货时间等。

当输入客户订货商品名称、代码时系统就查询存货档案的相关资料，看此商品是否缺货，如果缺货则提供商品资料或是此缺货商品已采购但未入库信息，这将便于接单人员与客户协调是否改订替代品或是允许延后出货等办法，以提高人员的接单率及接单处理效率。

表3-3　客户档案管理

<table>
<tr><td colspan="2">客户级别</td><td>客户编号</td><td colspan="2">区域</td><td>建档日期</td><td>业务代码</td></tr>
<tr><td rowspan="5">客户登记</td><td>注册名称</td><td colspan="2"></td><td>注册日期</td><td colspan="2">年　　月　　日</td></tr>
<tr><td>注册地址</td><td colspan="2"></td><td>注册资金</td><td colspan="2">人民币　　　元</td></tr>
<tr><td>税务编号</td><td colspan="3"></td><td colspan="2">总门店数：____家</td></tr>
<tr><td>法人代表</td><td colspan="2"></td><td>订货负责人</td><td colspan="2"></td></tr>
<tr><td>开户银行</td><td colspan="2"></td><td>账号</td><td colspan="2"></td></tr>
<tr><td colspan="2">送货地址</td><td colspan="5"></td></tr>
<tr><td colspan="2">送货车辆形态</td><td colspan="5"></td></tr>
<tr><td colspan="2">客户点卸货特性</td><td colspan="5"></td></tr>
<tr><td colspan="2">客户配送要求</td><td colspan="5"></td></tr>
<tr><td colspan="2">客户销售付款</td><td colspan="2"></td><td>折扣率条件</td><td colspan="2"></td></tr>
<tr><td colspan="2">过期订单的处理方式</td><td colspan="5"></td></tr>
<tr><td colspan="2">其他说明</td><td colspan="5"></td></tr>
</table>

续表

企业规模		注册类型	
单位类别		隶属关系	
上年固定资产值		上年总产值	
潜在购力			
往年信用情况			
今年信用完成能力分析			
受信等级	□ 一级 □二级 □三级 □四级 □五级		
上年贷款回笼情况			
本年销售计划	本年回笼计划		
与我公司合作历史			
主要竞争对手			
本年销售采取的方案说明			
备注			

(2)分配库存

订货资料输入系统确认无误后，最主要的处理作业在于如何将大量的订货资料，作最有效的汇总分类、调拨库存，以便后续的物流作业能有效地进行。存货的分配模式可分为单一订单分配及批次分配两种。

①单一订单分配

此种情形多为线上即时分配，也就是在输入订单资料时，就将存货分配给该订单。

②批次分配

批次分配指累积汇总输入数笔订单资料后，再一次分配库存。配送企业因订单数量多、客户类型等级多，且多为每天固定配送次数，因此通常采用批次分配以确保库存能作最佳的分配。

采用批次分配时，要注意订单的分批原则，见表 3-4。

表 3-4　订单分批原则

订单分批原则	说　明
按订单顺序划分	将整个接单时段划分成几个区段，若一天有多个配送时段，将订单按接单先后分为几个批次处理
按配送区域或路径划分	将同一配送区域路径的订单汇总一起处理
按流通加工需求划分	将有加工需求的订单汇总一起处理
按车辆需求划分	如果配送商品要用特殊的配送车辆(如低温车、冷冻车、冷藏车)或客户所在地、订货有特殊要求，这时可以汇总合并处理

若批次分配选定参与分配的订单后，这些订单的某商品总出货量大于可分配的库

存,可依以下四原则来决定客户订购的优先性。见表3-5:

表3-5 客户优先分配原则

客户订购优先性	说 明
特殊优先权	对于一些例外的订单如缺货补货订单、延迟交货订单、紧急订单或远期订单,这些在前次即应允诺交货的订单,或客户提前预约或紧急需求的订单,应有优先取得存货的权利
客户等级	将客户重要性程度高的作优先分配(客户ABC分类)
订单交易量成交金额	对公司贡献度大的订单作优先处理
客户信用状况	将信用较好的客户订单作优先处理

(3)参与分配的订单范围

在物流配送企业配送中由于存在很多不确定因素,使一些订单的处理往往会未按正常步骤发货。在存货分配当次的订单时,对于以往因故未出货的订单应考虑是否参与此次分配。

①解除锁定订单

锁定订单是在订单资料输入查核及确认处理作业时,因不符合条件而被锁定的订单。这种订单后经审核通过,被解除了锁定,在当次库存分配时是否参与。

②前次已分配未出货订单

这种订单已经参与了库存分配,但因故未出货,是否重新参与库存分配。

③补送订单

这种订单是由于客户前张订单中的缺货品种造成的,此时是否已有库存,这些缺货商品是否参与分配,以便补送出货。

④交货订单

由于缺货而顺延的订单,目前是否已再进货有库存,是否参与分配,以便补送出货。

⑤前期订单

本次并未接单,但该种订单是客户一次性订购,要求分批出货的,到期系统会自动提醒追踪交货,以便在交货日及时出货,是否参与存货分配。

5.拣货顺序确定和拣货时间计算

拣货顺序直接影响拣货的效率,因它决定了拣货人员行走时间和距离的长短。拣货顺序可依据仓储货物的状况及货物存放的位置来确定。

为了有计划地安排出货,订单处理人员要事先掌握每一个订单或每批订单可能花费的拣取时间,因此,在订单处理时就要计算订单拣取的标准时间。

(1)计算拣取每一单元(一个托盘、一个纸箱、一件)货物的标准时间,且将它设定于电脑记录标准时间档,则无论数量多少,可以很容易地推导出整个标准时间。

(2)有了单元的掠取标准时间后,便可依每品项订购数量(多少单元)再配合每品项的寻找时间,来计算出每品项拣取的标准时间。

(3)根据每一订单或每批订单的订货品项及考虑一些纸上作业的时间,将整张或整批订单的拣取标准时间算出。

拣取标准时间计算表如表 3-6 所示。

表 3-6 拣取标准时间计算表

	品种	单元名称	拣取标准时间①	寻找行走时间②	合计标准时间③=①+②
拣取作业标准时间	A	托盘			
		纸箱			
		件			
	B	托盘			
		纸箱			
		件			
订单拣取作业时间	品种	单元名称	单元数量	单元拣选作业时间	品种拣选时间
	A	托盘			A 品种合计
		纸箱			
		件			
	B	托盘			B 品种合计
		纸箱			
		件			
订单拣取时间合计					

前面已由存货状况进行了存货的分配,但对于已分配存货的订单,应如何安排出货时间及拣货先后顺序,通常会再根据客户需求、拣取标准时间及内部工作负荷来拟定。

6. 存货分配不足异常情况处理

若现有库存数量无法满足客户需求,且客户又不愿以替代品替代时,则应按照客户意愿与配送中心政策来决定应对方式。

按照客户意愿,处理时会遇到以下几种情况:若客户不允许过期交货,则会删除订单上不足额的订货,甚至取消订单;若客户允许存在不足额的订货,等待有货时再予以补送,或者是留待下一次订单一起配送;若客户希望所有订货一起配送,则可能允许延迟送货,就等所有货物全部补货完毕后再拣货配送。

按照配送中心政策而言,一些配送中心允许过期分批补货;一些配送中心因为考虑分批出货的额外成本不愿意分批补货,则可能宁愿客户取消订单,或要求客户延迟交货日期,等等。

配合客户意愿与配送中心政策,对于缺货订单的处理方式归纳如下:

(1)重新调拨

若客户不允许过期交货,而公司也不愿失去此客户订单时,则有必要重新调拨分配订单。

(2)补送

若客户允许不足额的订货等待有货时再予以补送,且公司政策也允许,则采用补送方式。

若客户允许不足额的订货或整张订单留待下一次订单一起配送,则亦采用补送处理。

(3)删除不足额订单

若客户允许不足额订单可等待有货时再予以补送,但公司政策并不希望分批出货,则只好删除订单上不足额的订单。

若客户不允许过期交货,且公司也无法重新调拨,则可考虑删除不足额订单。

(4)延迟交货

一是有时限延迟交货,即客户允许一段时间的过期交货,且希望所有订单一起配送。

二是无时限延迟交货,即不论需要等多久,客户都允许过期交货,且希望所有订货一起送达,则等待所有订货到达再出货。对于这种将整张订单延后配送的,也应将这些顺延的订单记录成档。

(5)取消订单

若客户希望所有订单一起配送到达,且不允许过期交货调拨时,则只有将整张订单取消。

存货不足的处理方法有许多种,但最关键的是必须跟客户取得协调或交易时即与客户约定好,并将这些变动纳入系统,以减少客户的二次损失。

7.订单资料输出

订单资料经上述处理后,即开始打印出货单据,以开始后续的物流作业。

(1)拣货单(出库单)

拣货单据的产生,在于提供商品出库指示资料,作为拣货的依据。拣货资料的形式应配合拣货策略及拣货作业方式来加以设计,以提供详细且有效率的拣货资讯,便于拣货的进行。拣货单的打印应考虑商品储位,依据储位前后相关顺序打印,以减少人员重复往返取货,同时拣货数量、单位也要详细确认标示。表3-7为单一订单拣选时采用的分户拣货单、表3-8为采用批量拣选方式时使用的品种拣货单。

表3-7 分户拣货单

<table>
<tr><td colspan="2">拣货单编号</td><td colspan="5"></td><td colspan="2">用户订单编号</td><td></td></tr>
<tr><td colspan="10">用户名称:</td></tr>
<tr><td colspan="8">出货时间</td><td>出货货位号:</td><td></td></tr>
<tr><td colspan="8">出货时间: 年 月 日至 年 月 日</td><td colspan="2">拣货人:</td></tr>
<tr><td colspan="8">核查时间: 年 月 日至 年 月 日</td><td colspan="2">核查人:</td></tr>
<tr><td rowspan="2">序号</td><td rowspan="2">储位号码</td><td rowspan="2">商品名称</td><td rowspan="2">规格型号</td><td rowspan="2">商品编码</td><td colspan="3">包装单位</td><td rowspan="2">数量</td><td rowspan="2">备注</td></tr>
<tr><td>箱</td><td>整托盘</td><td>单件</td></tr>
<tr><td></td><td></td><td></td><td></td><td></td><td></td><td></td><td></td><td></td><td></td></tr>
<tr><td></td><td></td><td></td><td></td><td></td><td></td><td></td><td></td><td></td><td></td></tr>
<tr><td></td><td></td><td></td><td></td><td></td><td></td><td></td><td></td><td></td><td></td></tr>
<tr><td></td><td></td><td></td><td></td><td></td><td></td><td></td><td></td><td></td><td></td></tr>
</table>

表 3-8　品种拣货单

<table>
<tr><td>拣货单号</td><td colspan="2"></td><td colspan="3">包装单位</td><td rowspan="2">储位号码</td></tr>
<tr><td>商品名称</td><td colspan="2"></td><td>箱</td><td>整托盘</td><td>单件</td></tr>
<tr><td>规格型号</td><td></td><td rowspan="3">数量</td><td colspan="4" rowspan="3"></td></tr>
<tr><td>商品编码</td><td></td></tr>
<tr><td>生产厂家</td><td></td></tr>
<tr><td colspan="7">拣货时间：　年　月　日　拣货人：</td></tr>
<tr><td colspan="7">核查时间：　年　月　日　核查人：</td></tr>
</table>

序号	订单编号	用户名称	包装单位			数量	出货货位	备注
			箱	整托盘	单位			

随着拣货、储存设备的自动化，传统的拣货单据形式已不符需求，利用电脑、通讯等方式处理、显示拣货资料的方式已取代部分传统的拣货资料，采用这些自动化设备进行拣货作业，需注意拣货资料的格式与设备显示器的配合以及系统与设备间的资料传送及反馈处理。

(2)送货单

物品交货配送时，通常附上送货单据给客户清点签收。因为送货单主要是给客户签收、确认的出货资料，其正确性及明确性很重要。要确保送货单上的资料与实际送货相符，除出货前的清点外，对于出货单据的打印时间以及一些订单异动情形，如缺货品项或缺货数量等也须打印注明(见表 3-9)。

①单据列印时间

若想保证送货单上的资料与实际出货资料一样，最可靠的方法是在出车前，一切清点动作皆完毕，而且不符合的资料也在电脑上修改完毕，再列印出货单。但此时再列印出货单，常因单据数量多，耗费许多时间，影响出车时间。若提早列印，则对于因为拣货、分类作业后发现实际存货不足，或是客户临时更改订单等原因，造成原出货单上的资料与实际不符时，须重新列印送货单。

②送货单资料

送货单据上的资料除了基本的出货资料外，对于一些订单异动情形如缺货品项或缺货数量等亦须列印注明。

表 3-9　送货单

<table>
<tr><td>收货单位</td><td colspan="3"></td><td>送货人员</td><td colspan="3"></td></tr>
<tr><td>送达地点</td><td colspan="3"></td><td>送货时间</td><td colspan="3"></td></tr>
<tr><td colspan="8">发运物品详细内容</td></tr>
<tr><td>货物名称</td><td>型号</td><td>规格</td><td>单位</td><td>数量</td><td>单价</td><td>总额</td><td>备注</td></tr>
<tr><td></td><td></td><td></td><td></td><td></td><td></td><td></td><td></td></tr>
<tr><td></td><td></td><td></td><td></td><td></td><td></td><td></td><td></td></tr>
<tr><td></td><td></td><td></td><td></td><td></td><td></td><td></td><td></td></tr>
<tr><td></td><td></td><td></td><td></td><td></td><td></td><td></td><td></td></tr>
<tr><td></td><td></td><td></td><td></td><td></td><td></td><td></td><td></td></tr>
<tr><td></td><td></td><td></td><td></td><td></td><td></td><td></td><td></td></tr>
<tr><td rowspan="3">收货方验收情况</td><td colspan="3"></td><td rowspan="3">收货方负责人签字</td><td colspan="3"></td></tr>
<tr><td colspan="2">验收人员</td><td></td><td>负责人</td><td colspan="2">（公章）</td></tr>
<tr><td colspan="2">日期</td><td></td><td>日期</td><td colspan="2"></td></tr>
</table>

说明：此送货单一式三联，第三联送财务办理结算用，第二联送仓储部提货用，第一联为货到目的地后用做签收，并由送货人员带回交给部门主管。

(3)缺货资料

库存分配后，对于缺货的商品或缺货的订单资料原系统应提供查询或报表打印功能，以便工作人员处理。

①缺货商品表：应提供按商品名称或供应商名称查询的缺货商品资料，以提醒采购人员紧急采购，如表 3-10 所示。

②缺货订单表：应提供按客户名称或业务员名称查询的缺货订单资料，以便其他工作人员处理，如表 3-11 所示。

表 3-10　缺货商品表

物品名称	规格	单位	生产厂家	库存件数	需求件数	备注

表 3-11　缺货订单表

订单号	订单客户	商品名称	规格	单位	生产厂家	库存件数	需求件数	备注

➢企业实例

接单员的岗位职责

1. 负责接收相关的订单资料。

2. 在规定的时间内，将客户的订单进行确认与分类，并由此判断与确定所要配送货物的种类、规格、数量及送达时间。

3. 建立用户订单档案。

4. 对订货进行存货查询，并根据查询结果进行库存分配。

5. 将处理结果进行打印输出，如拣货单、分货单等。

6. 根据输出单据进行出货物流作业。

7. 按时完成上级主管交办的其他任务。

阅读与思考 3-2

沃尔玛完善的物流流程

沃尔玛是美国和全球最大的零售商，20 世纪 90 年代，沃尔玛进入零售业工业化运作的新阶段，即配送中心通过集中管理向各商店提供货源，其补充存货的方法被称为“交叉装卸法”。实践证明，沃尔玛独特的物流配送体系，大大降低了配送成本，加速了存货周转，称为“天天低价”最有力的支持，同时也形成了其核心竞争力。沃尔玛这套“连续供货系统”包括三个部分：

1. 高效率的配送中心。

沃尔玛的供应商根据各分店的订单将货品送至沃尔玛的配送中心，配送中心则负责完成对商品的筛选、包装和分拣工作。沃尔玛的配送中心具有高度现代化的设备，送至此处的商品 85% 都采用机械处理，这就大大减少了人工处理商品的费用。同时，由于购进商品数量庞大，使自动化机械设备得以充分利用，规模优势充分显示。

沃尔玛的订单处理基本流程是：门店提出要货计划后，电脑系统将所需商品的存放位置查出，并打印有商店代号的标签。整包装的商品直接在货架上送往传送带，零散的商品由工作台人员取出后也送到传送带上。一般情况下，商店要货的当天就可以将商品送出。沃尔玛要求所购买的商品必须带有 UPC(Universak Product Code，商品通用条码)条形码，从工厂运货回来，卡车可以停在配送中心收货处的数十个门口处，把货箱放在调整运转的传送带上，在传送过程中经过一系列的激光扫描，来读取货箱上的条形码信息。而门店需求的商品被传送到配送中心的另一端，那里有几十辆卡车在等着送货。其使多公里长的传送带作业就这样完成了复杂的商品组合。其高效的电脑控制系统，是整个配送中心用人极少。

2. 迅速的运输系统

沃尔玛的机动运输车队是其供货系统的另一个无可比拟的优势。沃尔玛的车队大约有5000名非司机员工，还有370多名司机。车队每周一次运输可以达7000～8000千米，而且达到了300万千米无事故。车队包装进货从仓库到任何一家商店的时间不超过48小时。相对于其他同业商店平均每两周补货一次，沃尔玛可保证分店货架平均每周补货两次。快速的送货，使沃尔玛各分店即使只维持极少存货也能保持正常销售，从而大大节省了储存空间和费用。由于这套快捷运输系统的有效运作，沃尔玛85%的商品通过自己的配送中心运输，结果就是沃尔玛的销售成本因此低于同行业平均销售成本2%～3%，成为沃尔玛全年低价策略的坚实基石。

3. 先进的卫星通信网络

沃尔玛巨资建立的卫星通信网络系统使其供货系统更趋完美。这套系统的应用，使配送中心、供应商及每一分店的每一销售点都能形成连线作业，在短短数小时内便可完成“填妥订单，各分店订单汇总，送出订单”的整个流程，大大提高了营业的高效性和准确性。

请思考：

1. 沃尔玛订单处理方式？
2. 如何理解沃尔玛的订单处理流程？

➢每日一练

自己试着和同学一起交流，订单处理工作的步骤有哪些，又有哪些需要注意的内容？

分项任务小结

完成本分项任务后，请进行自我测试：你是否已理解订单处理的定义、作业流程、接单员岗位职责，是否能看懂和理解订单处理输出资料？

二、订单处理作业管理

➢任务提示

本分项任务将引领你了解订单异常情况的处理，以及如何改善订单处理流程！

➢任务先行

订单是否如期如数出货、是否已收款、是否发生异动，若发生则怎样处理，我们接下来，就要了解订单处理管理的相关工作！

订单在配送过程中的执行情况如何，必须要进行有效的管理。

(一)订单处理过程和要素

配送企业的整个订单处理过程包含了客户订货周期中的诸多活动，具体而言，包括订单准备、订单传输、订单录入、订单履行、订单状况报告五大块，涉及的要素如图 3-8 所示。

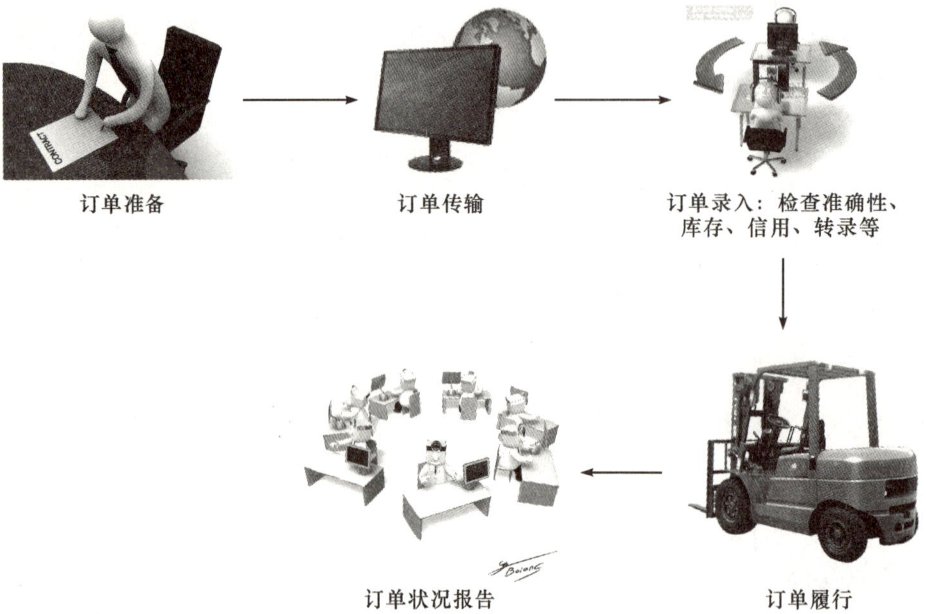

图 3-8　订单处理过程涉及要素

1. 订单准备

订单准备是指企业搜集所需产品或服务的必要信息，从而正式提出购买要求的各项活动。其具体工作内容包括选择合适的供应商，由客户或销售人员填制订单，决定库存的可得率，与销售人员打电话通报订单信息等。

随着计算机技术的发展，订单准备工作变得越来越简单。例如，超市收银台的商品条码扫描系统，此项技术以电子化方式收集所需商品的信息(尺寸、数量、品名等)，并提交给计算机作进一步的处理，加快了订单准备的速度和准确性。又如一些基层销售人员在拜访市场客户时，都携带有笔记本电脑，通过连接到卖方电脑上的某一个终端，买方可以与卖方讨论特定产品的规格，确定获取产品的时间以及价格等。一些工业生产企业的采购订单常常是根据库存消耗情况由企业计算机直接生成的，利用 EDI，买卖双方的电脑可以连接起来实现无纸贸易，从而降低订单准备成本，减少补货次数。

新技术的应用也使得人们不再有必要人工填制订单，RFID 等新技术的应用还将进一步缩短订货周期中订单准备阶段所耗用的时间。

2. 订单传输

传送订单信息是订单处理过程中的第二道工序，涉及订货请求从发出地点到订单录入地点的传输过程。订单传输可以通过两种基本方式来完成：人工方式和电子方式。

人工方式包括邮寄订单,或由销售人员亲自将订单送到录入地点,人工传送订单的速度比较慢,但是成本相对低廉。

目前,随着数据电话、互联网、传真机以及卫星通信的广泛应用,利用电子方法传输订单的做法相当普及。这种高可取性、高准确度的传输方式几乎可以瞬间完成订单信息的输送,基本已经取代了人工传输方法。

3.订单录入

订单录入是指配送企业在订单实际履行前所进行的各项工作,包括:

(1)核对订货信息:如商品名称与编号、数量、价格等的准确性。

(2)检查所需商品是否可得。

(3)必要时准备补交货订单或取消订单的文件。

(4)审核客户信用。

(5)必要时,转录订单信息。

(6)开具账单。

进行上述工作是必需的,因为订货请求所包含的信息往往与要求的格式不符,无法做进一步处理,要么表述不够准确,要么在交给订单履行部门执行之前还需做一些额外的准备工作。

订单录入可以由人工完成,也可以进行全自动处理。借助于计算机,自动处理程度更高的订单录入流程代替了人工方式核查库存、信用、转录订单信息等作业,从而使订单录入所需的时间只是过去的几分之一。

4.订单履行

订单履行是由与实物有关的活动组成的,包括:

(1)通过提取存货、生产或采购来获取所订购的货物。

(2)对货物进行运输包装。

(3)安排送货。

(4)准备运输单证。

其中有些活动可能会与订单录入同时进行,以缩短订单处理时间。

订单履行的先后次序可能会影响到所有订单的处理速度,也可能影响到较重要订单的处理速度。很多企业就因为订单处理人员在忙得不可开交时会先行处理不太复杂的订单,致使公司重要客户的订单在履行时拖延过久。以下是一些可供选择的优先权法则:

(1)先收到先处理。

(2)使处理时间最短。

(3)优先确定顺序号。

(4)优先处理订货量小、相对简单的订单。

(5)优先处理承诺交货日期最早的订单。

(6)优先处理距离约定交货日期最近的客户。

5.订单状态报告

订单处理过程的最后环节是通过不断向客户报告订单处理过程中或货物交付过程

中的任何延迟，确保优质的客户服务。具体而言，该项活动包括：

(1)在整个订单周转过程中跟踪订单。

(2)与客户交换订单处理进度、订单货物交付时间等方面的信息。

这是一种监控活动，一般不会影响到处理订单的时间。

联邦快递公司和联合包裹服务公司在这方面做得就相当好，它们能够随时告诉客户货物在起运地与目的地之间的具体位置，能够报告何人、何时、何地收到了货物。除电话通知外，托运人只要掌握货物装运批号，就能通过互联网随时跟踪其货物在国内外具体所处的位置。

(二)订单状态管理

当订单的状态及相关档案记录完毕后，可以随时查询并打印订单的状态资料。此外，通过建立订单档案资料，并进行整理、分析，配送中心可以获得大量的商业信息。

1. 订单进度追踪

订单进入配送中心后，其状态随着作业流程的进行依次变换。总结分成下面几种状态：

(1)已输入及已确认订单

订单上的订货资料全部输入完毕而且所有的确认条件都已经审核处理完毕，则此订货资料即为配送中心所允诺的客户出货资料，包括商品品种、数量、单价、交易配送条件等，配送中心需以此资料为出货依据，并尽可能按照这些条件完成出货任务。

(2)已分配订单

经过确认输入的订货资料即可进行存货分配，以确认订单是否能如数出货，以及发生缺货应如何处理。经过库存分配的已输入及已确认订单，也就转为了已分配订单。

(3)已拣货订单

经过库存分配，产生出货指示资料，即可进行实际的拣货作业，其订单资料即转为已拣货资料。

(4)已出货订单

已拣货订单，经过分类、装车、出货，即转为已出货订单。

(5)已收款订单

已出货订单经客户确认签收后，即为实际出货的资料，此资料为应收账款的依据。以此资料为依据，可制作取款发票向客户取款。取得账款的出货订单，即转为已收款订单。

(6)已结账订单

已收款订单经由内部确认结账后，即转为已结账订单。已结账订单为历史交易资料，在系统里可用于经营管理分析，但不再涉及任何实际的事务性操作，因此可以根据实际需要在系统里保留一部分资料，其余的可以存放在磁盘里备用，以免占据硬盘空间。上述几种订单状态为物流中心一般订单的基本处理状态，物流中心可针对本身的作业特性、作业需求对其加以延伸补充。

(7)订单档案

在划分订单状态后，系统档案应当如何设计以便准确地反映订单完成情况，以及当不同状态的订单进行转换时，如果发生异常情况应该如何处理并记录在案，也应该纳入考虑范围之内。

订单进度跟踪就是确定订单目前处于何种状态，针对状态来设计相应的档案资料。效果较好的做法是在订单数据文件(预计销售资料文件)中增设一个状态记录字段，每当订单改变状态时，同步更改状态区位的状态记录。

(8)相关档案设计

预计销售资料及不合格资料、客户的原始订单资料或电子订货接收的电子订货资料进入订单处理系统经过确认核实后，应将正确的订单资料记录为预计销售资料文件，而不合格的订单资料记录为不合格资料文件。

预计销售资料经过库存分配后，转为已分配未出库销售资料，而分配后缺货的物品资料记录为缺货资料文件；缺货的订单若要合并到下一张订单则记录为合并订单文件，若有库存予以补送时则记录为补送订单文件。

2.订单异常的处理

掌握了订单的状态变化及详细记录各阶段档案资料后，对于订单变动的处理就能更顺手，只要了解此订单异常时所处的状态即可，针对其对应的档案资料加以修正处理。异常订单处理方法见表3-12。

表3-12　异常订单处理方法

异常订单	处理方法
客户取消订单	若目前订单处于已分配未出库状态，则应从已分配未出库的销售资料里找出此订单，将其删除，并恢复相关品项的库存资料；若此订单处于已拣货状态，则应从已拣货未出库的销售资料里找出此订单，将其删除，并恢复相关品项的库存资料，且将已拣取的物品按拣货的相反顺序放回拣货区
客户增订	如果客户在出货前临时打电话来增加订购某物品项目，作业人员要先查询客户的订单目前处于何种状态，是否已经出货，是否还有时间再去拣货。如果接受增订，则应追加此笔增订资料。若客户处于已分配状态，则应修改已分配未出库的销售资料文件里的这笔订单资料、并更改物品库存档案资料。一般在小型物流中心，订单状态的确认是由订单处理人员直接与仓库管理人员进行沟通，然后做出决定；而大型的物流中心，订单的状态由信息系统反映，或有严格的时间约定，订单处理人员依次做出决定
拣货时发生缺货	拣货时发现仓库缺货，则应从已拣货未出库销售资料里找出这笔缺货订单资料，加以修改；若此时出货单据已打印，就必须重新打印
配送的发生缺货	当配送前装车清点时才发现缺货，则应从已拣货未出库销售资料里找出这笔缺货订单资料，加以修改。若此时出货单据已打印，就必须重新打印
送货时客户拒收、货品短缺	配送人员送货时，若客户对送货品项、数量有异议予以拒收，或是发生少送或多送等情况，则回库时应从在途销售资料里找出此客户的订单资料加以修改，以反映实际出货资料

3.订单处理作业的改善

改善订单处理过程的动因主要来自顾客角度和企业角度两个方面。让顾客满意，并尽量减少企业的运作成本。

(1)改善订单处理作业遵循的原则

①要使客户产生信赖

客户订货的基础是产生信赖感。订单处理人员每次接到订单后在处理过程中都要认识到，如果这次处理不当将会影响到下次订货。尤其在工业品购买中，要明确订单处理工作是开展客户经营的重要组成部分，两者有密不可分的联系，要通过订单处理建立客户对品牌的信任感和认同感。

②尽量缩短订货周期

订货周期是指从发出订单到收到货物所用的全部时间，订货周期的长短取决于订单传递的时间、订单处理的时间以及货物的运输时间。这三方面的安排都是订单处理的内容。尽量缩短订货周期，将大大减少客户的时间成本，提高对市场反应的灵敏程度，这是保证客户满意的重要条件。

③提供紧急订货

在目前以客户需求为导向的市场机制下，强调为客户服务、在紧要关头提供急需的服务是与客户建立长远的相互依赖关系的极为重要手段。

④减少缺货现象

保持客户连续订货的关键之一便是减少缺货现象的发生，工业原料和各种零件一旦缺货，会影响到客户的整个生产安排，后果将极为严重。此外，缺货是客户转向其他供货来源的主要原因，企业要想尽量地扩大市场，保持充足的供货是一个必要的前提条件。

⑤不忽略小客户

小客户的订货虽少，但也是大批买卖的“前驱”，而且大客户也有要小批量的时候。对小客户的订单处理较为得当时，将会提高小客户的满意度，可能带来其以后的大批量订购或持续订购。更重要的是，客户与企业建立了稳定而信任的供销关系，将为以后的继续订购打下良好的基础，企业的声誉也将因为大小客户的传播而被确立起来。因此要在成本目标允许的范围内，尽量做出令小批量购买的客户满意的安排。

⑥装配力求完整

企业所提供的货物应尽量做到装配完整，以便于客户使用为原则。实在办不到时，也应采取便于客户自行装配的措施，如增加适当的说明及图示等，或通过网上进行技术支持。

⑦提供对客户有利的包装

针对不同客户的货物应采取不同的包装，有些零售货物包装要适于在货架上摆放，有些包装要适于经销商及厂商开展促销活动，应以便于客户处理为原则。

⑧要随时提供订单处理的情况

物流部门要使客户能够随时了解配货发运的进程，以便预计何时到货，便于安排使用或销售。这方面的信息是巩固与客户关系的重要手段，也利于企业本身的工作检查。在暂时缺货的情况下，物流部门应主动及时地告知客户有关情况，做出适当的道歉与赔偿，以减少客户的焦虑和不满。

(2)改善订单处理作业的关键要素

关键因素的分析，不仅能提高客户服务水平、降低配送总成本，还能获得客户的认知和理解，在服务价格、结款方式与时间等方面占主导地位，如表 3-13 所示。

表 3-13　订单处理改善涉及的关键因素

关键要素	说　明
时间因素	订单处理周期在客户服务中是订货提前期，改善目标是在时间耗用稳定的情况下，努力减少时间消耗
供货准确性因素	提供产品的准确品种、数量、质量和正确的交货地点（卸货时间和地点也很关键），如需分批运送和延迟送货时，应与客户提前沟通好
成本因素	配送中心设置的地点和数量，运输批量和运输线路的调控等
信息因素	配送中心要通过完善的配送信息系统，向客户及企业内部（生产、销售、财务及仓储运输部门）提供准确、完备、快速的信息服务

➢企业实例

淘宝商城订单处理流程

大家一定非常熟悉淘宝购物了，但淘宝购物只是买方的购买和操作流程，你知道淘宝商城卖家的订单处理流程吗？

1.订单处理

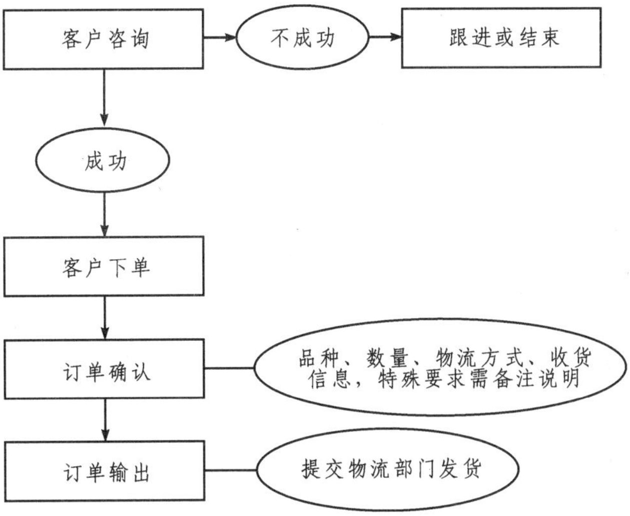

图 3-9　淘宝卖家订单处理流程

2.退换货流程

(1)商城提供七天无理由退换货服务。

(2)因质量问题退换货，请先垫付运费，卖家将在收到货物后将垫付的运费退还至买家的支付宝；卖家不接受到付。

(3)质量问题卖家负责来回运费,请尽量选择较优惠的快递方式。

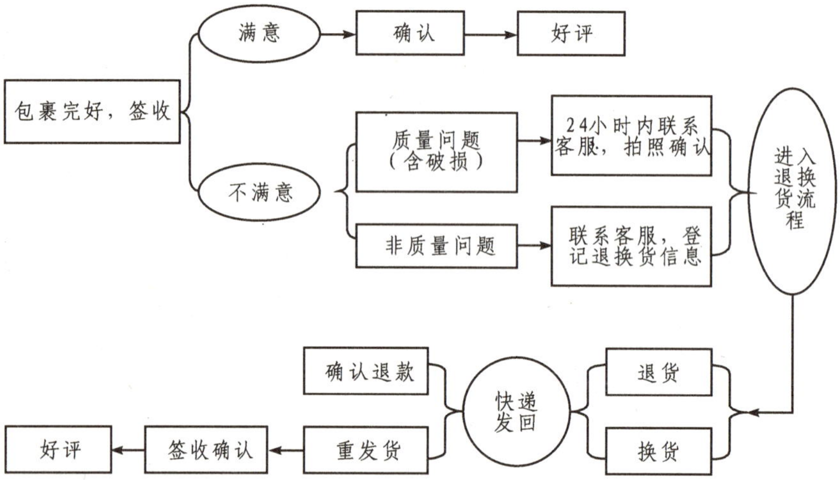

图 3-10　淘宝退换货流程

阅读与思考 3-3

卷烟厂的订单管理

订单供货的目的,是能让客户自由选择卷烟品牌,使货源安排做到公开透明,产品能更加适应和满足消费者的需要、其业务流程的变化首先体现在烟草公司客户经理的工作上。

客户经理对辖区内客户需求的预测和具体订单的制作是否准确,不但关系到工业企业和零售客户对公司的满意度,更关系到按客户订单组织货源这项工作能否得以顺利地开展。做好订单管理工作,应做好:熟悉辖区内各经烟户的经营状况,掌握经烟户的销售特征、动态变化、品种结构、数量、库存等各种情况,了解本辖区内的停业户、新增户信息。收集各类信息,关注市场变化,及时备案。了解公司该月可供货源的数量,了解公司最近的新营销要求,特别要对紧俏烟或经常断档品种的到货时间、可供应数量及限量情况等做详细的了解,把握季节变化及节假日因素对卷烟销量的影响等,力求使自己制作的订单有针对性、准确性。预测的订单不可能完全与实际相符,要充分利用 CRM 软件中的客户需求预测分析功能,随时跟踪订单完成情况,结合客户的销售动态、库存情况及公司有关货源的供应情况,在下一步的工作中加以调整,确保经烟户正常经营,维护经烟户的利益。在平时的工作走访中,应加强与经烟户的沟通、交流,指导经烟户合理调整品牌结构,合理安排订货计划,为今后的预测工作打好基础。

请思考:卷烟厂订单管理工作涉及几个改善订单管理的关键因素?怎样控制这些关键因素?

➢**每日一练**

自己试着总结企业应如何提高订单处理效率。

分项任务小结

完成本分项任务后,请进行自我测试:

1. 异常订单如何处理?
2. 如何根据订单处理作业分析指标改善物流配送流程?

一、核心概念

订单处理　客户订单　订单处理作业管理　订单处理作业分析指标

二、业务技能自测

(一)不定项选择题

1.客户订单确认的内容主要有(　　)

A.客户名称、数量、交货日期及订货价格　B.订单形态

C.客户信用　D.是否需要配送加工

2.接单后,将客户的出货资料传给供应商由其代配的订单形态是(　　)

A.一般交易订单　B.合约式交易订单

C.寄库式交易订单　D.间接式交易订单

3.存货分配方式决定了下一步的拣货作业,若采用批次分配方式,则需要采用(　　)的拣货作业方式。

A.单一顺序拣选　B.批量拣选

C.依接收订单的先后顺序拣选　D.依同一配送区域拣选

4.订单处理分(　　)等形式。

A.人工处理　B.订单确认

C.计算机处理　D.存货查询

5.存货分配模式可以分为(　　)

A.单一订单分配　B.批次分配

C.数量分配　D.时间分配

(二)判断题

1.订单处理只是配送中心信息流的开始,和后续的配送实际操作环节无关。(　　)

2.间接交易订单就是指客户向配送中心订货,直接由供应商配送给客户的交易订单。(　　)

3.物流中心的服务目标在于能够提供“适品”“适量”“适价”“适时”“适所”的服务。(　　)

4.按配送区域路径划分就是将需加工处理或需相同流通加工处理的订单汇总在一起处理。(　　)

5.缺货订单处理按客户意愿而定,不需要考虑公司政策。(　　)

（三）简答题

1. 简述订单处理作业流程。

2. 如何确认订单内容？

3. 异常情况下订单处理的方法有哪些？

4. 简述分配库存后，存货不足的处理办法。

5. 订单管理改善时有什么原则？

三、案例分析

联华生鲜食品配送中心订单处理流程

联华生鲜食品加工配送中心是我国国内目前设备最先进、规模最大的生鲜食品加工配送中心，总投资6000万元，建筑面积35000平方米，年生产能力20000吨，其中肉制品15000吨，生鲜盆菜、调理半成品3000吨，西式熟食制品2000吨，产品结构分为15大类约1200种生鲜食品。在生产加工的同时配送中心还从事水果、冷冻品以及南北货的配送任务。

各门店的要货订单通过联华数据通信平台，实时地传输到生鲜配送中心，在订单上录入各商品的数量和相应的到货日期。生鲜配送中心接收到门店的要货数据后，立即在系统中生成门店要货订单，按不同的商品物流类型进行不同的处理：

1. 储存型的商品：系统计算当前的有效库存，比对门店的要货需求以及日均配货量和相应的供应商送货周期，自动生成各储存型商品的建议补货订单，采购人员根据此订单再依照实际情况作一些修改即可形成正式的供应商订单。

2. 中转型商品：此种商品没有库存，直进直出，系统根据门店的需求汇总，按到货日期直接生成供应商的订单。

3. 直送型商品：根据到货日期，分配各门店直送经营的供应商，生成供应商直送订单，并通过EDI系统直接发送到供应商。

4. 加工型商品：系统按日期汇总门店要货，根据各产成品/半成品的BOM表计算物料耗用，比对当前有效的库存，系统生成加工原料的建议订单，生产计划员根据实际需求做调整，发送采购部生成供应商原料订单。

各种不同的订单在生成完成或手工创建后，通过系统中的供应商服务系统自动发送给各供应商，时间间隔在10分钟内。

阅读以上材料，回答问题：

1. 联华配送中心有几种订单处理模式？各有什么特点？

2. 绘出联华配送中心几种订单处理模式的流程图，并比较异同点。

四、实训操作

订单处理实训

情景描述

(1)2014年3月20日上午，订单部收到接单部转来的中百鲁巷卖场的传真订单一份，内容如下：

客户：中百鲁巷卖场，地址武汉市鲁磨路110号

电话:027-87996234

传真:027-87996234

联系人:赵雨

要货商品分别为:

青岛啤酒　250ml×24 瓶/箱　20 箱

伊利牛奶　250ml×20 盒/箱　10 箱

佳洁士牙膏　300g×20 盒/箱　5 箱

舒蕾洗发露　400ml×10 瓶/箱　5 箱

送货时间:2014 年 3 月 21 日下午 2 点至 4 点

交货地点:中百鲁巷卖场仓库

(2)2014 年 3 月 20 上午,订单部收到接单部转过来的武汉新一佳超市电话记录单一份,内容如下:

记录人:张玲

来电人:武汉新一佳超市

王云云经理

电话:027-86547895

地址:武汉武昌区和平大道 746 号 抄送订单部小张

订货要求:

Olay 玉兰油多效修护面霜 50ml　5 支

贝倍舒宝宝润肤霜 50g　10 瓶

相宜本草男士乳液 120g　30 支

妮维雅男士水活深层润肤霜 50g　8 支

送货时间:3 月 21 日送至超市仓库

配送中心涉及的物品库存清单及销售价格如下:

表 3-14　配送中心相关物品清单及销售价格

商品名称	规格	现有库存	单价(元/支)	
			购买 10 支以上	购买 10 支以内
青岛啤酒	250ml×24 瓶	31 箱	90	100
伊利牛奶	250ml×20 盒	22 箱	55	60
佳洁士牙膏	300g×20 盒	30 箱	158	160
舒蕾洗发水	400ml×10 瓶	4 箱	290	300
Olay 玉兰油多效修护面霜	50ml/支	13 支	130	150
贝倍舒宝宝润肤霜	50g/瓶	5 瓶	30	35
相宜本草男士乳液	120g/支	35 支	35	38
妮维雅男士水活深层润肤霜	50g /支	40 支	40	45

[**实训目标**]能够根据客户订货要求,完成订单处理作业流程。

[**实训组织**]学生每 4 人分为一组,根据所给订单信息选择进行订单处理。

[**实训提示**]包括制作订单;需求品种数量及日期确认;订货价格确认;客户信用确认;加工包装确认;设定订单号码;建立客户档案;存货查询及按订单分配库存。

[**实训成果**]每组学生在实训完成后,分小组展示订单处理结果并进行汇报,结合相关理论知识阐述本组订单处理流程,并思考能否继续改善订单处理环节。

任务4

拣货作业

知识目标

通过完成本任务,你应该能够:

1. 描述拣货作业各环节。
2. 清晰阐述拣货应遵循的原则。
3. 叙述拣货的作业流程。

技能目标

1. 能够根据货物的特点确定合适的拣货方法。
2. 能熟练操作各种拣货设施设备。
3. 能快速、安全、准确的完成拣货任务。

任务导入

尊敬的读者：上一章我们已经学习了配送中心备货环节的进货储存作业，接下来我们将学习配送中心的理货环节。在学习本章内容之前，大家不妨思考几个问题：配送中心的核心作业环节是什么？什么是分拣作业？分拣作业流程是怎样的？如何提高拣货的作业效率及正确率？

为了详细地了解上述问题，使大家对配送的核心作业环节有详细地了解，请尝试完成本任务：拣货作业。

我们又将本任务分为两个分项任务：

分项任务1：拣货作业认知。

分项任务2：拣货作业管理。

你可以对照能力目标，反复演练，有的放矢地依次完成各分项任务，直至完成本任务，为早日胜任拣货员、复核员等相关岗位做好准备。

任务实施

一、拣货作业认知

➢任务提示

本分项任务将引领你理解拣货的定义，掌握拣货作业流程及相应的岗位职责！

➢任务先行

什么是拣货？怎样拣货？由谁来拣货完成？要了解这些问题，请往下看！

(一)什么是拣货？

在配送作业的各环节中，拣货作业是非常重要的一环，它是整个配送中心作业系统的核心工序。

重要知识4-1

拣货的定义

依据客户订货要求或配送中心的送货计划，迅速、准确地将商品从其储位或其他区域拣取出来，并按一定的方式进行分类、集中，等待配装送货的作业过程。

每份客户订单中都包含至少一项以上的物品，拣货作业的目的就是正确、迅速地集合客户所订购的物品。

拣货作业在配送中心作业流程中扮演着重要的角色。首先，从成本的角度来看，物流成本约占物品最终售价的 20%～30%，其中包括配送、搬运、储存等成本，而拣货成本占物流搬运成本的绝大部分；其次，从人力需求的角度来看，目前大多数的配送中心仍具有劳动力密集型的特点，其中与拣货作业直接相关的人力占 50%以上；另外，从配送作业的时间来看，拣货作业时间投入占整个配送中心的 30%～40%。由此可见，提高拣货作业的效率对配送中心的运作具有决定性的作用。

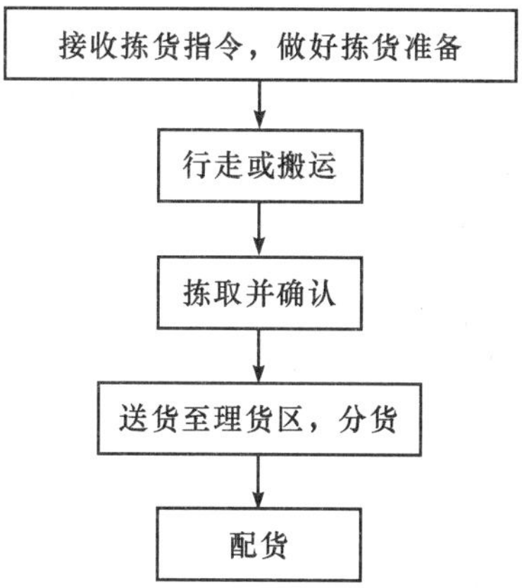

图 4-1　拣货作业基本流程

(二)掌握拣货作业流程

拣货作业的基本流程如图 4-1 所示，大致可以分为以下四步：

1. 接收拣货指令，做好拣货准备

拣货人员在拣货之前，必须要获取拣货的作业指令也就是拣货信息。拣货信息来源于顾客的订单或配送中心的送货单。传统的配送中心直接以客户订单或配送中心的送货单作为人工拣货指示，即拣货作业人员直接凭订单或送货单拣取货物。这种信息传递方式无法准确标示所拣货物的储位，增加了拣货人员作业的难度，导致拣货时间长、拣货中来回行走的情况。订单格式如表 4-1 所示。

表 4-1　订单

客户名称				联系人			
客户地址				联系电话			
客户代码				传真号			
序号	货品代码	货品名称	规格	单位	数量	单价	合计
交货方式							

续表

交货日期	
交货地点	
交易条款：	
注意事项：	

因此，为了提高拣货的效率，配送中心一般先将订单等原始拣货信息进行处理，转换成“拣货单”或电子拣货信号(见表4-2)，指导拣货人员或利用自动拣取设备进行拣货作业，以提高拣货作业效率和作业准确性。

表4-2　拣货单

拣货单编号				用户订单编号			
用户名称：							
出货日期：				出货货位号			
拣货日期：　年　月　日				拣货人：			
核查日期：　年　月　日				核查人：			
序号	储位号	货品名称	货品编号	规格型号	单位	数量	备注

通过以上方式接收拣货指令后，拣货人员就开始着手拣货准备工作，包括拣货时所需的各类器具(如托盘、地牛或叉车、拣货台车、RF终端、周转箱等)、单证(如拣货单、拣货标签等)，同时熟悉拣货区域和拣货商品，对拣货工作做到心中有数。

2.行走或搬运

拣货时，拣货作业人员或机器必须直接接触并拿取货物，因此造成拣货过程中的行走与货物的搬运，缩短行走和货物搬运距离是提高配送中心作业效率的关键。这一过程有两种完成方式，如表4-3所示。

表4-3　行走或搬运的两种方式

类型	方法	特点
人至物方式	拣货人员以步行或搭乘拣货车辆方式到达货物储存位置	货物静止，移动方为拣取者
物至人方式	拣货人员在固定位置作业，货物自动移到拣货人员面前	货物移动，如轻负载自动仓储、旋转自动仓储等，拣货人员静止

3. 拣取并确认

当货品出现在拣货人员面前时，拣货人员首先是拣取货物，然后对拣取物品的品名、规格、数量等内容进行确认，以保证拣货的正确性。

在实际作业中，拣取作业可分为人工拣取、机械辅助拣取、自动化拣取三种类型。如对小体积、小批量、搬运重量在人力范围内且出货频率不是特别高的货品，配送中心通常采取人工拣取；对于体积大、重量大的货物，利用叉车辅助人工完成拣取；对于出货频率高的货品则可以采用自动分拣系统、自动化立体库进行拣货，如图 4-2 所示。

人工拣取

叉车辅助拣取

自动分拣

图 4-2 不同的拣取作业方式

拣货确认的方式各有不同，可以是通过人工对照纸质拣货单或拣货标签确认商品的相关信息，也可以利用无线传输终端机读取条码后，再由计算机进行确认，如图 4-3 所示。

图 4-3　条码扫描确认

4. 送货至理货区，分货

待拣货人员拣取完货物后，拣货人员应将已拣取的货物送到理货区（或暂存区），然后进行分货作业。分货就是把拣选完毕的商品根据不同客户、送货线路或不同加工方式对货物分类。分货方式一般有三种：人工分货、自动分类机分货、旋转架分货。

表 4-4　不同分货方式的含义

分货方式	含义
人工分货	分货作业全部由人工根据订单或其他信息进行，而不借助任何电脑或自动化的辅助设备
自动分类机分货	利用电脑和自动分类系统完成分货作业。适用于多品种、业务繁忙的配送中心
旋转架分货	将旋转架的每个格位当成客户的出货框，分类时只要在电脑中输入客户的代码，旋转架即会自动将那个货架转至作业人员面前

5. 配货

配货指的是把拣取分类完成的货品经过配货检查过程后，装入容器并做好标识，再运到配货准备区，等待装车后发送。配货包含配货检查和贴标签两个环节。

配货检查作业是指根据客户信息和车次对拣送物品进行商品号码和数量的核实，以及对商品状态、品质的检查。分类后需要进行配货检查，以保证发运的货物品种、数量、质量无误。配货检查比较原始的做法是人工检查，即将货品一个个点数并逐一核对出货单，进而查验货物的品质及状态情况。目前，配货检查常用的方法有：条码扫描检查法、声音输入检查法、重量计算检查法等。

表 4-5 配货检查的方法

分货方式	含义
条码扫描检查法	检查时用条码扫描器阅读条形码内容，计算机再自动把扫描信息与发货单对比，从而检查商品数量和号码是否有误
声音输入检查法	当作业员发声读出商品名称、代码和数量后，计算机接收声音并自动辨识，转换成资料信息与发货单对比，从而判断是否有误
重量计算检查法	把货单上的货品重量自动相加起来，再与货品的总重量相对比，以此来检查发货是否正确

配货检查完成后，还需要在商品特定的位置贴上标签，贴标签的主要目的在于提示商品信息（如商品名称、数量、规格、生产日期、生产厂家、产品条码、客户订单号、客户名称、配送区域等）或提醒作业人员注意与商品运输相关的重要事项，从而起到便于识别货物、方便交接、保护货物、降低货损的目的。

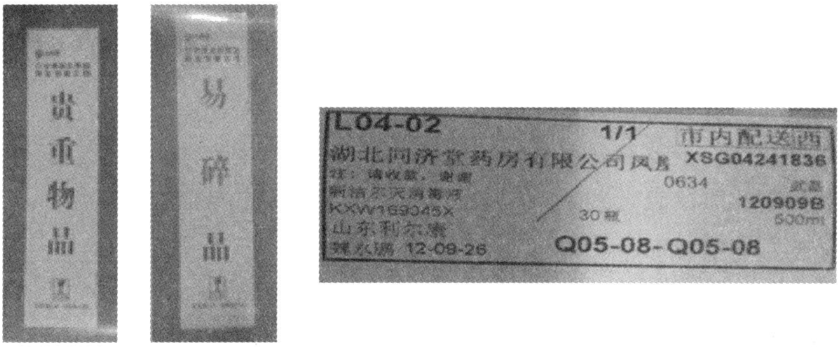

图 4-4 标签示意图

（三）了解拣货作业人员岗位职责

不同配送企业的拣货作业人员的岗位职责不尽相同，但基本类似，以下是某企业拣货员的岗位职责实例。

➢企业实例

拣货作业人员岗位职责

整件拣货员岗位职责

1. 根据客户的订单要求，从储存的商品中将用户所需的商品分拣出来，放在发货场指定的位置，以备发货。

2. 熟练掌握拣货作业的相关技术，认真完成每日的拣货作业任务。

3. 负责每日作业差错、残次的责任承担及各项质量指标的完成。

4. 负责整件分拣位商品、仓位、通道的整理及清洁维护。

5. 负责按部门主管的要求，做好商品仓位调整工作及定期盘点工作。

6. 负责日常使用设施设备（手动液压叉车、塑料托盘等）的维护、保养及清洗。

拆零拣货员岗位职责

1. 严格遵守公司各项纪律及规章制度，准时上下班，确保每日作业任务的圆满完成。

2. 严格执行分拣作业流程及操作规范，保质保量、高效率地完成每日作业任务。

3. 负责每日作业差错、残次的责任承担及各项质量指标的完成。

4. 负责 DPS 分拣位商品、仓位、通道的整理及 DPS 货架的清洁维护。

5. 负责作业完毕后仓位内残次品的清理，并送至指定存放区。

6. 负责及时上报新进商品合理调仓的需求，并按部门主管的要求，做好商品仓位调整及定期盘点工作。

7. 负责日常使用设施设备（静音手推车、周转箱等）的维护、保养及清洗。

整件/拆零复核员岗位职责

1. 严格执行复核作业流程，完成每日作业任务。

2. 负责分拣差错、残次的记录。

3. 负责贵重商品的登记、交接、保管工作。

4. 负责按规范要求完成收货复核工作。

5. 负责收货复核异常情况的记录，并及时反馈部门领导。

6. 负责出货商品的监装清点及装车数据的记录。

7. 负责监装异常的记录。

8. 负责复核区域的整理、整洁。

9. 负责日常使用设施设备的维护、保养及清洗。

(四)熟悉拣货设备

单纯地利用人工拣货往往效率比较低而且容易出错，现在越来越多的配送中心通过借助于各种拣货设备来完成拣货任务。

1. 手推车

手推车是一种以人力为主，在地面上水平运送物料的搬运车。在物流系统的工艺过程中，人力车的作用还是很重要的。由于其具有轻便灵活、回转半径小、易于操作等特点，因此在配送中心有较广泛的应用，尤其适合于轻型物料的短距离搬运。在配送中心拣货过程中，经常使用的手推车有以下几种：两轮手推车、平板手推车、手推台车。

(1)两轮手推车

两轮手推车是最古老、最实用的人力搬运车，它轻巧、灵活、转向方便，但因要靠体力装卸、保持平衡和移动，所以只适合装载较轻、搬运距离较短的场合。如图 4-5 所示。

图4-5　两轮手推车

(2)平板手推车

平板手推车在两轮手推车的基础上进行了改进,通过四个轮子进行搬运可节省部分体力,搬运距离相对较长,适用于货量不太大且不需要存入托盘的货物的搬运,如图4-6 所示。

图 4-6　平板手推车

(3)手推台车

根据其应用和形式不同,手推台车可分为立体多层式、升降式、登高式等。

①立体多层式手推台车。立体多层式手推台车是为了增加置物的空间及存取方便性,而把传统单板台面改成多层式台面,此种手推车常常用于拣货场合。如图 4-7 所示。

图 4-7　立体多层式手推台车

②登高式手推台车。在物流配送中心中，手推车在拣货作业中使用最广，而作业人员在进行拣货作业时常因货架高度的限制而需爬高取物，故有些手推车旁设计附有梯子以方便取物，称为登高式手推台车，如图 4-8 所示。

图 4-8　登高式手推台车

③升降式手推台车。在搬运某些体积较小、重量较重的金属制品或人工搬运移动吃力的场合，由于场地限制而无法使用堆垛机时便可采用可升降手推台车，如图 4-9 所示。此种手推车除了装有升降台面来供承载物升降外，其轮子一般采用耐负荷且附有刹车定位之车轮以供准确定位和上下货。

图 4-9　升降式手推台车

2. 叉车

叉车是拣货中最常见的设备，具有装卸搬运双重功能，主要以货叉为取货工具，依靠液压升降机实现对货物的存取和升降，由轮胎行走机构实现货物水平搬运的机械车辆。叉车用来对各种货物进行装卸、堆垛和短距离运输、重物搬运。叉车种类非常多，在配送中心拣货作业中经常会使用的叉车有如下几种：

(1) 平衡重式叉车

平衡重式叉车是车体前方装有升降货叉、车体尾部装有平衡重块的起升车辆，如图 4-10所示。平衡重式叉车的叉卸货物作业要依靠叉车的前后移动才能完成。这类叉车适应性较强，是叉车中应用最广的一种。平衡重式叉车有坐式和立式两种。坐式叉车适用于长距离搬运，且由于其轴距较立式的大，因此负载能力也大。立式的轴距小，在窄道中作业比较方便。

图 4-10　平衡重式叉车

(2) 低提升托盘叉车

低提升托盘叉车主要用于仓库内的水平搬运及货物装卸，一般低提升托盘叉车分为手动与电动两种类型。手动低提升托盘叉车俗称地牛，是配送中心较常见的搬运作业设备之一，如图 4-11 所示。电动低提升托盘叉车是以电瓶提供动力进行搬运作业，一般有步行式和站驾式两种操作方式。货叉提升高度一般在 210 毫米左右。

图 4-11　手动低提升托盘叉车

图 4-12　电动低提升托盘叉车

(3)前移式叉车

前移式叉车是门架或货叉可以前后移动的叉车，如图 4-13 所示。前移式叉车分为门架前移式叉车和货叉前移式叉车。货叉前移式叉车的货叉移动而门架不动，货叉借助于伸缩结构单独前伸；门架前移式叉车的货叉与门架一起移动。前移式叉车的特点是在存取货物时，货叉伸出的长度超过底部支腿长度，动力系统和操作者起配重作用，行走平衡，当货叉缩回时，稳定性好负载能力大。另外，货叉前移式叉车在地面具有一定的空间允许插腿插入的情况下，叉车能超越前排货架，对后一排货物进行作业。常用于仓库内中等高度的堆垛、取货作业。

图 4-13　前移式叉车

(4)拣选式叉车

按照拣选货物的高度,拣选式叉车可分为低位拣选叉车(2.5 米内)和中高位拣选叉车(最高可达 10 米),是操作台上的操作者可与装卸装置一起上下运动,并拣选储存在两侧货架内物品的叉车,如图 4-14 所示。

图 4-14　拣选式叉车

3. 电子标签拣货系统(DPS)

电子标签拣货系统(DPS,Digital Picking System)是一种计算机辅助的无纸化拣货系统,其原理是在每一个货位安装数字显示器,利用计算机的控制将订单信息传输到数字显示器内,拣货人员根据数字显示器所显示的数字拣货,拣货完成后按确认钮即完成拣货工作。其作业场景如图 4-15 所示。

图 4-15 电子标签辅助拣货场景

在这种拣货方式中，电子标签取代拣货单，如图 4-16 所示，在货架上安装灯光显示器来显示拣货信息，以减少“寻找货品”的时间。分拣的动作仍由人力完成。电子标签是很好的人(拣选员)机(计算机)界面，让计算机负责烦琐的拣选顺序的规划和记忆，拣选员只需依照计算机批示执行拣货作业。电子标签有一小灯，灯亮表示该货位的货品是待拣货品。电子标签中间有多个字元的液晶，可显示拣选数量。如此，拣货员在货架通道行走，看到灯亮的电子标签就停下来，并按显示数字来拣取该货品所需的数量。电子标签分拣每小时约为 500 件，前置时间约为 1 小时，分拣错误率小于 0.01%。

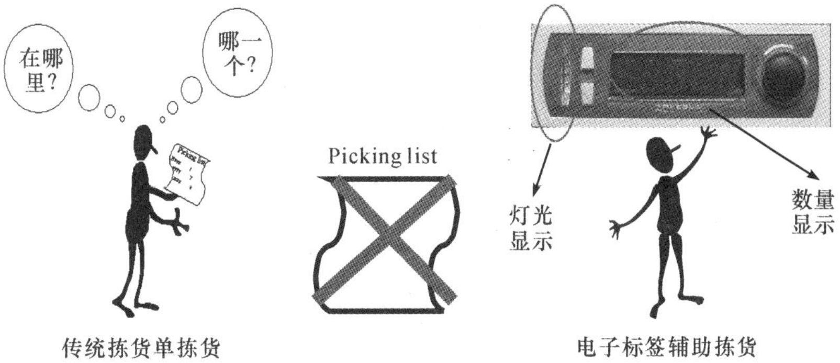

图 4-16 传统拣货单拣货与电子标签辅助拣货比较

阅读与思考 4-1

某医药物流中心电子标签拣货系统

某医药物流中心改造前采用传统的纸单作业，根据客户需求打印出订单，拣货人员依照订单一一拣取所需商品，拣货完成后再进行验货、出货等流程。随着出货量的大量增加，传统的纸单拣货会造成拣货错误、拣货速度与效率低、新员工培训时间长等问题，严重影响公司效益。

现公司对仓库进行改造，硬件方面，在一楼出货区、二楼存货区间配备输送线并安装电子标签；软件方面，WCS 整合输送线传送系统与电子标签拣货系统，二者配合实现入库、存货、拣货、出库的全电子化管理。拣货过程中，仓库管理人员可以随时查看每张订单的进展情况和每个库位上剩余货物数量，做到拣货快速准确、补货迅速及时，最大程度引导拣货人员正确、快速、轻松地完成拣货工作。

拣货作业流程：

全部采用 AT506—2W—24 六位两窗电子标签，一对多的方式，前两位显示货位，后四位显示拣货数量。整个存货区被划分成几个通道，每个通道与一把扫描枪关联，每张订单与 1 或多个周转箱关联。当有订单时，周转箱随输送线流动，到达拣货区时自动停下，拣货工人用扫描枪扫描箱号，订单中在这个通道的货物对应的电子标签亮起，工人按照标签上显示的货位和数量进行拣货，这个通道拣货完成后，周转箱会流向下一个通道，其他工人则重复上述过程，直到全部拣货完成。然后，周转箱流到一楼出货区进行复核，最后打包出货。整个拣货过程井然有序，真正做到高速度、高效率、低出错率。

请思考：电子标签拣货系统的优点有哪些？

电子标签拣货系统分为摘果式拣货系统和播种式拣货系统，其作业过程如下：

(1) 摘果式拣货系统

将电子标签安装于货架储位上，原则上一个储位内放置一项产品，即一个电子标签代表一项产品，并且以一张订单为一次处理的单位，系统会将订单中有订货商品所代表的电子标签亮起，拣货人员依照灯号与数字的显示将货品自货架上取出，即称为摘取式拣货系统，如图 4-17 所示。

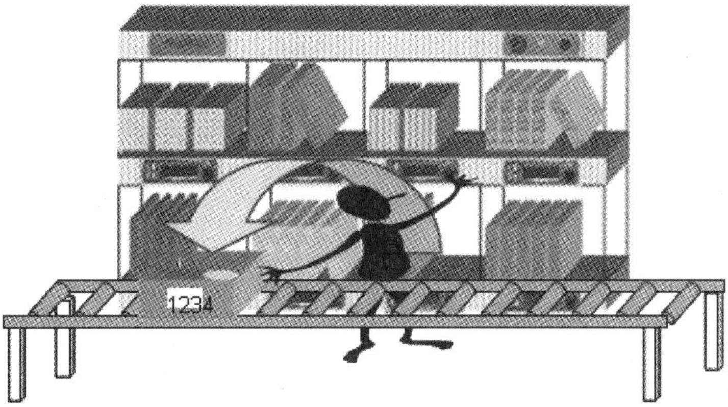

图 4-17 摘果式拣货示意图

(2)播种式拣货系统

每一个电子标签所代表的是一个订单客户或是一个配送对象,亦即一个电子标签代表一张订单。每个品项为一次处理的单位,检货人员先将货品的应配总数取出,并将商品资讯输入,而系统会将有订购此项货品的客户其所代表的电子标签点亮,配货人员只要依电子标签之灯号与数字显示将货品配予客户即可。此乃为播种式配货系统,如图 4-18 所示。

图 4-18 播种式拣货示意图

4. RF 射频辅助分拣

RF 也是分拣作业的人机界面,如图 4-19 所示。其分拣原理是利用掌上计算机终端、条码扫描器及 RF 无线电控制装置的组合。将订单资料由计算机主机传输到掌上终端,分拣员根据掌上终端所指示的货物,扫描货位上的条码,如果与计算机的分拣资料不一致,掌上终端就会发出警告,直到找到正确的货物货位为止;如果与计算机的分拣资料一致就会显示分拣数量,根据所显示的分拣数量分拣,分拣完成之后按确认钮完成分拣工作;分拣信息利用 RF 传回计算机主机,同时将库存扣除。它是一种无纸化的即时的处理系统。

图 4-19　RF 射频辅助分拣

这种分拣方式可以利用在按单分拣和批量分拣方式中，因为作业成本低且作业弹性大，尤其适用于货物品种很多的场合，故常被应用在多品种少量订单的分拣上，与分拣台车搭配适用最为常见。RF 分拣每小时约为 300 件，前置时间约为 1 小时，分拣错误率 0.01%左右。

5. 自动分拣系统

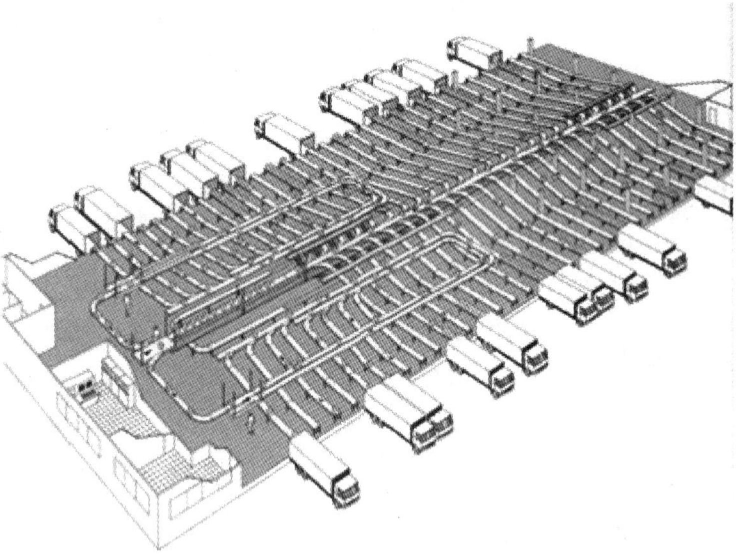

图 4-20　自动分拣系统示意图

自动分拣系统是完成仓库、配送中心拣选、分货、分放作业的自动化设备，是大型物流中心、配送中心进行分拣、配送作业的强有力的技术保证。目前国内外出现的大容量的仓库和配送中心里，几乎都配备有自动分拣机。自动分拣机具有很高的分拣能力，能处理各种各样的货物，如图 4-20 所示。

自动分拣系统一般由控制装置、分类装置、输送装置及分拣道口组成。

(1)控制装置

作用:识别、接收和处理分拣信号。根据分拣信号指示分类装置,按一定的规则(如商品品种、送达地点或按货主的类别)对商品进行自动分类,从而决定商品的流向。

(2)分类装置

作用:执行控制系统发来的分拣指令,使商品进入相应的分拣道口,如图4-21所示。

分类的依据:①货品的形状、重量、特性等;②用户、订单和目的地。

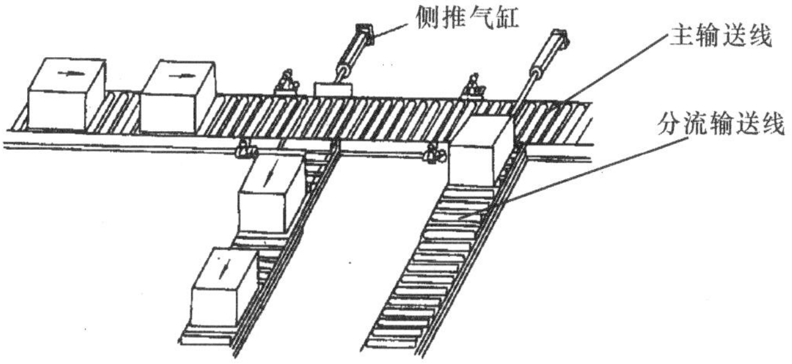

图4-21 气缸侧推式分类机构图

(3)输送装置

作用:将已分拣好的商品输送到相应的分拣道口,以便进行后续作业。

(4)分拣道口

分拣道口是将商品脱离输送装置并进入相应集货区域的通道。一般由钢带、皮带、滚筒等组成滑道,使商品从输送装置滑向缓冲工作站,然后进行入库上架作业或配货作业。

6. 自动化立体库

图4-22 自动化立体库作业场景图

自动化立体仓库，也叫自动化立体仓储，利用立体仓库设备可实现仓库高层合理化，存取自动化、操作简便化，是当前技术水平较高的形式。自动化立体仓库的主体由货架、巷道式堆垛起重机、入(出)库工作台和自动运进(出)及操作控制系统组成。

(1)货架

用于存储货物的钢结构。主要有焊接式货架和组合式货架两种基本形式。

(2)托盘(货箱)

用于承载货物的器具，亦称工位器具。

(3)巷道堆垛机

用于自动存取货物的设备。按结构形式分为单立柱和双立柱两种基本形式；按服务方式分为直道、弯道和转移车三种基本形式，如图4-23所示。

图4-23 巷道堆垛机

(4)输送机系统

该系统为立体库的主要外围设备，负责将货物运送到堆垛机或从堆垛机将货物移走。输送机种类非常多，常见的有辊道输送机、链条输送机、升降台、分配车、提升机、皮带机等。

(5)AGV(Automated Guided Vehicle)系统

即自动导向小车。根据其导向方式分为感应式导向小车和激光导向小车(见图4-24)。

图4-24 AGV小车

(6)自动控制系统

驱动自动化立体库系统各设备的自动控制系统。以采用现场总线方式为主要控制模式。

(7)储存信息管理系统

亦称中央计算机管理系统。是全自动化立体库系统的核心。典型的自动化立体库系统均采用大型的数据库系统(如 ORACLE,SYBASE 等)构筑典型的客户机/服务器体系,可以与其他系统(如 ERP 系统等)联网或集成。

自动分拣系统和自动化立体库都属于无人分拣的作业方式,拣货效率和正确率均很高,是现代化配送中心的一个重要标志。但由于前期投资较大,这两种拣货设备常被运用于价值高、出货量大且频繁的 A 类货品上。

➢每日一练

自己试着和同学一起交流,如何完成拣货任务?

分项任务小结

完成本分项任务后,请进行自我测试:你是否已理解拣货的定义、作业流程、岗位职责,是否了解部分拣货设备?

二、拣货作业管理

➢任务提示

本分项任务将引领你设法提高拣货作业效率!

➢任务先行

完成以上任务,我们已经初步了解拣货的基本知识,基本能胜任拣货员及复核员岗位的工作。接下来,我们将学习拣货作业管理的内容,继而能进一步胜任拣货管理人员的岗位。

拣货作业管理的最终目标是:提高拣货的效率,降低拣货差错率,降低拣货的成本。

(一)拣货单位的确定

拣货单位是指拣货作业中拣取货物的包装单位,可分为托盘、箱、单品三种。拣货单位由大到小依次为托盘、箱、单品。如图 4-25 所示。

托盘

箱

单品

图 4-25　不同拣货单位图

不同的拣货单位决定了拣货作业的方式不同：

①单品。一般指货物的内包装，可由箱中取出，一般由人工单手进行拣货。

②箱。由单品所组成，可由托盘上取出，通常需要双手拣取。

③托盘。由箱叠放而成，必须借助堆垛机、叉车或其他搬运设备完成拣货。

除此之外，还有些货体积大、形状特殊或必须在特殊情况下作业的货物，无法按托盘、箱归类，如桶装液体、大型设备、家具、冷冻货品、散货等，我们将其称为特殊品(见图 4-26)。

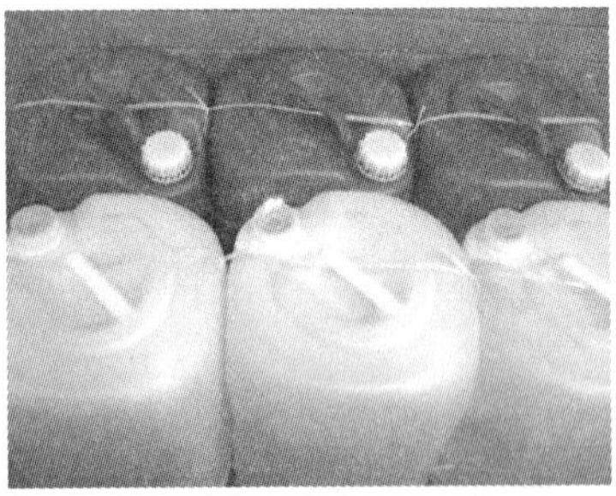

桶装液体

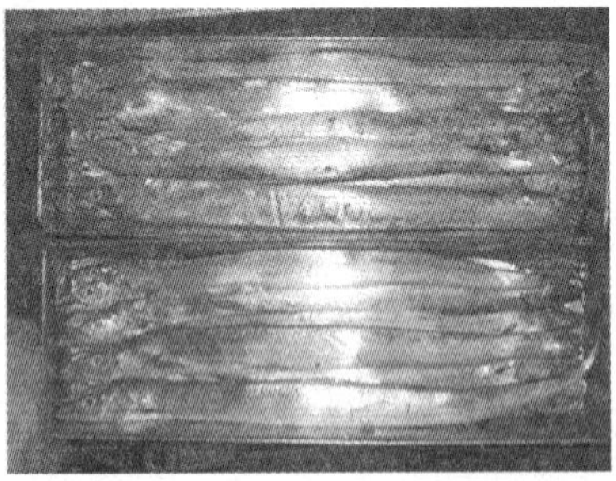

冷冻货品

散货

大货物

图 4-26　特殊品

拣货单位的大小会直接影响到拣货作业的效率，例如拣取 24 瓶啤酒比拣取 1 箱(内装为 24 瓶)啤酒所需要的时间明显要长得多，人工拣取 10 箱啤酒比叉车叉取 1 托盘(10 箱)啤酒的时间也要长得多。因此，在实际中，应尽量以较大的拣货单位拣货。

那么如何确定拣货的单位呢？

拣货单位主要取决于客户订单。根据客户订单分析出来的结果，决定拣货单位的大小，拣货单位大于或等于订货单位。如订货的最小单位是箱，则不要以单品为拣货单位。对库存的每一品种都必须作以上分析，以判断拣货的单位，但一些品种可能因为需要而有两种以上的拣货单位，则在设计上要针对每一种情况作分区的考虑。

储存单位必须大于或等于拣货单位。如储存以箱为单位，拣货单位可以是箱或单品。相对应这些储存单位也有许多不同的拣货形态，表4-6即为储存单位与拣货单位组合的七种模式。

表4-6　储存单位与拣货单位组合表

模式	储存单位	拣货单位	拣货形态
1	托盘	托盘	P→P
2	托盘	托盘＋箱	P→P＋C
3	托盘	箱	P→C
4	箱	箱	C→C
5	箱	箱＋单品	C→C＋B
6	箱	单品	C→B
7	单品	单品	B→B

注：P＝托盘(Pallet)；C＝箱(Case)；B＝单品(Bulk)。

(二)拣货方法的选择

按照订单组合的不同方式，可将拣货方法分为按单分拣、批量分拣、整合按单分拣与复合分拣四种，具体如下：

1. 按单分拣

按单分拣是指分别按照每份订单拣货，即分拣完一个订单后，再分拣下一个订单。又称为“摘果法”“人到货前式”或“拣取式”。

其作业流程如图4-27所示。

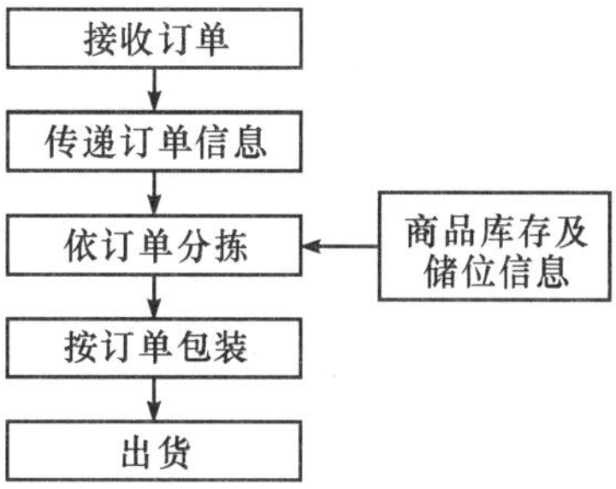

图4-27　按单分拣作业流程

其作业原理是分拣人员或分拣工具巡回于各个储存点，按订单所列商品及数量，将客户所订购的商品逐一由仓库储位或其他作业区中取出，然后集中在一起的一种传统拣货方式，如图4-28所示。

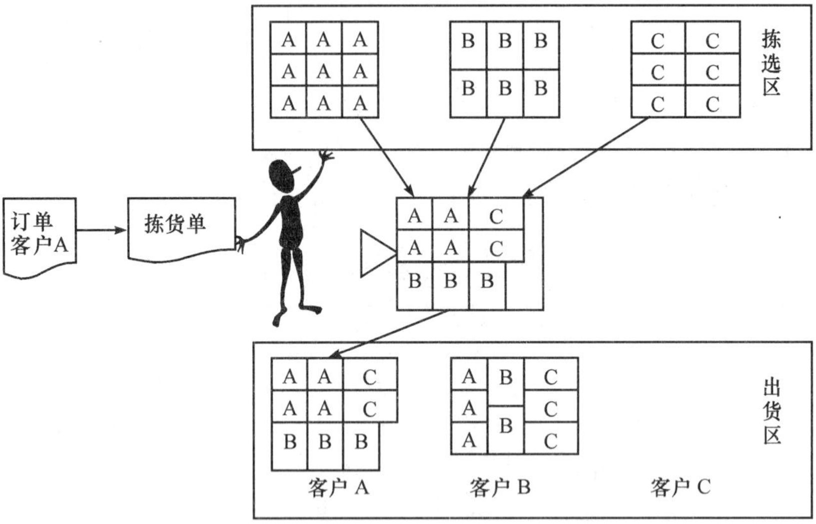

图4-28　按单分拣过程示意图

2. 批量分拣

批量分拣是把多张订单集合成一批次，汇总各品种商品的数量后集中拣取，然后按照不同客户订单进行分类处理的拣货方式。又称“播种法”或“分货式”。

其作业流程如图4-29所示。

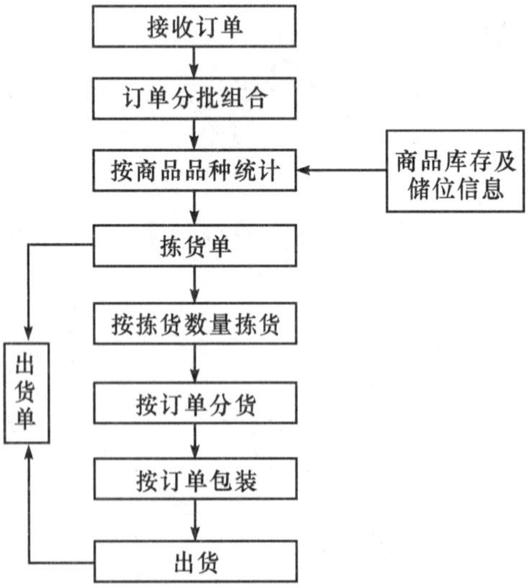

图4-29　批量分拣作业流程

批量分拣作业原理如图4-30所示。

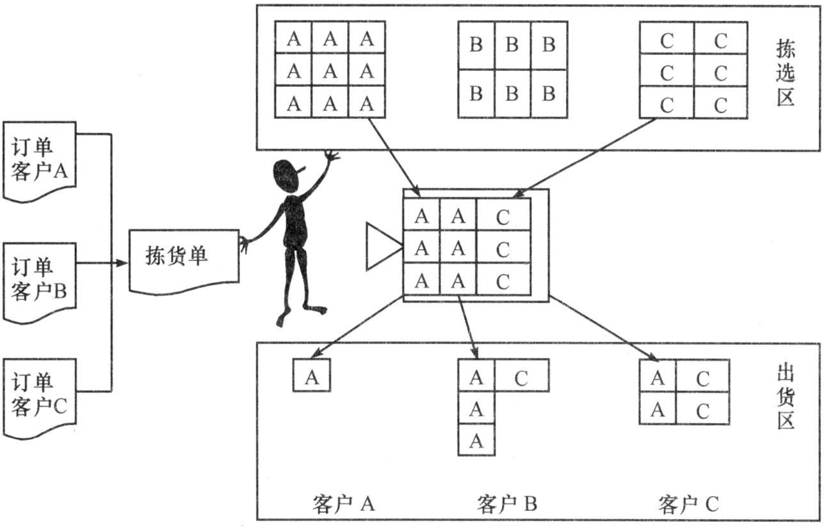

图4-30 批量分拣过程示意图

3. 整合按单分拣

整合按单分拣方式主要应用在每个订单只有一种品项的场合，为了提高拣货的效率，将某一地区的订单整合成一张拣货单，做一次分拣后，集中捆包出库。它属于按单分拣的一种变形方式。

4. 复合分拣

复合分拣是按单分拣与批量分拣的组合运用，按订单品项、数量和出库频率决定哪些订单适合按单分拣，哪些订单适合批量分拣。

四种分拣方式的比较如表4-7所示。

表4-7 四种分拣方式比较

分拣方式	订单处理	优点	缺点	适用场合
按单分拣	按一张订单分拣	①作业方法简单 ②作业前置期短 ③作业人员责任明确，易于安排人力 ④导入容易且作业弹性大 ⑤拣货后不必分类	①货物品种多时，分拣行走路径过长，分拣效率降低 ②拣货区域大时，搬运系统设计困难 ③拣货必须配合货架货位号码	①用户不稳定，波动较大 ②用户间共同需求差异较大 ③用户配送时间要求不一 ④用户需求种类多，不便于统计和共同取货 ⑤改建的配送中心
批量分拣	多张订单集合成一批次分拣	①提高拣货规模，降低拣货成本 ②可以缩短拣货时行走时间，增加单位时间的拣货量 ③节约人力，减少与其他作业的冲突	①对紧急订单无法及时处理 ②增加了订单等待和订单处理时间 ③增加分货时间 ④必须全部作业完成才能发货	①用户稳定，数量较多 ②用户间共同需求大 ③用户配送时间要求没有限制情况 ④用户需求种类少，便于统计和共同取货 ⑤专业性强的配送中心

续表

分拣方式	订单处理	优点	缺点	适用场合
整合按单分拣	某一地区多张订单整合成一张拣货单分拣			一天中每一订单只有一种品种的场合
复合分拣				订单密集的场合

(三)拣货策略的应用

拣货策略是影响拣货作业效率的重要因素,对不同的订单需求应采取不同的拣货策略。决定拣货策略的四个主要因素为:分区、订单分割、订单分批和分类,如图 4-31 所示。

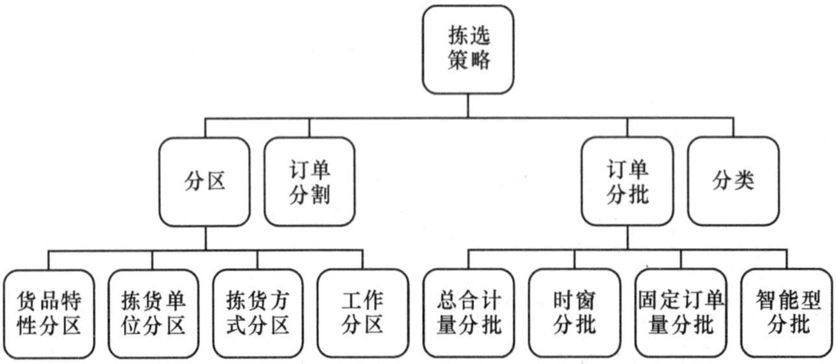

图 4-31　拣货策略简图

1. 分区策略

所谓分区策略就是将拣取作业场地做区域划分,每一个作业人员负责拣取固定区域内的商品。按分区原则的不同,有以下四种分区方法:

(1)按货品特性分区

货品特性分区就是根据货品原有的性质,将需要特别储存搬运或分离搬运的货品进行区隔,以保证货品的品质在储存期间保持不变,如图 4-32 所示。

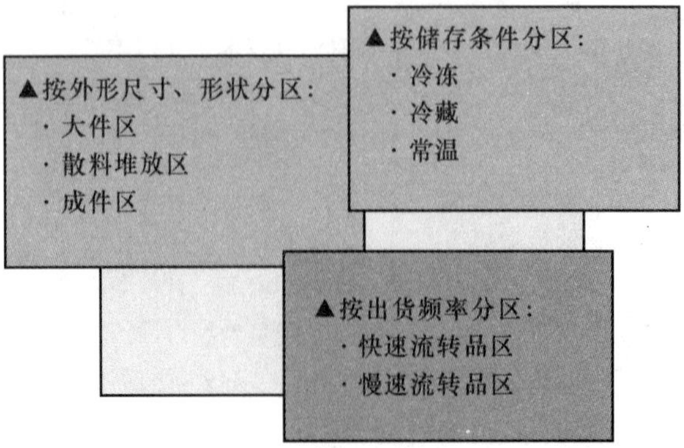

图 4-32　按货品特性分区

(2)拣货单位分区

将拣货作业区按拣货单位划分，如箱装拣货区、单品拣货区，或是具有特殊货品特性的冷冻品拣货区等。其目的是使储存单位与拣货单位分类统一，以方便分拣与搬运单元化，使拣货作业单纯化。一般来说，拣货单位分区所形成的区域范围是最大的。

(3)拣货方式分区

分拣方式除批量分拣和按单分拣外，还包括搬运、分拣机器设备等差异。如想在同一分拣单位分区之内采取不同的分拣方式或设备，就必须考虑分拣方式的分区，如电子标签货架拣选区、RF拣选区、自动化立体库拣选区、叉车作业拣选区、台车拣选区等。通常需要根据货物出库频率和出库量的高低，确定商品销售的A类、B类、C类群组划分。再根据群组划分的结果，确定合适的拣货设备和拣货方式，如对于销售量占70%的A类商品，可考虑选择利用自动化立体库完成分拣，从而提高A类货品拣货的效率。通过这种方式可将作业去单纯化、一致化，以减少不必要的重复行走所耗费的时间，如图4-33所示。

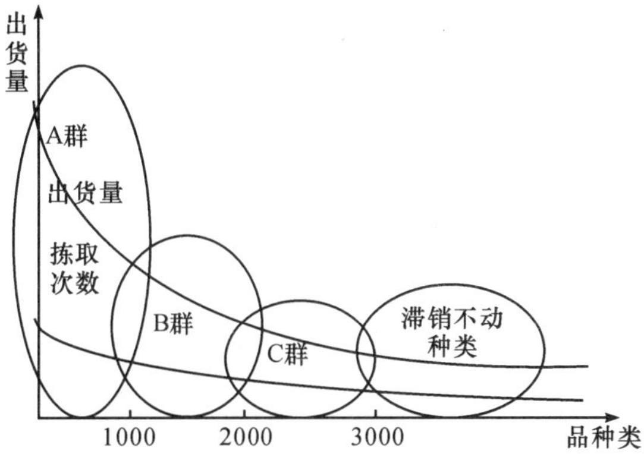

图4-33 按拣货方式分区示意图

(4)工作分区

按工作分区是指在相同的拣货方式下，由一个或一组固定的拣货人员负责拣取区域内的货物，如图4-34所示。这一策略的优点在于能减少拣货人员所需记忆的存货位置及移动距离，缩短拣货时间。同时，也可以配合订单分割策略，运用多组拣货人员在短时间内共同完成订单的拣取，但必须注意工作平衡的问题。另外，如果仅仅只进行工作分区而不进行订单分割，就产生了接力式拣货。所谓接力式拣货是指，根据各拣货员负责的拣货责任区，各个拣货员只拣取拣货单中自己所负责的部分，然后将拣货单以接力的方式交给下一位拣货员。

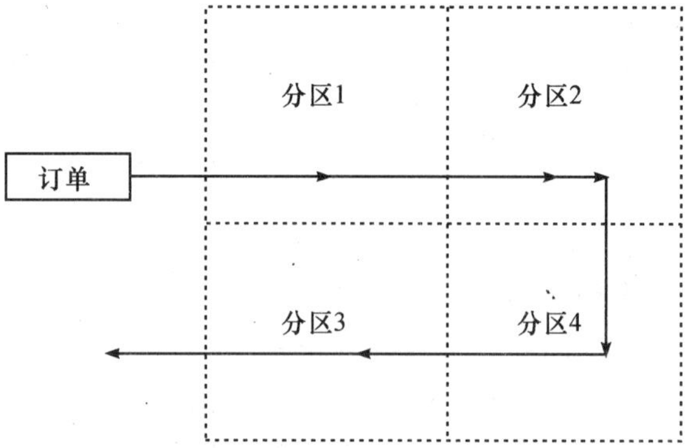

图 4-34　按工作分区拣取示意图

2. 订单分割策略

当一张订单所订购的货品项目较多,或是拣货系统要求及时快速处理时,为使其能在短时间内完成拣货处理,可将订单分成若干子订单交由不同拣货区域的拣货人员同时进行拣货作业以加快拣货速度。将订单按拣货区域进行分解的过程叫订单分割。

订单分割一般是与拣货分区相对应的,对于采用拣货分区的配送中心,其订单处理过程的第一步就是要按区域进行订单的分割,各个拣货区根据分割后的子订单进行拣货作业,各拣货区订单拣货完成再进行货品的集中。

订单分割的方法有如下几种:

(1)拣货单位分区(见图 4-36)

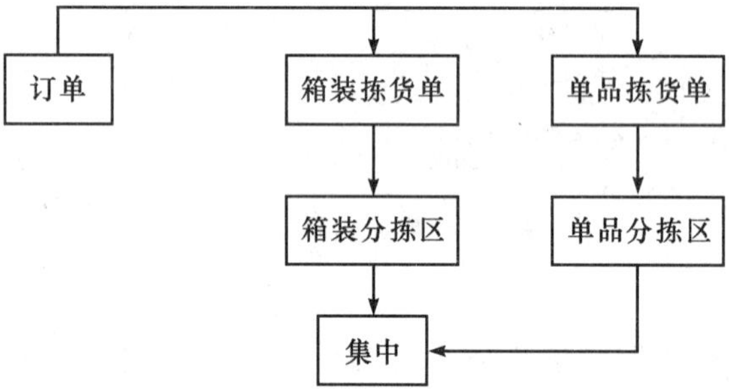

图 4-35　拣选单位分区订单分割策略示意图

(2)拣货方式分区(见图 4-36)

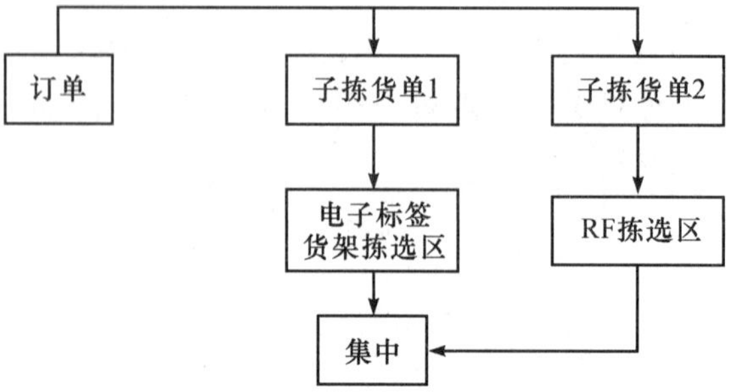

图 4-36　拣选方式分区订单分割策略示意图

(3)工作分区(见图4-37)

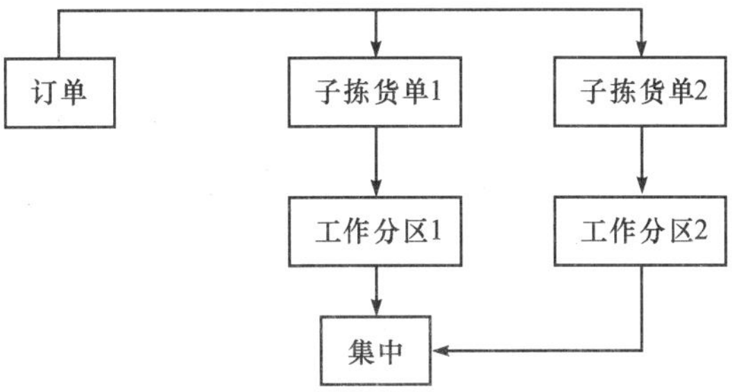

图4-37 工作分区订单分割策略示意图

3. 订单分批策略

订单分批是为了提高拣货作业效率而把多张订单集合成一批，进行批次分拣作业。订单分批的原则和批量的大小是影响分拣效率的主要因素。订单分批策略必须与分类策略结合起来使用，也就形成了批量拣取。订单分批的方式有以下四种：

(1)总合计量分批

合计拣货作业前所有累积的订单中每一商品项目的总量，再按这一总量进行拣取，再进行分类作业。此种方式适合于周期性配送，例如可将所有的订单在中午前搜集，在下午做合计处理，隔日一早再进行拣取、分类工作。

优点：可使拣货路径减至最短，储存区域也较单纯化。

缺点：需要功能强大的分类系统来支持。

(2)时窗分批

将某一时窗(固定时间，如5分钟、10分钟)内收到的订单作为一批，进行批量拣取。该方式的重点在于时窗大小的决定，决定的主要因素是客户的预期等候时间及单批订单的预期处理时间。为了适应客户的紧急需求，因此时窗的大小不应过长。且为了进一步提高拣货效率，通常还会将此策略与订单分割及与分区策略联合运用，特别适用于到达间隔时间短而平均的订单形态，同时订购量及种类不宜太多，如图4-38所示。

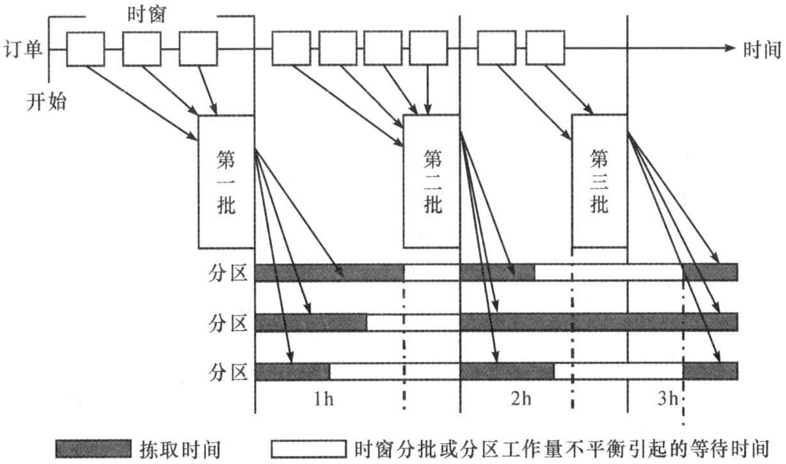

图4-38 时窗分批拣选

(3)固定订单量分批(见图 4-39)

采用先到先处理的基本原则,按订单到达的先后顺序做批次安排,当累计订单数达到设定的固定量(如 10 张订单)时,再进行批量拣取。该方式注重维持较稳定的作业效率,但在处理速度上慢于时窗分批方式。适用于客户订单对时间没有明确限制的情况。

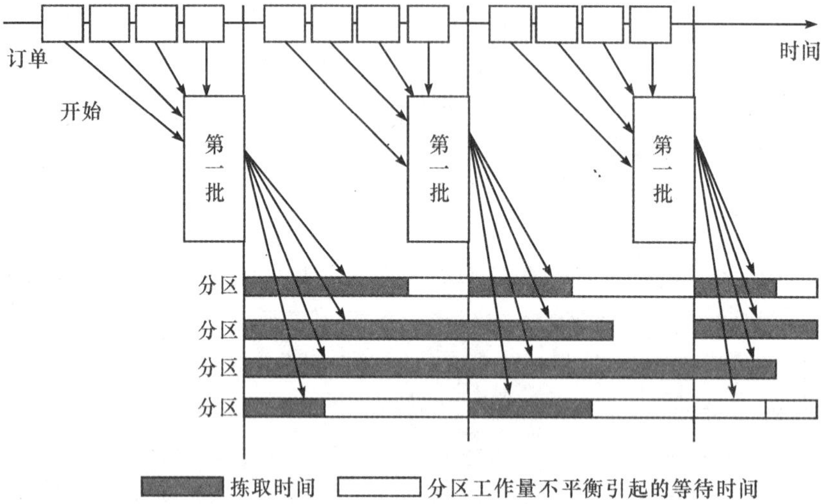

图 4-39 固定订单量分批拣选

(4)智慧型分批

将订单输入计算机系统后,直接由计算机系统将拣取路径相近的订单分成一批。采用这种分批方式的配送中心通常将前一天的订单汇总后,经过计算机处理在当天产生拣货单据,速度较快。

要做到智慧型分批,最重要的就是货品储存位置和货位编码的相互配合,使得订单输入货品编号后就可凭借货品货位编号了解货品储存位置的情况,再根据拣选作业路径的特性,找到订单分批的法则。

4. 分类策略

采用订单分批策略拣出来的货物,还必须进行分类。分类的方法有两种:

(1)分拣时分类

在拣货的同时将货品按订单分类,适用于分货任务量不大的情况。常与固定订单量分批或智慧型分批方式共同使用。在分货的同时需要使用计算机辅助台车作为拣货设备,才能加快分拣速度,同时避免错误发生。

(2)分拣后集中分类

将所有货品拣取完成后集中分类。适用于分货任务量较大的情况。一般有两种分类方法:一是以人工作业为主,将货品总量搬运到空地上进行分发,而每批次的订单量及货品数量不宜过大,以免超出人员负荷;二是利用分类输送机进行集中分类,是较自动化的作业方式。

通常情况下,四种策略相互配合会起到较好的效果。

表 4-8　拣货策略的配合

策略组合	拣货方式	效果
分区	接力式拣取	将一张拣货单交由拣货人员 A 拣，A 拣完货再交给 B 拣，拣货时间为所有人员拣货时间之和。降低了单个拣货人员的劳动强度，拣货人员负责区域减小，对货品货位更熟悉，提高了拣货效率
分区＋订单分割	多人分区同时拣取	将多张子拣货单交由多人同时拣取，每人只负责自己所在区域的货品拣取，拣货时间为拣货人员中作业最长的时间。大大缩短了拣货的时间
订单分批＋分类	批量拣取	对差异较小的订单累积后集中拣取分类，减少了来回行走的时间
分区＋订单分割＋订单分批＋分类	多人分区同时批量拣取	将多张订单累积后分给不同的拣货员拣取后分类。即实现了多人同时拣取，又减少了来回行走的时间

阅读与思考 4-2

仓库主管的拣货难题

黄豪在嘉农网络超市担任仓库主管一职。自从接到董事长赵志伟传达的噩耗，得知公司只有 3 个月的机会扭亏为盈，否则就要被出售，黄豪的压力尤其大，经过初步的分析，使公司现金流不畅的罪魁祸首正是自己负责的仓库环节，原因正是存货。经过公司同事的共同努力，又听取了不少专家意见，最终确定以 ABC 存货管理法为解决方案，解决了有的存货过高有的有货不足的问题。现在仓库里所有的商品根据不同的销售特性分了类，每类设定了安全库存线，一旦出现缺货就马上通知供应商补货，而长期存放的冷门商品数量也得到了有效控制，并通知销售部经常进行促销处理，仓库的管理有序多了。

正当黄豪庆幸自己解决了存货的问题时，他的助手又传来了新的消息："黄经理，不好了，总经理又接到了销售部不少投诉，说我们的送货不及时，总经理现在正往仓库赶来呢……"

由于时近"五一"长假，销售部"买一送一，回馈顾客"的促销活动很快就开始了，网上订货量一时大增，销售部经理冯进整天笑得合不拢嘴。黄豪不敢掉以轻心，每天盘点存货，时不时开仓库员工的动员会，组织他们加班加点配合销售部的活动。没想到这么快就出了新的问题。总经理扬波很快就出现在仓库里，"老黄，怎么回事，销售部这两天老往我这打电话。客户抱怨不能准时地收到所订的货物，已经怨声载道了，不少其他的客户闻讯也取消了部分订单。销售部那边催得紧呀，这样吧，你马上去查一查不能准时发货的原因，尽可能地在 3 天内解决，不能再拖了，再发生这样的事情对公司的打击肯定是无法估计的。"

3 天真的能解决这个问题么？黄豪首先仔细检查了一遍公司的存货，一切正常，并没有预想中的发生缺货导致不能准时发货的现象。那究竟是什么原因呢？为了弄清楚事情的究竟，黄豪马上召集仓库各个小组的负责人开会。收货组长表示收货方面一切正常，所有订购的货品都按时送到公司的仓库并且收缴入库；存货管理组长则表示在库商品情况良好，过期损坏指数均在控制水平线内，并且库存商品足够应付每天的订单数量，没有缺货现象；最后发言的发货组长认为发货情况总体正常，只是由于每张订单所订购商品的品种和数量不同，所以有些时候订单处理很快，有些时候则会有一些延迟，工人比较吃紧。黄豪凭着多年的仓库管理经验，感觉可能这就是问题的关键所在。为了进一步了解情况，黄豪和发货组长一起来到了仓库的拣货区，食品区、饮料区、日用品区、电器区和礼品区的货物都有条不紊的堆放着，每个区有固定的员工负责该区商品的分拣。这种方法就是公司上个季度新推行的分区拣货法。经过试验，比起以前的单人拣货法，效率确实是有不少改进。所谓单人拣货法，就是一张订单上所有商品的分拣都由一名拣货员完成，不管商品的种类数量多少，这个拣货员会依次经过整个拣货区的各个区域进行拣货。而分区拣货法，就是把整个拣货区分成几个区，每张订单都从食品区开始，而食品区的拣货员只负责分拣订单上所有的食品项目。当他完成所有食品的分拣后，就把订单交到食品区和饮料区之间的交接点，而饮料区的拣货员则会从交接点这里取得订单，继续进行订单上饮料的拣货。以此类推，订单依次经过日用品区、电器区和礼品区，最后到达装货区的时候，所有的商品的分拣也就完成了。黄豪最先到达食品区。眼前的景象让他颇觉满意，3个拣货员聚集在一排货架前，正麻利地配着货。让他不解的是，拣货小车前进的速度却慢得像蜗牛爬。发货组长见状，苦着脸说："今天订单里的食品需求量很大，我们的人手不够，瞧！还有那么多订单积压在那里呢。"黄豪一扭头，果然看见食品区前面的小桌上堆积着厚厚的订单。

走过两排货架，就是饮料区，这里却是另一番光景。3个拣货员正闲坐着聊天，拣货车里空空如也，交接点上一张订单也没有。黄豪探了探头，发货组长立马凑上来解释："这3个是饮料组的，负责饮料的拣货，今天的订单上饮料的需求不多，所以他们暂时比较空闲……"黄豪觉得很奇怪，不是说人手不够吗？既然他们暂时空闲，为什么不多调些人手去食品组，少安排些人在饮料组？黄豪向发货组长说明了自己的建议。本以为这个问题可以这样轻松解决，可是发货组长仍然苦着一张脸，"黄经理呀，每张订单包括的类目都是不确定的，现在您看到的这些订单大多是食品多，饮料少，所以出现了食品组忙得焦头烂额，而饮料组却闲得优哉游哉的情况。可有的时候情况是完全相反的，饮料多而食品少，我总不能老把人调来调去吧？"

到底该怎么办呢？增加人手？这个似乎是最简单易行的方法。但是现在公司的预算十分紧凑，如果财务部发现仓库时不时会有闲置的工人，怎么也不会同意再增加人手的。继续加班加点，顶过这段促销高峰时期？工人们会愿意吗？而且即使愿意也会给公司增加一大笔加班费用，到时候又怎么向财务交代呢？一个又一个的问号闪过黄豪的脑海，让他百思不得其解。黄豪现在只希望有奇迹出现，能够拯救他棘手的工作。

请思考：你认为该如何解决黄豪面临的难题？

(四)拣货路径的优化

拣货路径管理是“人到货”拣货方式管理中的重要内容,其管理内容是确定拣选的顺序和拣选行走的线路,目的是为了能在尽可能短的时间内完成拣货工作。

1. 影响拣货路径的因素

拣货路径的设计与拣货区域布局、拣货方式及策略、订单批量及货物种类、拣货设备等因素相关。

(1)拣货区域布局

拣货区域中货架排列格局,货架长度、宽度、深度,巷道数量、宽度等都是影响拣货路径的重要因素。

(2)拣货方式及策略

拣货方式、策略的应用就是确定拣货单上货物的拣选顺序,再由拣货员从其储位上取出。这决定了拣货员的行走路线。

(3)订单批量及货物种类

订单批量及货物种类决定了在拣货过程中拣货方法、拣货策略等的应用。这间接影响着拣货员在拣货区的行走路线。

(4)拣货设备

区域中的设备配置是拣货路径设计时考虑的因素之一,不同的拣货设备具有不同的应用条件,这决定了不同货物在拣选时需采用不同的拣货设备,因而每种货物的拣货路径在设计时都应该考虑拣货设备的因素。

2. 拣货路径的设计

为了提高仓库的效率,减少作业人员在仓库内的行程,需要精心设计拣货路径。拣货路径的长短直接影响拣货作业的时间和效率。因此,拣货路径的优化主要要考虑在准确快速地将货物拣出时,方便拣货人员操作并缩短拣货人员行走路径。

一般而言,可以根据以下几种常见的方法来设计拣货路径:

(1)如果订单批量不大、货种不多,但货位分布较广时,可避开不需拣选货位所在的通道,直接找到所需的货位进行拣选,如图4-40所示。

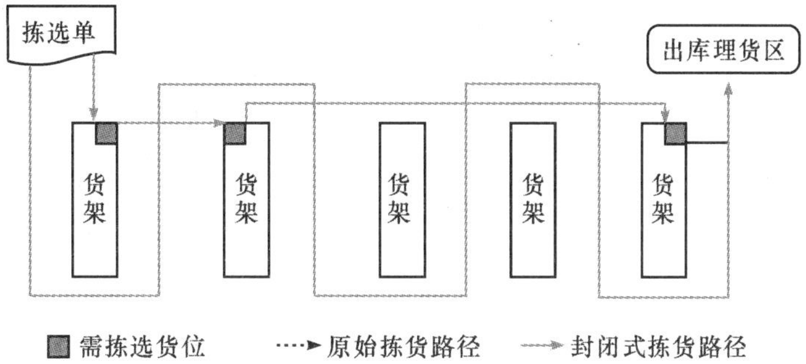

图4-40 封闭式拣货路径图

(2)如果订单批量大、货种多,可将订单分成多张拣选单,这些拣选单采用并联拣选的方法同时进行拣货,如图 4-41 所示。

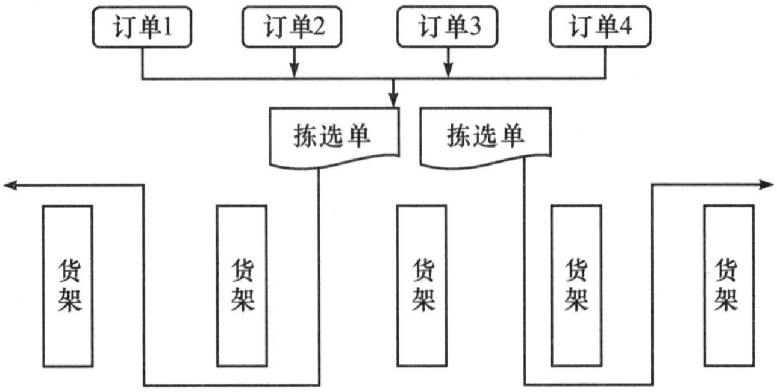

图 4-41　并联拣选路径图

(3)如果订单批量不大,但货种多,可采用串联拣选的方法进行拣货,如图 4-42 所示。工作分区中的接力式拣选就是这样一种拣货方法。

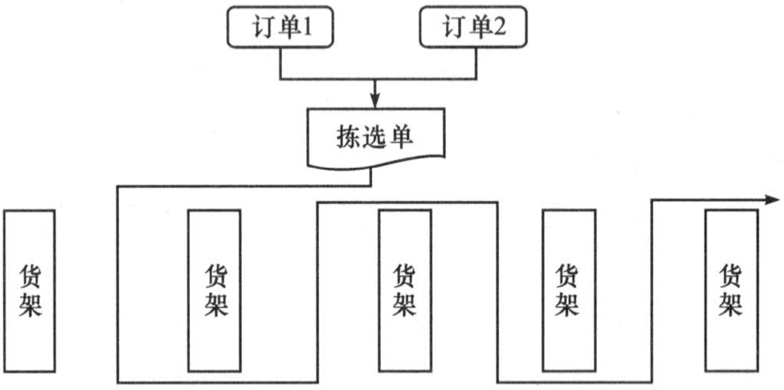

图 4-42　串联拣选路径图

(五)拣货信息的传递

拣货信息是拣货作业的原动力,主要目的是指示拣货的进行。快速、准确地将拣货信息传递给拣货人员对于提高拣货效率和正确率也具有非常重要的意义。拣货信息传递的方式有:订单传票、拣货单、拣货标签、灯光显示器、RF 无线通信、电脑随行装置和自动拣选系统等方式,如图 4-43 所示。

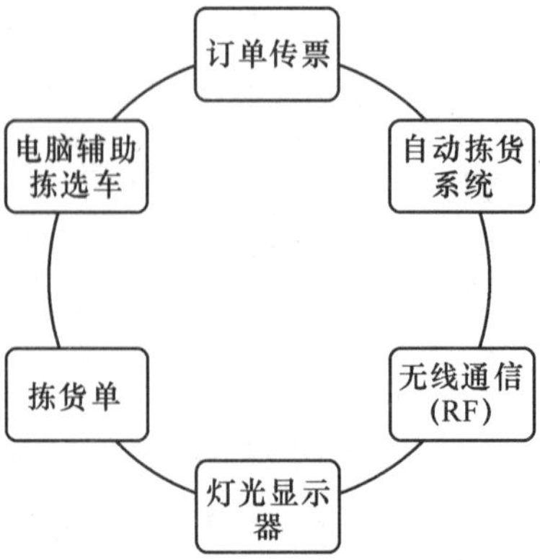

图 4-43　拣货信息的传递方式

1. 订单传票

订单传票示例见前面表 4-1。

直接利用客户的订单或配送中心的送货单作为拣货指示凭据。由于订单上没有标明商品的储位信息，拣货人员在拣取时一边读取订单上商品的名称，一边寻找货物。同时，直接利用订单拣货无法利用拣货策略，也无法对拣货路径进行优化。所以，拣货效率会比较低。

这种方法仅仅适用于订单订购品种较少、批量较小的情况，经常配合订单别拣取的方式。

2. 拣货单

拣货单拣选是目前较常用的拣选方式。拣货单的一般格式如表 4-9 所示。

表 4-9 拣货单

<table>
<tr><td colspan="2">拣货单编号</td><td colspan="2"></td><td colspan="2">用户订单编号</td><td colspan="4"></td></tr>
<tr><td colspan="10">用户名称：</td></tr>
<tr><td colspan="5">出货日期：</td><td colspan="2">出货货位号</td><td colspan="3"></td></tr>
<tr><td colspan="5">拣货日期：　　年　　月　　日</td><td colspan="5">拣货人：</td></tr>
<tr><td colspan="5">核查日期：　　年　　月　　日</td><td colspan="5">核查人：</td></tr>
<tr><td rowspan="2">序号</td><td rowspan="2">储位号</td><td rowspan="2">货品名称</td><td rowspan="2">货品编号</td><td rowspan="2">规格型号</td><td colspan="3">单位</td><td rowspan="2">数量</td><td rowspan="2">备注</td></tr>
<tr><td>整托盘</td><td>箱</td><td>单件</td></tr>
<tr><td></td><td></td><td></td><td></td><td></td><td></td><td></td><td></td><td></td><td></td></tr>
<tr><td></td><td></td><td></td><td></td><td></td><td></td><td></td><td></td><td></td><td></td></tr>
<tr><td></td><td></td><td></td><td></td><td></td><td></td><td></td><td></td><td></td><td></td></tr>
<tr><td></td><td></td><td></td><td></td><td></td><td></td><td></td><td></td><td></td><td></td></tr>
<tr><td></td><td></td><td></td><td></td><td></td><td></td><td></td><td></td><td></td><td></td></tr>
</table>

拣货单拣货通常将原始的客户订单输入计算机中，进行拣货信息处理后，打印拣货单。拣货单的品名按照货位编号重新排序，让拣货员来回一趟就能拣完所有商品；拣货单上增加了商品的储位等信息，拣货员按照拣货单的顺序依次拣取货物，先找储位，再核对商品的品名、规格、型号等信息，然后将货物拣至搬运器具内，确定拣货无误后就在拣货单上逐项做记录。这样，对于初来乍到的拣货员也能很快适应拣货工作。

一般而言，拣货单是根据拣货的作业区和拣货单位分别打印的。如订单上整箱货品和单件货品分别打印在不同的拣货单上，交给不同的拣货员同时拣取，然后在出货暂存区集中等待出货。

这种方式的优点是：经过处理后形成的拣货单上所标明的信息能更直接、更具体地指导拣货作业，提高拣货作业效率和准确性。但处理打印拣货单需要一定的成本，而且必须尽可能防止拣货单出现误差。

3. 拣货标签

➢企业实例

实例1　整箱拣货标签

L04-02	**1/2**	市内配送　西
湖北同济堂药方有限公司		XSG04241839
注：请收款，谢谢！		武昌
新洁尔灭消毒液		120909B
KXW169045X	30 瓶	500ml
山东利尔康		
魏鹏 12-09-26		**Q07-06-Q07-11**

C06-14	**10**	市外配送　西
鄂州市康乐大药房		XSG04243470
注：		黄冈
葡萄糖注射液		120724405
AYQ001020C	20 瓶	500ml：500g：25g
石家庄医药		
孙平 12-09-28		**Q14-36-Q14-37**

C09-03	**1/1**	托运　西
鄂州市康乐大药房		XSG04243470
注：		黄冈
葡萄糖注射液		120724405
AYQ001020C	20 瓶	500ml：500g：25g
石家庄医药		
孙平 12-09-28		**Q14-36-Q14-37**

图 4-44　整箱拣货标签

实例 2　拼箱拣货标签

好药师大药房连锁有限公司	拼1
团结新村店	
L201304243647HA	
注：	**FH06**
XSG04267688	江汉
市内配送　　2012-10-10	西
	陈红
X20-0501-X20-0502	

图 4-45　拼箱拣货标签

在接到客户订单之后经过计算机处理，拣货人员输入工号到系统中索取拣货任务，打印拣货标签，拣货标签张数一般与拣货数量一样，拣货人员根据拣货标签上的顺序拣货，对于整箱货物来说，每拣取一件货物就粘贴一张标签进行确认，直到所有标签粘贴完毕，代表该项货品已经拣选完成。但如果同一客户某一货品拣货量很大时，为节约成本，有些企业也允许只打印少数标签。而对于拆零商品由于货物品种较多、体积较小，在拣取的时候一般不贴标签，而是等待拆零商品复核装箱时，在包装箱上贴上拼箱拣货标签。

这种方式中，标签贴在物品的同时，物品与信息立即建立了一种对应关系，所以拣选的数量不会产生错误。同时，拣货人员贴好标签后，货品上有详细的送货信息，方便装车及货物交接。

由于拣货标签的成本相对较高，因此标签拣货主要应用于高单价的货品拣货，也可以应用在商店别拣货及货品别拣货上，但货品别拣货的应用例子较多，因为可以利用标签上的条码来自动分类，效率非常高。

4. 灯光显示器

在利用电子标签辅助拣选时，拣货信息是通过装在货架上的灯光显示器传递给拣货人员的。此种方式下，在接到客户订单之后经过计算机处理，利用计算机控制将订单信息传输到数字显示器内，拣货人员根据数字显示器所显示的数字拣货，拣货完成后按确认按钮即完成拣货。

图 4-46　灯光显示器

一般，显示器显示的数字信息可分为一对一及一对多两种情况。一对一指一个电子标签对应一个货位，即每个货位上都安装有电子标签，拣货人员直接根据灯光显示器上显示的数量拣取货物。一对多指一个电子标签对应多个货位，也就是同一列的几层货架共用一个电子标签，当灯光亮时，首先读取灯光显示器上的数字信息，一般前两位数字显示第几层，后几位数字显示拣货数量。拣货人员需根据拣货层数确定拣货货位再拣取相应数量的货物。

5. RF 辅助拣选

RF 拣货也是一种计算机辅助的拣货方式。这种方式下，首先将订单资料由计算机主机传输到手持终端(如图 4-47)上，拣货人员根据手持终端所指示的货位，扫描货位上的商品条码，如果条码与计算机的拣货资料一致，就会显示待拣货物的数量(如果不一致，手持终端就会发出警告声，直到找到正确的货物为止)，拣货人员再根据拣货数量拣货，拣取完成后在手持终端中点击确认，然后再进行下一个货物的拣取。直到所有货物拣取完毕，将 RF 对接到计算机主机上，信息则利用 RF 传回计算机主机，同时在库存数据库中扣除。

图 4-47　手持终端

它是一种无纸化的拣货系统，也是即时的处理系统。RF 拣货由计算机负责繁杂的拣货顺序规划与记忆，以减少寻找货品的时间，成本低且作业弹性大，但 RF 对拣货信息的显示不如电子标签直观。此种拣货方式大多应用于按单拣选和批量拣选方式中，尤其适用于货品品项很多的场合，故常被应用在多品种少批量订单的拣选上，与拣货台车搭配最为常见。

6. 自动分拣系统

自动分拣即由机械设备根据电脑指示自动完成分拣作业，如大型自动分类机、自动化立体库、旋转式货架。此种分拣方式下通常将订单录入到计算机系统中，由控制系统根据订单控制巷道堆垛机或分类机构等设备完成拣货作业。拣货信息的传递和处理基本是自动完成。

图 4-48 电脑随行拣货台车

➢企业实例

湖北九州通物流中心的拣选系统

湖北九州通物流中心建成于 2003 年 1 月，总面积 30000 平方米，其中仓储面积 17468 平方米，库存商品金额达到 5 亿～6 亿元。采用了先进的自动化分拣系统、DPS(电子标签拣选系统)、无线移动台车、复核分拣系统、条码复核系统、RFID(射频识别系统)，同时还采用了 AS/RS(立体仓库管理系统)技术。

湖北九州通物流中心以内部完善的信息系统为基础，实现了信息流、商流、物流的有效衔接，通过运用公司自主研发的 LMIS(仓储管理系统)和先进的现代物流技术，实现了商品的入库验收、储存、出库、复核、配送和全信息化管理与流水化作业，是目前整个华中地区规模最大，辐射面最广，物流信息技术最为先进的现代化医药物流中心。

➢每日一练

自己试着总结企业应如何提高拣货的效率。

分项任务小结

完成本分项任务后，请进行自我测试：

1. 提高拣货效率的途径有哪些？
2. 如何正确运用各种拣货策略？

一、核心概念

拣货　电子标签辅助分拣　自动分拣系统　自动化立体库

二、业务技能自测

(一)不定项选择题

1. 对于出货频率很高的货品一般采用什么手段进行拣货(　　)。
   A. 手工方式　　B. 搬运机械辅助
   C. 自动分拣系统　　D. 以上都可以
2. 通常对于体积小、批量小、重量在人力范围内的货品采用(　　)的方式进行拣货。
   A. 手工方式　　B. 搬运机械辅助
   C. 自动分拣系统　　D. 以上都可以
3. 按单拣取又称为(　　)。
   A. 摘果法　　B. 播种法　　C. 复合法　　D. 分货法
4. 批量拣取又称为(　　)。
   A. 摘果法　　B. 播种法　　C. 复合法　　D. 分货法
5. 将拣货区域划分为箱装区、单品区和托盘区是依据(　　)分区。
   A. 货品特征　　B. 拣货单位　　C. 拣货方式　　D. 工作分区
6. 在相同的拣货方式下,将拣货作业场地细分成不同的(　　)。
   A. 拣货单位分区　　B. 拣货方式分区
   C. 工作分区　　D. 储存分区
7. 接力式拣货就是在(　　)下的产物。
   A. 拣货单位分区　　B. 拣货方式分区
   C. 工作分区　　D. 储存分区
8. 将订单按拣货区域进行分解的过程叫作(　　)。
   A. 订单分割　　B. 订单分批　　C. 订单分配　　D. 订单分类
9. (　　)是特别适合到达时间短而平均的订单形态的订单分批策略。
   A. 综合计量分批　　B. 时窗分批
   C. 固定订单量分批　　D. 智慧分批
10. 采用批量拣货作业时,拣选完成后还要进行(　　)。
    A. 分批　　B. 分类　　C. 集中　　D. 包装
11. 拣货信息是拣货作业的原动力,主要目的是(　　)。
    A. 指示客户需求　　B. 指示拣货作业
    C. 指示配货作业　　D. 指示送货作业
12. 目前最常用的拣货指示信息来源是(　　)。
    A. 订单传票　　B. 拣货单　　C. 拣选标签　　D. 电子标签
13. 关于拣选标签拣货描述错误的是(　　)。
    A. 依据拣货顺序打印标签　　B. 订几箱货就打印几张标签

C. 拣货时将标签贴在货品上　　D. 标签贴完并不代表拣货完成

14. 关于电子标签辅助拣货描述错误的是(　　)。

A. 无纸化拣货系统　　B. 很好的人机互动

C. 电子标签有传统和纸质的两种　　D. 大大减少了"寻找货物"的时间

15. 下列拣货单位中,最大的拣货单元是(　　)。

A. 集装箱　　B. 托盘　　C. 箱　　D. 单品

16. 在以箱作为拣货单位的情况下,储存单位一般为(　　)。

A. 托盘或箱　　B. 托盘　　C. 箱　　D. 托盘、箱或单品

17. 自动导引搬运车的英文简写是(　　)。

A. AGV　　B. VAG　　C. AVG　　D. GVA

18. 如果订单批量大、货品多,可将订单分成多张拣货单采用(　　)路径进行拣货。

A. 串联　　B. 封闭　　C. 并联　　D. 开放

19. 最常见的具有装卸和搬运双重功能的机械是(　　)。

A. 货架　　B. 堆垛机　　C. 叉车　　D. 手推车

20. 订单分割一般是与(　　)策略相对应。

A. 分区　　B. 订单分批　　C. 分类　　D. 分流

(二)判断题

1. 拣货作业不仅工作量大、工艺复杂,而且要求时间短、差错低。(　　)

2. 拣货作业必须在拣货信息的指导下完成。(　　)

3. 配送中心不可以使用送货单进行拣货。(　　)

4. 复合拣取是不同于订单拣取和批量拣取的更高级的拣取方式。(　　)

5. 订单分割必然建立在订单分批的基础上。(　　)

6. 订单智慧型分批适合加急订单多的情况。(　　)

7. 拣货路径可以拣货前设计,也可以拣货后设计。(　　)

8. 标签拣选可以利用标签进行自动分类。(　　)

9. 拣货单位为托盘,储存单位必然为托盘。(　　)

10. 拣货策略包括分区、订单分批、订单分割和订单分类四个主要因素。(　　)

(三)简答题

1. 什么是拣货?

2. 画出拣货的基本作业流程图。

3. 说明拣货策略及其如何相互配合。

4. 如何选择拣货作业设备?

三、案例分析

货物分拣系统提高顶峰公司的物流速度

顶峰(Zenith)电子公司位于亨茨维尔市的160000平方米的仓库,采用自动识别技术改进货物分拣系统,从出货到装船,实现了全部自动化操作,显著改善了该公司的物流管理。这套系统在基于Unix的HP9000上运行美国ORACLE公司的数据库。服务

器由4个900MHz的NorandRF工作站组成，它连接各个基本区域，每个区域支持20个带有扫描器的手持式无线射频终端。订单从配送中心的商务系统（在另一HP9000上运行）下载到仓储管理系统（Warehouse Management System－WMS），管理系统的服务器根据订单大小、装船日期等信息对订单进行分类，实施根据订单分拣与零星两种分拣策略，并且指导分拣者选择最佳分拣路线。

1. 根据订单分拣货物

如果订单订货数量比较大，可以根据订单，一个人一次提取大量订货。货物分拣者从他们的无线射频终端进入服务器，选择订单上各种货物，系统会通过射频终端直接向货物分拣者发送货物位置信息，指导分拣者选择最优路径。货物分拣者在分拣前扫描货柜箱上的条形码标签，如果与订单相符，直接分拣。完成货物选择后，所有选择的货物经由传送设备运到打包地点。扫描货物目的地条码，对分拣出来的货物进行包装前检查，然后打印包装清单。完成包装以后，在包装箱外面打印订单号和条码（使用CODE－39条码）。包装箱在UPS航运站称重，扫描条形码订单号，并且把它加入到UPS的跟踪号和重量信息条码中，这些数据，加上目的地数据，构成跟踪记录的一部分上报到UPS。

2. 零星分拣货物

小的订单（尤其是5磅以下订货）的分拣或者单一路线货物分拣，则采用“零星分拣货物”的策略来处理。信号系统直接将订单分组派给货物分拣者，每个分拣人负责3～4个通道之间的区域。货物分拣者在他/她负责的区域内，携带取货小车进行货物分拣，取货小车上放置多个货箱，一个货箱盛入一个订单的货物。如果货架上的货物与订单相符，就把货物放进小车上的货箱，并且扫描货箱上条形码序列号。在货物包装站，打印的包装清单即包括货物条码与包装箱序列号。

新的货物分拣系统使装船准确率增长到99.9%，详细目录准确率保持在99.9%。货物分拣效率显著提高，以前，货物分拣者平均每小时分拣16次，现在是120次。由于这一系统的运用，劳动力减少到原来的1/3，从事的业务量增加了26%。尽管公司保证48小时内出货，实际上99%的UPS订货在15小时内就能完成，当日发出。

这一系统方案为顶峰电子公司遍及全美的服务区域提供了电视、录像装备，实现远程监控与订货，装船作业在接到订单24～48小时内完成，每日处理订单达到2000份。同时，应用这一系统，顶峰公司绕过了美国国内60个、国外90个中间商，把产品直接输送到个人服务中心，缩短了产品供应链，大大降低产品的销售成本，显著提高顶峰公司企业的市场竞争能力。

思考题：

1. 顶峰（Zenith）电子公司的自动识别技术改进了货物分拣系统，其特点是什么？

2. 结合本案例，写出“订单分拣货物”和“零星分拣货物”的作业流程。

3. 比较说明“订单分拣货物”模式和“零星分拣货物”模式各自的特点？

四、实训操作

实训1 电子标签拣货(摘果式和播种式比较)

情景描述

中百配送中心拆零商品拣货区采用电子标签拣货,该中心电子标签货架有两类:一类是摘果式电子标签货架(A区),另一类是播种式电子标签货架(B区)。

A区摘果式货架货位分配如下图所示。其中每个货位对应存放货品。

A001	A002	A003	A004
A005	A006	A007	A008
A009	A0010	A0011	A0012
A0013	A0014	A0015	A0016

B区播种式货架货位分配如下图所示。其中每个货位对应某一客户。

B001	B002	B003	B004
B005	B006	B007	B008
B009	B0010	B0011	B0012
B0013	B0014	B0015	B0016

某天上午,配送中心收到了三个客户的订单,要求到货时间均为当天下午,订货信息汇总如下:

表4-10 中百配送中心客户订单

客户	序号	品名	规格	单位	数量
中百关山卖场	1	妮维雅女士美白泡沫洗面奶	100g	瓶	2
	2	妮维雅男士控油洗面奶	100g	瓶	3
	3	卡尼尔奇妙美肌瑕疵即刻隐形蜜乳	22ml	支	2
	4	卡尼尔樱花嫩白精华乳	120ml	瓶	3
	5	小护士维他营养蜜	120ml	瓶	3
中百鲁巷卖场	1	卡尼尔水润凝护补水亮肤面膜	5×19ml	盒	3
	2	卡尼尔奇妙美肌瑕疵即刻隐形蜜乳	22ml	支	2
	3	卡尼尔樱花嫩白精华乳	120ml	瓶	3
	4	小护士维他营养蜜	120ml	瓶	4
	5	妮维雅女士美白泡沫洗面奶	100g	瓶	3

续表

客户	序号	品名	规格	单位	数量
中百紫薇星卖场	1	小护士 清泽保湿水润净透洗面奶	100ml	支	2
	2	小护士 8 杯水苹果滋润淡斑面膜	30g	袋	2
	3	小护士维他营养倍润防裂护手霜	50g	支	3
	4	小护士清泽保湿水感晶透凝露	50ml	盒	3

电子标签拣货系统中，各商品储存于 A 区，其库存情况如下表所示：

表 4-11　A 区商品库存情况表

序号	品名	规格	单位	库存数量	储位号
1	妮维雅女士美白泡沫洗面奶	100g	瓶	100	A001
2	妮维雅男士控油洗面奶	100g	瓶	100	A002
3	卡尼尔奇妙美肌瑕疵即刻隐形蜜乳	22ml	支	100	A004
4	卡尼尔樱花嫩白精华乳	120ml	瓶	100	A005
5	小护士维他营养蜜	120ml	瓶	100	A006
6	卡尼尔水润凝护补水亮肤面膜	5×19ml	盒	100	A008
7	小护士 清泽保湿水润净透洗面奶	100ml	支	100	A009
8	小护士 8 杯水苹果滋润淡斑面膜	30g	袋	100	A013
9	小护士维他营养倍润防裂护手霜	50g	支	100	A014
10	小护士清泽保湿水感晶透凝露	50ml	盒	100	A016

订单中三客户在系统中对应 B 区的以下货位：

表 4-12　B 区客户对应货位表

中百关山卖场	B009
中百鲁巷卖场	B010
中百紫薇星卖场	B011

[实训目标]根据所给拣货任务完成摘果式和播种式电子标签拣选任务。

[实训条件]实训室配备摘果式和播种式电子标签拣货系统，并存放相应商品、周转箱、手推车。

[实训组织]学生每 4 人分为一组，根据所给订单信息选择相应的拣货方法，将订单录入到计算机系统，并跟随灯光显示完成相应的拣货任务。

[实训提示]分析顾客订单→选择适当的拣货方式→进入系统中录入摘果式拣货单→启动电子标签→完成摘果式电子标签拣取→进入系统录入播种式拣货单→扫描商品条码→完成电子标签播种→对拣选货物进行分类集中。

[**实训成果**]每组学生在实训完成后，分小组进行汇报，结合相关理论知识阐述本组所选择拣货方式，比较摘果法和播种法作业过程的异同，总结两种方法的适用范围。

实训2　拣货作业优化

情景描述

中百配送中心存储区布局如下图：

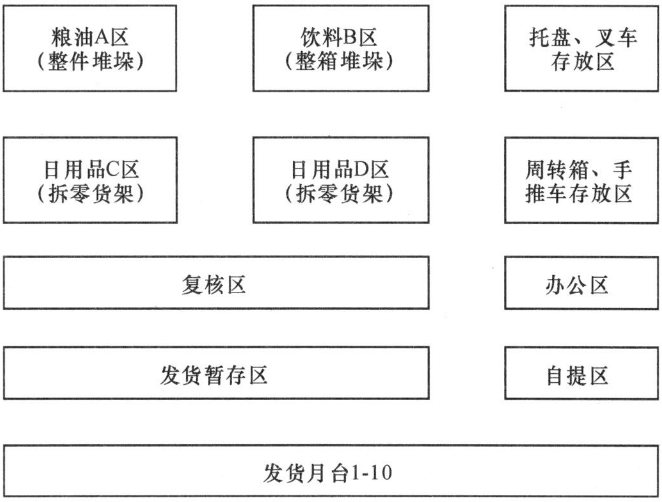

图4-49　中百配送中心存储区布局图

其中粮油A区和饮料B区货物以堆垛方式储存，A、B区货位俯视图如下：

A0101	A0202	A0303	A0404
A0201	A0202	A0203	A0204

B0101	B0202	B0303	B0404
B0201	B0202	B0203	B0204

图4-50　中百配送中心A、B区货位俯视图

日用品C、D区货物是以货架形式储存的拆零日用品，C、D区货架俯视图如下：

C01	C03
C02	C04

D01	D03
D02	D04

图4-51　中百配送中心C、D区货架俯视图

C01号货架货位设置如下，C区和D区其他各组货架的货位设置依此类推。

C010104	C010204	C010304	C010404
C010103	C010203	C010303	C010403
C010102	C010202	C010302	C010402
C010101	C010201	C010301	C010401

图4-52　中百配送中心C01号货架货位设置图

某天上午该配送中心收到了三个门店的订单，订单内容如下：

表 4-13 订购单 1

订单编号：20＊＊0309001　　20＊＊年 03 月 09 日

客户名称		中百鲁巷卖场		联系人		赵雨	
客户地址		武汉市鲁磨路 110 号		联系电话		027-87996234	
客户代码		Zblx		传真号		027-87996234	
序号	货品代码	货品名称	规格	单位	数量	单价	合计
1	Qdpj	青岛啤酒	250ml	箱	20	20.00	400.00
2	Ylnl	伊利牛奶	250ml	箱	20	25.00	500.00
3	JJSyg	佳洁士牙膏	300g	盒	4	5.00	20.00
4	Gljyg	高露洁牙膏	300g	盒	5	6.00	30.00
5	Hryg	黑人牙膏	300g	盒	2	5.00	10.00
6	Xslxfl	夏士莲洗发露	500ml	瓶	5	25.00	125.00
7	Slxfl	舒蕾洗发露	500ml	瓶	2	30.00	60.00
交货方式		送货上门					
交货日期		20＊＊-3-12					
交货地点		鲁巷卖场仓库					
交易条款：货到付款，须附发票。							
注意事项：货物如果在运输过程中有污损、受潮或与订单不符等情况，拒收。							

注：本单一式两联　核准：＊＊　　审核：＊＊　　经办：＊＊

表 4-14 订购单 2

订单编号：20＊＊0309002　　20＊＊年 03 月 09 日

客户名称		中百紫薇星卖场		联系人		王伟	
客户地址		武汉光谷大道 213 号		联系电话		027-87996723	
客户代码		Zbzwx		传真号		027-87996723	
序号	货品代码	货品名称	规格	单位	数量	单价	合计
1	Qdpj	青岛啤酒	250ml	箱	20	20.00	400.00
序号	货品代码	货品名称	规格	单位	数量	单价	合计
2	Ylnl	伊利牛奶	250ml	箱	20	25.00	500.00
3	Gljyg	高露洁牙膏	300g	盒	4	6.00	24.00
4	Hryg	黑人牙膏	300g	盒	3	5.00	15.00
5	Xslxfl	夏士莲洗发露	500ml	瓶	5	25.00	125.00
交货方式		送货上门					

续表

交货日期	20＊＊-3-13
交货地点	关山卖场仓库
交易条款：货到付款，须附发票。	
注意事项：货物如果在运输过程中有污损、受潮或与订单不符等情况，拒收。	

表 4-15 订购单 3

订单编号：20＊＊0309002　　20＊＊年 03 月 09 日

客户名称		中百关山卖场		联系人		刘极	
客户地址		武汉关山大道 211 号		联系电话		027-87996823	
客户代码		Zbgs		传真号		027-87996823	
序号	货品代码	货品名称	规格	单位	数量	单价	合计
1	Jsdm	京山大米	10kg	袋	3	60.00	180.00
2	Dbdm	东北大米	10kg	袋	4	66.00	264.00
交货方式		送货上门					
交货日期		20＊＊-3-13					
交货地点		关山卖场仓库					
交易条款：货到付款，须附发票。							
注意事项：货物如果在运输过程中有污损、受潮或与订单不符等情况，拒收。							

库存查询结果显示，所有订购货物库存充足，且储位号如下：

表 4-16 订购商品储位号一览表

货品名称规格	储位号	货品名称规格	储位号
京山大米 10kg	A0202	佳洁士牙膏 300g	C010202
东北大米 10kg	A0103	高露洁牙膏 300g	C010401
青岛啤酒 250ml	B0102	夏士莲洗发露 500ml	C030401
伊利牛奶 250ml	B0304	舒蕾洗发露 500ml	C020301
黑人牙膏 300g	C010302		

[实训目标]让学生理解拣货作业的内容和步骤，掌握拣货作业的方法、策略和操作技能，能根据订单特性及配送中心的资源情况，制定适宜的拣货策略，低成本、高效率地完成拣选任务。

[实训条件]实训室货架按照情景资料中货架进行布局并放置相应货物，并配备托盘、叉车、手推车、周转箱、电脑、条码机、纸质单据等。

[实训组织]学生每 4～5 人分为一组，根据订单及配送中心的情况，拟定拣货方案

(选择拣货策略、拣货方法、拣货路径、安排拣货人员),并分小组执行相应方案,完成拣货。

[实训提示]整理分析顾客订单→选择适当的拣货方式→选择拣货策略→根据货物在拣货区的位置,设计拣货路径→制作拣货单→根据拣货单完成拣货作业→根据订单,对拣选货物进行分类集中。

[实训成果]每组学生在实训完成后,分小组进行汇报,结合相关理论知识阐述本组所选择拣货方式、拣货策略、拣货路径、人员分工以及拣货过程的组织和实施情况,比较各组的拣货任务完成情况,对拣货效率高、成本低、正确率高的小组给予奖励。

任务5

补货作业

知识目标

通过完成本任务,你应该能够:

1. 描述补货作业各环节。
2. 掌握补货作业的方式和时机。
3. 叙述补货的作业流程。

技能目标

1. 能选择合适的补货时机和方式。
2. 能熟练、安全地完成补货任务。

任务导入

尊敬的读者:上一章我们已经学习了配送中心分拣配货作业,接下来我们将学习配送中心的补货环节。在学习本章内容之前,大家不妨思考几个问题:什么是补货作业?补拣作业的流程是怎样的?补货作业的方式有哪些?应选择什么时机补货?补货时我们应该注意些什么?

为了详细地了解上述问题,使大家对配送的补货作业环节有详细地了解,请尝试完成本任务:补货作业。

我们又将本任务分为两个分项任务:

分项任务1:补货作业认知。

分项任务2:补货作业管理。

你可以对照能力目标,反复演练,有的放矢地依次完成各分项任务,直至完成本任务,为早日胜任补货作业相关岗位做好准备。

任务实施

一、补货作业认知

➢任务提示

本分项任务将引领你理解补货的定义,掌握补货作业流程及相应的岗位职责!

➢任务先行

什么是补货?补货的方式有哪些?由谁来完成补货?要了解这些问题,请往下看!

(一)什么是补货?

补货作业是将货物从仓库保管区域搬运到拣货区的工作,其目的是确保商品能保质保量按时送到指定的拣货区。

补货作业的目的是为了将正确的货物在正确的时间、正确的地点,以正确的数量和最有效的方式送到指定的拣货区,保证拣货区随时有货可拣,是保证充足货源的基础,能够及时满足客户订货的需要,以提高拣货的效率。补货通常是以托盘为单位,从货物保管区将货品移到拣货区的作业过程。

重要知识 5-1

补货的定义

《物流中心作业通用规范》(GB/T 22126-2008)详细指出，补货是指配送中心拣货区的存货低于设定标准的情况下，将货物从仓库保管区域搬运到拣货区的作业活动。

(二)掌握补货作业方式

与拣货作业息息相关的即是补货问题。补货作业一定须小心地计划，不仅为了确保存量，也要将其安置于方便存取的位置。下面即针对一般拣货安排指出一些可能的补货方式。

1. 整箱补货

由货架保管区补货至流动棚架的动管区。整箱补货图示如图 5-1 所示。

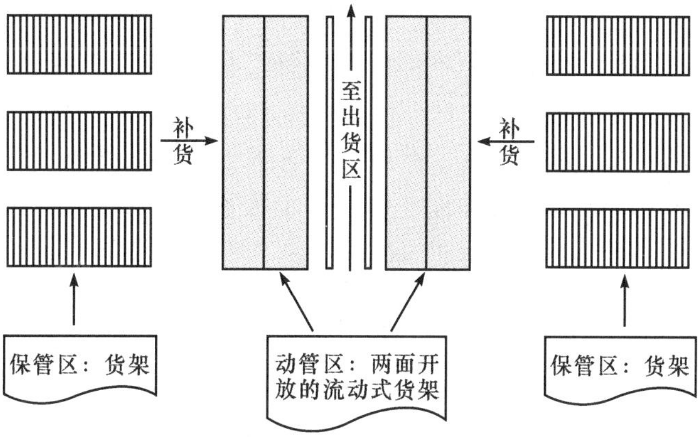

图 5-1 整箱补货

此补货方式保管区为货架储放，动管拣货区为两面开放式的流动棚，拣货时拣货员于流动棚拣取区拣取单品放入浅箱(篮)中，而后放至于输送机运至出货区。而当拣取后发觉动管区的存货已低于水准之下则要进行补货的动作。其补货方式为作业员至货架保管区取货箱，以手推车载箱至拣货区，由流动棚架之后方(非拣取面)补货。

适合的货品：体积小且小批量、多品种出货的货品。

2. 托盘补货

(1)由地板堆叠保管区补货至地板堆叠动管区

此补货方式保管区为以托盘为单位地板平置堆叠储放，动管区亦为以托盘为单位地板平置堆叠储放，所不同之处在于保管区之面积较大，储放货品量较多，而动管区之面积较小，储放货品量较少。拣取时拣货员于拣取区拣取托盘上的货箱，放至中央输送机出货；或者，可使用堆高机将托盘整个送至出货区(当拣取大量品项时)。而当拣取后发觉动管拣取区的存货低于水准之下，则要进行补货动作，其补货方式为：作业员以堆高机由托盘平置堆叠的保管区搬运栈板至同样是托盘平置堆叠之拣货动管区。这种补货方式如图 5-2 所示。

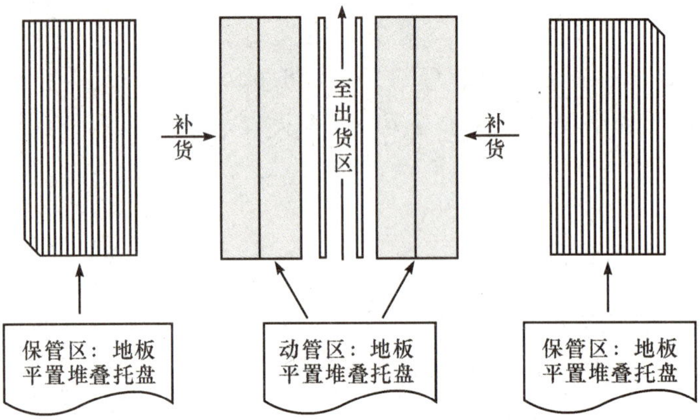

图 5-2　托盘补货——由地板堆叠保管区补货至地板堆叠动管区

适合的货品：体积大或出货量多的货品。

(2)由地板堆叠保管区补货至托盘货架动管区

此补货方式保管区为以托盘为单位地板平置堆叠储放，动管区则为托盘货架储放。拣取时拣货员在拣取区搭乘牵引车(walkie tractors)拉着推车移动拣货，拣取后再将推车送至输送机轨道出货。而一旦发觉拣取后动管区的库存太低，则要进行补货动作，其补货方式为作业员使用堆高机很快地至地板平置堆叠的保管区搬回托盘，送至动管区栈托盘货架上储放。此补货方式如图 5-3 所示。

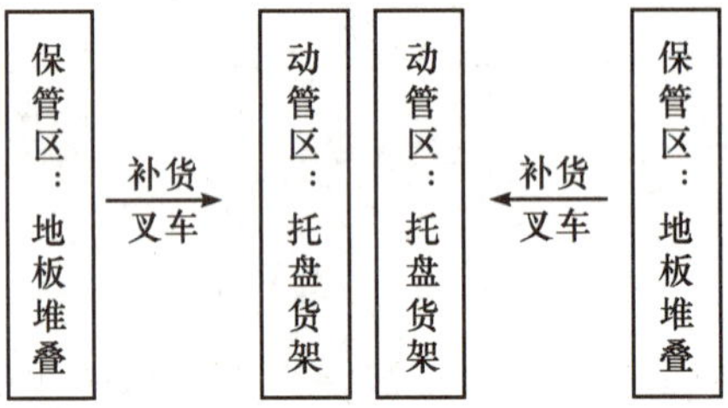

图 5-3　托盘补货——由地板堆叠保管区补货至托盘料架动管区

适合的货品：体积中等或中量(以箱为单位)出货的货品。

3. 货架上层至货架下层的补货方式

此补货方式为保管区与动管区属于同一货架，也就是将一货架上的两手方便取之处(中下层)作为动管区，不容易取之处(上层)作为保管区。而进货时便将动管区放不下之多余货箱放至上层保管区。对动管拣取区的货品进行拣货，而当动管区的存货量低于水准之下则可利用堆高机将上层保管区的货品搬至下层动管区补货。此补货方式如图 5-4 所示。

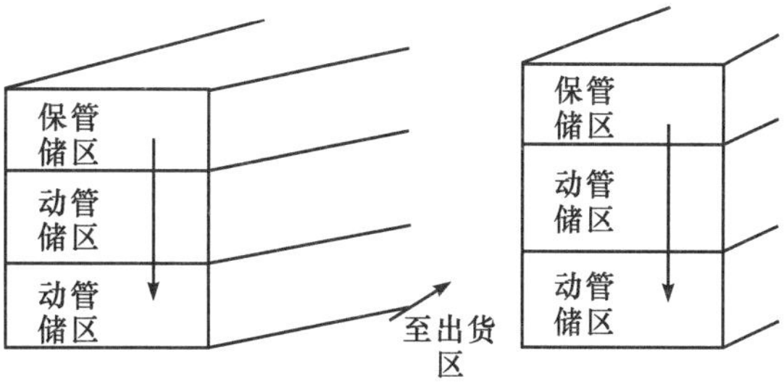

图 5-4 货架上层至货架下层的补货方式

适合的货品:体积不大,每品项存货量不高,且出货多属中小量(以箱为单位)的货品。

(三)补货时机

补货作业的发生与否应视动管拣货区的货量是否符合需求,因而究竟何时需检查动管区存量,何时需将保管区的货补至动管区,以避免拣货中途才发觉动管区的货量不够,还要临时补货影响整个出货时间的情形。补货时机主要有以下几种:

1. 批次补货

每天由计算机计算所需货物的总拣取量和查询动管区存货量后得出补货数量,从而在拣货之前一次性补足,以满足全天拣货量。这种一次补足的补货原则,较适合一日内作业量变化不大、紧急插单不多或是每批次拣取量大的情况。

2. 定时补货

把每天划分为几个时点,补货人员在时段内检查动管拣货区货架上的货品存量,若不足则及时补货。这种方式适合分批拣货时间固定且紧急处理较多的配送中心。

3. 随机补货

指定专门的补货人员,随时巡视动管拣货区的货品存量,发现不足则随时补货。这种方式较适合每批次拣取量不大、紧急插单多以至于一日内作业量不易事先掌握的情况。

➢企业实例

沃尔玛的自动补货系统

已故的苹果公司创始人乔布斯曾经这样说过(坊间传言):如果世界上只剩下两家企业,其中一家一定是沃尔玛(另一家据说是戴尔)。虽然可能是玩笑话,但这无疑也反映了沃尔玛在人们心中的地位。作为连续三年蝉联世界500强企业之冠的零售业巨头,沃尔玛的成功有着多方面原因,其中至关重要的一环就是其对信息技术的成熟运用,据说沃尔玛的电脑系统仅次于美国军方电脑系统,比微软总部的服务器还多,而其中的精髓就是沃尔玛的管理信息系统。

沃尔玛的管理信息系统包括很多个组成部分,比如自动补货系统(AR—Automatic Replenishment)、销售时点数据系统(Point of Sale, POS)、电子自动订货系统(EOS—

Electronic Ordering System)、快速反应系统(QR—Quick Response)等等，这里就简单说说其中的自动补货系统。

"巧妇难为无米之炊"，商品之于商店，就如水之于河，尤其对于沃尔玛这样的巨人级商店，货物数量是否充足、种类是否齐全、是否投顾客所好，就显得尤为重要，而对货物的及时而有计划的补充，就是由此衍生出的一个关键性问题。在这一点上，沃尔玛的自动补货系统走在了同行的前列。

沃尔玛的自动补货系统是连续补货系统(Continuous Replenishment ,CR)的延伸，即供应商预测未来商品需求，负起零售商补货的责任，在供应链中，各成员互享信息，维持长久稳定的战略合作伙伴关系。

自动补货系统能使供应商对其所供应的所有分门别类的货物及在其销售点的库存情况了如指掌，从而自动跟踪补充各个销售点的货源，使供应商提高了供货的灵活性和预见性，即由供应商管理零售库存，并承担零售店里的全部产品的定位责任，使零售商大大降低零售成本。

一种商品一旦被大量采购，就会促使该商品的制造商大量生产此种商品，也会使该商品在供应链中快速流动起来。随着供应链管理的进一步完善，补货到零售店的责任，如今已从零售商转到了批发商或制造商的身上。对于制造商和供应商来说，掌握了零售店的销售量和库存，可以更好安排生产计划、采购计划和供货计划，这是一个互助的商业生态系统。

从库存管理角度看，在库存系统中，订货点与最低库存之差主要取决于从订货到交货的时间、产品周转时间、产品价格、供销变化及其他变量。订货点与最低库存之差保持一定的距离，是为了防止产品脱销等不确定性情况的出现。为了快速反应客户"降低库存"的要求，供应商通过与零售商缔结伙伴关系，主动向零售商频繁交货，并缩短从订货到交货之间的时间间隔。这样就可以降低整个货物补充过程(从工厂到门店)的存货，尽量切合客户的要求，同时减轻存货和生产波动。

自动补货系统的成功关键在于，在信息系统开放的环境中，供应商和零售商之间通过库存报告、销售预测报告和订购单报文等有关商业信息的最新数据实时交换，使得供应商从过去的单纯执行零售商订购任务转而主动为零售商分担补充库存的责任，以最高效率补充销售点或仓库的货物库存。

为了确保数据能够通过EDI在供应链中畅通无阻地流动，所有以参与方(供应链上的所有节点企业)都必须使用同一个通用的编码系统来识别产品、服务及位置，这些编码是确保自动补货系统实施的唯一解决方案。而之前的条形码技术正是这套解决方案的中心基础。

要使连续补货有效率，货物的数量还需要大到有运输规模经济效益才行，而沃尔玛的销售规模足以支撑连续补货系统的使用。

沃尔玛成功地应用自动补货系统后，有效地减少了门店的库存量，并提高了门店的服务质量，不仅降低了物流成本，还增加了存货的流通速度，大大地提高了沃尔玛供应链的经济效益和作业效率，为稳定沃尔玛的顾客忠诚度做出了杰出的贡献。

(四)补货作业流程

补货作业的流程如图5-5所示。

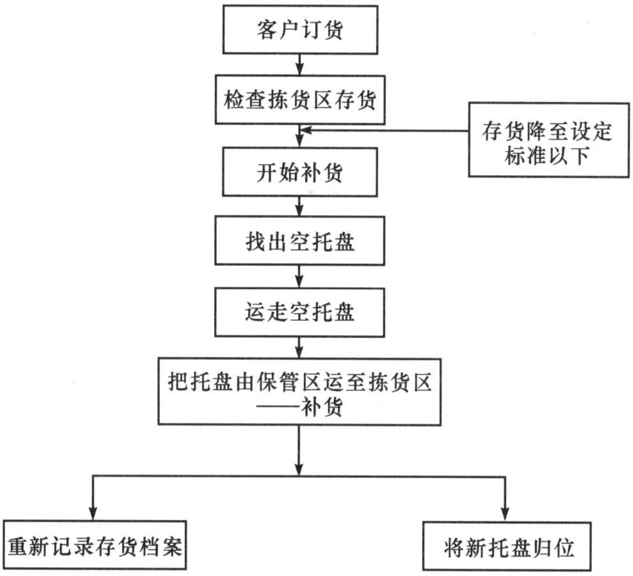

图5-5 补货作业流程图

阅读与思考5-1

某连锁配送中心的补货流程

1. 订单处理部门在一天的作业完成后，系统自动产生满足“拣货位最大容量”的补货单，将拣位全部补满，以满足第二天的拣货工作。

2. 工作日中，系统按照店铺订单和送货分组分批产生补货单。当每个单品拣货位存货量达到最低时，补货单将要求补货到拣货位的最大容量。

3. WMS系统打印补货清单。

4. 仓库管理人员向叉车员分发补货单。

5. 叉车补货员按清单顺序补货，补货差异或未补商品记录在补货单上，交核查部门核对。

6. 实际补货情况交文员录入系统，并确认补货单。

7. 补货完成。

请思考：该配送中心的补货流程是怎样的？涉及哪些岗位？

➢每日一练

自己试着和同学一起交流，如何完成补货任务？

分项任务小结

完成本分项任务后，请进行自我测试：你是否已理解补货的定义、补货方式、补货时机、补货作业流程及岗位职责？

二、补货作业管理

➢任务提示

本分项任务将引领你顺利完成补货任务并提高补货作业效率！

➢任务先行

完成以上任务，我们已经初步了解补货的基本知识，基本能胜任补货员及相关岗位的工作。接下来，我们将学习补货作业管理的内容，继而能进一步胜任补货管理人员的岗位。

补货作业管理的最终目标是：提高补货的效率，保证有货可拣。

(一)怎样做到及时补货

1. 不能断货、缺货。

2. 进货要求为进货数不能高于月销量，指定的供货商以最低价格补货。

3. 以销定补。怎么补货、补多少才能使拣选区的存货数量保持在某一水平而不会断货和缺货，以满足销售所需，是要以销售数据作为依据的。因此正确及时统计某一货品的单位时间内的销售数据至关重要。

4. 出现紧急插单或突发情况，要有应急补货措施。

(二)怎样安排补货的流程比较快捷

1. 补货时应该严格执行“先进先出”，理货优先于补货。

2. 补货时须做到“货在人在”、“人走货清”。未经主管同意，不得任意占用缺货位置。

3. 使用叉车、拖车、梯子等工具补货时，应正确、熟练地使用，并注意人身和货品的安全。

(三)补货单

每次补货的情况及出现的问题、差异都要记录在补货单上，交相关部门核查存档，据此发现问题，并解决问题。补货单样式如表 5-1 所示。

表5-1　补货单

货品类别			补货日期/时间			本单编号：		
项次	品名	单位	货品代码	源储位	目的储位	最低/最高存货量	补货量	实际补货量

(四)补货作业注意事项

1.取货注意事项

(1)核对取货位、货品代码,名称。

(2)发现包装损坏,内装不符、数量不对,应及时反馈给信息员处理。

(3)维护好周转区的货品。

(4)按规定动作开箱。

(5)轻拿轻放,取货完成后整理货位上的货品。

(6)作业标准及时、准确。

2.补货上架注意事项

(1)从周转区的取货品时核对取货位、货品代码,名称。

(2)一种货品对应一个拣货位。

(3)尽量全部补到拣货位上。

(4)把货品整齐放到拣货位上。

3.其他注意事项

(1)主动补货。

(2)及时查询,及时补充。

(3)结束后清洁卫生。

(4)作业标准及时、准确。

➢企业实例

智能补货

A公司是国内一家著名的大型连锁超市,在全国各大城市有不少门店。A公司多年前花费巨资建设的以POS管理系统为中心的信息系统在公司规模扩展的过程中发挥了重要作用。但最近,问题出现了……

由于意识到信息化的重要性，A公司多年前就花费巨资在所有连锁销售门店大规模建设了以POS管理系统为中心的信息系统。近年来，随着各国零售巨头纷纷在国内开展大型超市业务，A公司面临巨大的市场竞争压力。

仅有POS系统太局限

随着市场竞争的加剧，以POS管理系统为中心的信息系统，虽然具备了进销存管理的功能，但应用范围仅局限于企业的内部，不能和供应商之间共享信息。信息系统内部大量的商业数据没有得到有效应用，有价值的信息不能及时传递给供应商，形成一个个信息孤岛。公司内部信息系统的功能远远没有发挥出来。

以前，A公司订货补货采取的是传统的电话传真方式，费用高、效率低。这种方法采用人工手段传递信息，使信息传递的速度很慢，过程很长，有时会出现人为的信息“贪污”的情况，满足不了企业规模发展和外部市场竞争的需要。此外，订货的过程中打印的单据太多，非常浪费。而与供应商的电话和传真的沟通成本也非常高，订单流转不畅。随着A公司规模的扩大，门店越来越多，而且分布分散，内部沟通不畅、人员工作效率低下；物流周转慢，供应商、客户、员工，怨声载道……这一系列问题严重地影响了A公司的发展。

A公司的高层逐渐地认识到必须改变现有的经营模式才能突破窘境。然而，现有信息系统已经不能满足公司的发展和市场竞争的需要。为了适应新模式的改变，支撑新的业务模式，公司决定改造现有系统，建立和供应商的信息共享机制。智能补货系统就成为此次系统改造的重点。

实时共享 补货任务前移

智能补货系统的基本思想是在销售门店和供应商及配送中心之间，通过无线网络建立实时的库存信息共享机制。当销售门店的商品库存低于最低库存量时，立即自动向供应商或配送中心发出订货补货信息。

智能补货系统改变了A公司的现有补货模式，能够解决诸多难题。首先，通过快速的消费者需求响应、信息的实时传递和实时处理，改变了以前的工作模式。通过连续性的补货方法，降低库存量，从而彻底解决A公司以前高库存和高缺货率的难题，使原有的信息系统的大量数据得到应用。智能补货系统使得各成员在供应链中互享信息，维持长久稳定的战略合作伙伴关系。

同时，智能补货系统能够帮助供应商更好地安排计划，使供应商对其所供应的所有门类的货物及在其销售门店的库存情况了如指掌，从而自动跟踪补充各个销售门店的货源，提高了供应商供货的灵活性和预见性。

智能补货系统使得A公司和供应商之间建立起一种良好的互动关系，形成互助的商业生态系统。一种商品一旦被大量采购，就会促使该商品的制造商大量生产此种商品，也会使该商品在供应链中快速流动起来。随着供应链管理的进一步完善，补货到销售门店的责任如今已从A公司逐步转移到了供应商的身上。对于供应商来说，掌握了销售门店的销售量和库存，可以更好地安排生产计划、采购计划和供货计划，这是一个互助的商业生态系统。

管理专家说过，库存是万恶之首，因为库存占用了大量的流动资金，影响着企业的资金运转效率，掩盖了企业的隐患。智能补货系统能够降低从供应商到A公司的整个供应链库存。从库存管理角度看，在库存系统中，订货点与最低库存之差主要取决于订货到交货的时间，产品周转的时间，产品价格、供销变化及其他变量。订货点与最低库存之差保持一定的距离是为了防止产品脱销等不确定性情况的出现。

为了快速反应客户降低库存的要求，供应商通过与A公司缔结伙伴关系，主动向A公司频繁交货，并缩短从订货到交货之间的时间间隔。这样就可以降低整个货物补充过程（从工厂到门店）的存货，尽量切合客户的要求，同时减少存货和生产波动。

系统实施五项注意

1.开放的共享系统

信息系统要求开放的环境。供应商和A公司各门店之间通过库存报告、销售预测报告和订购单报文等有关商业信息的最新数据实时交换，使其从过去的单纯执行A公司的销售订购任务转而主动为A公司分担补充库存的责任，以最高效率补充销售门店或配送中心的货物库存。

2. 零售商和供应商同步实施

智能补货系统旨在解决A公司和供应商之间的数据共享问题。因此，智能补货系统实施很关键的一点是供应商必须同步和A公司实现智能补货系统，进行数据对接和共享。单方面的实施系统，是没有丝毫价值的。

3.商品编码统一

为了确保数据能够在供应链中畅通无阻地流动，供应商和A公司都必须使用同一个通用的编码系统来识别产品、服务及位置，这些编码是确保智能补货系统实施的唯一解决方案。而条形码技术正是智能补货系统的中心基础。

4.规模经济效应

要使连续补货有效率，货物的数量需要大到有运输规模经济效益才行，零售门店的销售规模要足以支撑智能系统的使用。

5.智能补货和人工决策的配合

通常的补货程序是系统自动提出采购预测，管理者再结合经验做出采购订单决定。在供应链管理中，采购预测是影响整个供应链的关键环节，预测的准确性将影响其他各个环节的效率，对成本高低产生直接影响。但是，不能完全依赖智能补货系统的自动预测，还需要考虑其他的因素，与人工决策相配合。管理者对于系统自动提出的补货采购预测，要同时参考其他因素，如季节的变化、促销计划、社会上的大型活动以及整个供应链各个环节的负荷能力等，结合经验做出最后决定。

A公司智能补货系统的成功上线，使供应商共享销售门店的库存信息，把采购补货功能部分交给供应商来做。这样既减少了销售门店库存和资金的占用，同时也使供应商加快了对消费者的响应速度，降低了生产的盲目性，减少了产品的积压，提高了经济效益。

➢每日一练

自己试着总结企业应如何提高补货的效率。

分项任务小结

完成本分项任务后,请进行自我测试:

1. 怎样做到及时补货?

2. 补货作业时应注意些什么?

一、核心概念

补货　批次补货　定时补货　随机补货

二、业务技能自测

(一)不定项选择题

1. 补货作业过程中的取货注意事项包括(　　)

A. 取货时要仔细核对取货位、货品代码、名称等信息

B. 在补货时,如发现包装损坏、内装与名称不符、数量不对时,应及时反映给信息处理员

C. 补货员要维护好周转区货品

D. 补货员补货时要按规定动作开箱,以免划坏物品,补货员取货要轻拿轻放

E. 取货完成后要整理货位上的货品

2. 补货标签一般包括的货品信息有(　　)

A. 补货的取货位　　B. 目标货位

C. 货品代码　　D. 货品名称

E. 货品价格

(二)判断题

1. 补货作业是将货物从仓库拣货区域搬运到保管区的工作,其目的是确保商品能保质保量按时送到指定的拣货区。(　　)

2. 补货的方式有整箱补货、托盘补货、货架下层至货架上层三种补货方式。(　　)

3. 批次补货就是把每天划分为几个时点,补货人员在时段内检查动管拣货区货架上的货品存量,若不足则及时补货。(　　)

4. 随机补货适合一日内作业量变化不大、紧急插单不多或是每批次拣取量大的情况。(　　)

(三)简答题

1. 什么是补货?

2. 补货作业主要采用哪几种方式?补货时机如何选择?

3. 能叙述补货的流程?

三、案例分析

ZARA 快速补货流程及其 IT 支撑分析

众所周知,西班牙知名服装品牌 ZARA 以快速反应著称于流行服饰业界,其成功与创新的模式不仅成为业界的标杆,更成为欧美商学院著名的教学个案。

ZARA 成立于 1985 年,2004 年度全球营业收入 46 亿欧元,利润 4.4 亿欧元,获利率 9.7%,比美国第一大服饰连锁品牌 GAP 的 6.4%还要出色。

在 2003 年的时候,ZARA 公司是全球唯一的一家可以在 15 天内将生产好的服装配送到全球 40 个国家的 736 家连锁店的时装公司。它之所以能做到这一点的主要原因就在于,该公司采取的是不同于常规的管理、设计思路,有一个独特的生产设计、订单管理、生产、配送和销售的系统。

ZARA 在全球 40 多个国家拥有 736 家直销专卖店,并正以每周一家新店的速度向全球扩张。ZARA 每年提供 12000 种不同的产品供顾客选择,从设计理念到成品上架仅需 10 几天,其背后制胜关键因素秘诀何在?新时代创新思维的管理营运模式,如何创造 ZARA 霸业的崛起?服饰产业应如何应对瞬息万变的市场变化?

一、ZARA 灵活、高效的组织结构是快速补货流程实现的基础。

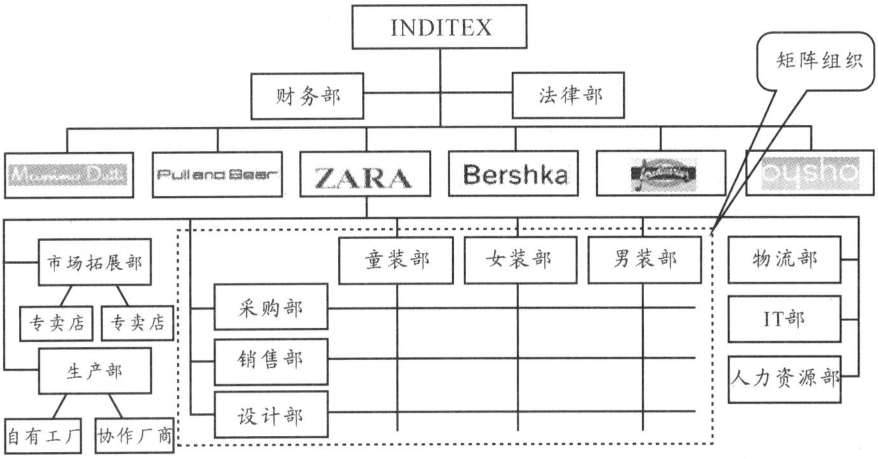

图 5-6 ZARA 在所处的组织结构图中的位置

Inditex 是一家多品牌、纵向一体化的全球范围的时装零售商。这六个品牌都独立经营,有各自独立的零售店、采购渠道、仓储和配送体系以及分包和组织结构。尽管这些品牌只在法律、财务等方面共享一些共同的东西,但它们都奉行"以可承受的价格提供时尚"的宗旨,都强调精良的品质,并在采购、生产和配送等方面采用类似的管理模式,都重视零售店在整个产销过程中的重要作用以便以最快的速度回应市场需求。

二、ZARA 的快速补货流程。

1. 快速补货是 ZARA 的核心竞争力

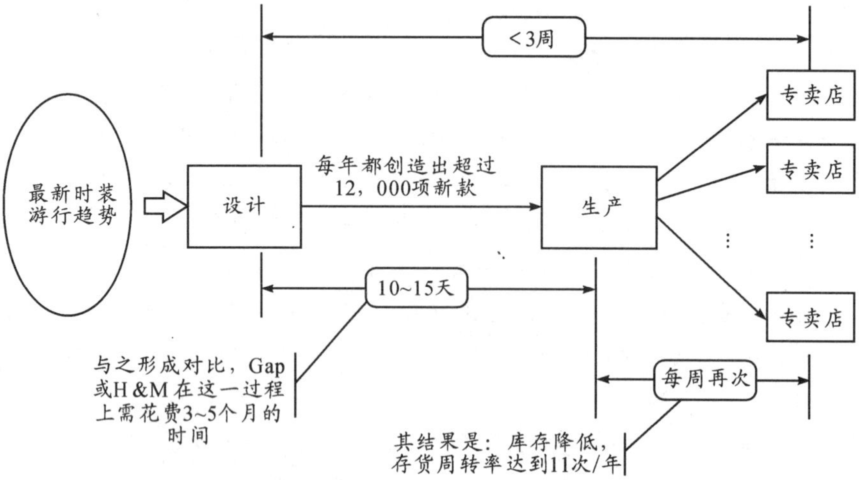

图 5-7　ZARA 的快速供应体系

形成了今天一件产品从设计开始到选料、染整、剪裁、针缝、整烫、运送乃至成品上架最长只需 3 周的快速供应体系。

2."产销研"协同是快速补货流程的核心

整个业务流程包括：产品开发、生产制造、物流配送和专卖店直销。在产品开发和生产制造的过程中，时间成本是 10～15 天。而物流配送和专卖店直销每周至少进行 2 次。这样，从产品开发到专卖店直销这整个过程的时间成本不小于 3 周。

分别来看这个四个部分的关键点：

(1)"三位一体"的产品设计

准：收集市场需求信息确保产品的时尚。

省："按需设计"的设计模式节约了大量的产品导入时间和降低了产品风险。

快：设计师、市场专家和采购专家联合组成"商务团队"新产品开发模式。

多：通过组合而不是设计产品，每年推出 12000 多款新品。

(2)"垂直整合"的协作生产

20 多家自有工厂和大量的先进生产设备随需应变。

260 多家原材料供应商保障了原材料的稳定、快速、低价供应。

400 多家协作厂商几乎只为 ZARA 提供服务。

大量的、烦琐的缝制工作外包为快速响应市场赢得了宝贵的时间。

半成品生产标准化缩短了产品生产周期。

(3)"掌控最后一公里"的物流

工厂与超大型、自动化程度高的物流配送中心直接相连。

2 家大型物流中心都在交通发达的地区。

陆空联运的陪送模式。

专卖店所在地区高效的第三方物流服务供应商。

货物到达专卖店之后就可以直接上架销售。

将库存分散在物流过程中。

(4)"一站式"的购物环境

超大型专卖店为客户提供了一站式购物的场所。

强调整体搭配、整体出售的促销策略。

人为地造成缺货来促销。

一周至少两次的新货上市。

每年只有两次的折扣处理活动。

目标客户买得起的时尚。

以快速销售来促进快速进货的运作模式。

①其中,"三位一体"的产品设计是快速补货流程的原动力。

产品开发过程的时间成本的计算公式为:260人×54周×(1～2)款/周/人=12000多款/年。

产品开发包括以下内容:

信息收集就是由大量的时尚观察员分布在酒吧等时尚场所,出席各顶尖品牌的发布会,搜集最新时尚信息,及时向总部汇报。其次,专卖店及时反馈销售报告及顾客需求的信息。

产品设计是由设计师根据总部数据库中收集的信息进行分析、整理和归类,然后手绘出设计草图。

产品讨论是和其他设计师、"市场专家"以及"进货专家"组成商务团队一起就草图进行讨论,让所有产品都能在总体上保持"ZARA风格"。

产品确定是在达成共识后,设计师将使用电脑软件画出准确的图,同时对设计方案进行修改、完善和细化,尤其是确定织物品种、编织方法和颜色等。

交付生产是"商务团队"根据数据库中的信息共同确定什么时候投入生产,使用什么面料、什么颜色、生产多少、成本与售价等具体的要求,并将这些要求交付给生产部门。

②"垂直整合"的协作生产模式是快速补货流程的支撑力。

前面提到过生产制造的时间成本是10～15天,其包括了面料选择、染整和剪裁、针缝和整烫、贴标价牌和最后的打包入库。在产品设计过程中,商务团队就已经根据数据库中的信息确定了面料的材质,缩减了等待面料的时间。生产过程中只需要直接到仓库中领用面料即可。根据产品设计要求在自己高度自动化的剪裁设备上剪裁,并且衣服上的小装饰品在ZARA的仓库中是现成的,制成样品只需要很少的时间。裁剪好的布料被运送到由400多家小型工厂进行缝合,小工厂快速地缝好衣服并不断地将缝制好的衣服送到ZARA工厂,工厂的工人会在熨烫时对每件服装仔细检验。完工后的成衣被贴上标签装进塑料袋,而标签上已经打上了不同地区不同货币情况下的价格。便于产品到达专卖店后可以直接上架出售。包装好的产品自动转移到与工厂相连的2个物流中心,这里就是ZARA的仓库,缩减了库存周转的时间。

③"掌控最后一公里"的物流配送模式是快速补货流程的推动力。

物流配送每周至少进行2次,包括产品分检、打包装运、区域配送和打包装运以及专卖店销售。根据各地区的订单将产品分类，物流中心装备着最先进的系统，使得任何一批货品在8小时之内一定能被分运上路。每小时的配送能力为80000件服装，1200名工人，每周工作4天，每天工作的班次多少则依据货品的数量来安排。除了总部和马德里的两个物流中心，ZARA还在巴西、阿根廷和墨西哥拥有3个相对较小的配送中心，来应对南半球与欧洲相反的季节和遥远的路途。距离西班牙本土较远的连锁店商品主要靠空运，货物从配送中心在24小时内运到欧洲各分店，在48小时之内运到美国，在48～72小时之内运到日本。运往日本的货物上午到配送中心，在几个小时之内将由卡车送到圣地亚哥机场，然后再取道马德里，空运到达大阪，在第三天由第三方货运承包商从机场运到专卖店上货架。

④“一站式”的购物环境是快速补货流程的牵引力。

专卖店直销包括：产品分类、整体配套和最后的产品下架待处理和与产品出售。在专卖店每周更新款式两次，并且每种款式上架不小于3周。最及时、最准确地提供顾客们此时此刻最最想要的东西，而一个典型的ZARA店拥有女装部、男装部和童装部，而不是按上衣、裤子、皮包、配饰进行分类摆放。每平方米的平均销售额是5192欧元，店里衣服的摆放不同寻常，不是上衣和上衣挂一起，裤子和裤子摆一块，而是上衣、裤子、皮包、配饰搭配放在一起，让顾客很容易一动心买走一整套东西。那些在店里放了两三个星期还没有卖出去的商品一般会被清理出来，运往同一个国家的其他分店或者被送返西班牙。其中，返回比例控制在10%之内，服装行业一般只能将产品的60%到70%出售，而ZARA却成功地让这个比例上升到85%。

3.我们来看IT是如何支撑ZARA快速反应的。

ZARA IT系统应用的卓越性主要表现在四个方面：收集顾客需求的信息、将服装信息标准化、管理产品信息和库存以及分销管理。

收集顾客需求的信息包括关于时尚潮流趋势的各种信息每天源源不断地从各个ZARA专卖店进入总部办公室的数据库；设计师们一边核对当天的发货数量和每天的销售数量，一边利用新信息来产生新的想法以及改进现有的服装款式；设计师通过访问数据库中的实时信息，决定一个具体的款式用什么布料、如何剪裁以及如何定价。

服装信息的标准化是指在ZARA的仓库中，产品信息都是通用的、标准化的，这使得ZARA能快速、准确地准备设计，对裁剪给出清晰生产指令。

分销管理是指借用光学读取工具，每小时能挑选并分拣超过60000件的衣服。在Inditex总部还设有双车道的高速公路直通配送中心。由于其高快速、高效的运作，这个货物配送中心实际上只是一个服装的周转地，而不是仓库。确保每一笔订单准时到达它的目的地。

产品信息和库存管理包括管理数以千计的布料，各种规格的装饰品，设计清单和库存商品。ZARA的团队也能通过系统提供的信息，以现存的库存来设计一款服装，而不必去订购原料再等待它的到来。

这些卓越成果的取得是业务需求与IT有效结合、积累的产物。ZARA的IT基础架构不是一年两年就建好的，我们现在看到的ZARA的IT成果是多年来ZARA不断投资建设的组合，是一个功能领域一个功能领域逐渐完善的效果，是IT系统与业务流程有效结合的结果。

阅读以上材料，回答问题：

1. 分析ZARA快速补货流程实现的基础。

2. ZARA的核心竞争力是什么？它是如何使ZARA形成如此快速的供应体系的？

四、实训操作

模拟完成补货作业

情景描述

某配送中心某天接到客户A的订单，订单内容如下表所示，请查看当前拣货区的库存，拣货区某些药品已经不能满足需求，同时为了避免紧急订单，拣选区的其他药品也需到保管区（货物充足）进行补充。请根据实际情况，选择适当的补货方式，完成相应的补货作业。

表5-2 A客户订单

序号	药品名称	规格	单位	生产厂家	订货量
1	银翘解毒丸	9g×10s	盒	兰州佛慈制药	50盒
2	逍遥丸	200s	瓶	江苏康缘药业	100瓶
3	云南白药胶囊	0.25g×32s	瓶	云南白药集团	150瓶
4	三维鱼肝油乳	500g	瓶	青岛双鲸药业	20瓶
5	阿莫西林胶囊	0.25g×10s×5板	盒	哈药集团总厂	150盒
6	保和丸	9g×10s	盒	山西杨文水制药	60盒
7	加味逍遥丸	6g×10袋	盒	河北万岁药业	50盒
8	小儿消食片	0.3g×100s	瓶	济南宏济堂制药	60瓶

各药品在储存区及货位情况如下表所示：

表5-3 各药品在储存区及货位情况一览表

药品名称	药品规格	单位	生产厂家	包装数量	库存数量（箱）	储位号	最低库存
银翘解毒丸	9g×10s	盒	兰州制药	100盒	100	A010201	20
逍遥丸	200s浓缩丸	瓶	江苏制药	200瓶	80	A020102	10
加味逍遥丸	6g×10袋水丸	盒	河北万岁药业	100盒	47	A010302	10
小儿消食片	0.3g×100s	瓶	济南宏济堂	200瓶	110	A020403	20
保和丸	9g×10s大蜜丸	盒	山西杨文水	100盒	86	A020301	20
云南白药胶囊	0.25g×32s	瓶	云南白药	200瓶	150	A030203	20
阿莫西林胶囊	0.25g×10s×5板	盒	哈药集团	200盒	2	A030402	10
三维鱼肝油乳	500g	瓶	青岛双鲸	30瓶	4	A050201	10

表 5-4　药品在拣货区库存及储位情况一览表

序号	药品名称	规格	单位	生产厂家	拣货区库存量	储位号
1	银翘解毒丸	9g×10s	盒	兰州佛慈制药	40 盒	B010202
2	逍遥丸	200s	瓶	江苏康缘药业	80 瓶	B020104
3	云南白药胶囊	0.25g×32s	瓶	云南白药集团	150 瓶	B010202
4	三维鱼肝油乳	500g	瓶	青岛双鲸药业	60 瓶	B020203
5	阿莫西林胶囊	0.25g×10s×5 板	盒	哈药集团总厂	80 盒	B020101
6	保和丸	9g×10s	盒	山西杨文水制药	80 盒	B010203
7	加味逍遥丸	6g×10 袋	盒	河北万岁药业	90 盒	B030202
8	小儿消食片	0.3g×100s	瓶	济南宏济堂制药	80 瓶	B040201

[实训目标]让学生理解补货作业的概念和作用，掌握补货作业的方式、时机，能模拟企业实际情况低成本、高效率地完成补货任务。

[实训条件]实训室货架分为保管区和拣货区，并放置相应货物，并配备托盘、叉车、手推车、周转箱、电脑、纸质单据等。

[实训组织]学生每 4～5 人分为一组，根据订单及配送中心的情况，拟定补货方案(选择补货方式和时机)，并分小组执行相应方案，完成补货。

[实训提示]步骤 1：检查拣货区库存→步骤 2：确定补货货品、数量→步骤 3：选择补货时机→步骤 4：选择补货方式→步骤 5：形成补货资料→步骤 6：取货→步骤 7：补货上架。

[实训成果]每组学生在实训完成后，分小组进行汇报，结合相关理论知识阐述本组是如何进行补货作业的，选择补货方式和时机的理由、人员分工以及补货过程的组织和实施情况。教师按补货作业评价表(见表 5-5)，给各组打分，比较各组的补货任务完成情况，对补货过程中出现的问题进行总结并分析，直至改正。

表 5-5　补货作业评价表

评价项目	评价子项目	分值
补货作业	现有存货情况检查仔细、无遗漏	10
	补货货品名称、数量计算准确	10
	补货时机选择合适	10
	补货方式恰当	10
	补货工具使用熟练	10
	补货操作正确	20
小组配合	分工明确、配合默契	10
	汇报条理性、简洁明了	10
	工作效率高、按时完成任务	10

任务6

配送加工作业

知识目标

通过完成本任务,你应该能够:

1. 认识配送加工作业的含义及过程。
2. 阐述配送加工在物流中的地位。
3. 简述配送加工合理化途径。

技能目标

1. 能识别配送加工的类型。
2. 能选择配送加工的作业方式。
3. 能合理地进行配送加工作业。

任务导入

尊敬的读者：上一章我们已经学习了补货作业的若干环节，接下来我们将学习配送加工环节。在学习本章内容之前，大家不妨思考几个问题：为什么要进行配送加工作业？有哪些类型的配送加工？配送中心内部是否存在不合理的配送加工作业？怎样使配送加工作业合理化？

为了详细地了解上述问题，使大家配送加工有详细地了解，请尝试完成本任务：配送加工作业。

我们又将本任务分为两个分项任务：

分项任务1：配送加工作业认知。

分项任务2：配送加工的类型及合理化。

你可以对照能力目标，反复演练，有的放矢地依次完成各分项任务，直至完成本任务，为早日胜任配送中心相关岗位做好准备。

任务实施

一、配送加工作业认知

➢任务提示

本分项任务将引领你理解配送加工的定义，掌握配送加工的作用和地位！

➢任务先行

什么是配送加工？在哪里完成的？有什么意义？要了解这些问题，请往下看！

配送加工是配送中的一种特殊形式。通过对配送对象的改变或完善来实现增值活动，满足消费者多样化的需求，促进商品销售、维护商品质量并降低企业物流成本、提高企业经济效益。目前，世界许多国家和地区的配送中心都大量存在配送加工业务，在发达国家就更为普遍。

重要知识 6-1

配送加工的定义

配送加工是指某些原料或产成品在流通过程中，为了有效利用资源、方便用户、提高物流效率和促进销售所进行的一系列初级或简单的加工活动。例如物品在从生产地到使用地的过程中，根据需要施加包装、分割、计量、组装、价格贴附、标签贴附、商品检验等简单作业的总称。

在配送中，配送加工这一功能要素不具有普遍性，但往往是有重要作用的功能要素。这是因为通过配送加工，可以大大提高客户的满意程度。配送加工是流通加工的一种，但配送加工有其自己的特点，即配送加工一般只取决于客户的要求，其加工目的较为单一。

(一)配送加工的产生与发展

在配送时代顾客购买需求发生了巨大的变化。过去，许多顾客采购商品时，只注重品牌，现在还需看商品的大小、形状、颜色，顾客需求向着多品种、小批量、高频率的方向发展。这样的变化使物流企业不得不维持更多的库存、增加运输成本，而且预测需求也变得越来越困难。解决的办法只能增加市场份额，识别不同的顾客需求，满足他们的需求。因此，配送中心为了满足顾客多样性的个性化需求，提高顾客的满意度，为了自身配送的方便和提高配送效率，纷纷开展配送加工项目。

在各个国家，配送加工实际上都在广泛地开展，有些人不太看重配送加工，认为它不是物流过程中的活动，或者拿配送加工和社会化再生产的生产环节相比，认为配送加工先进程度不够。事实上，物流活动本来就是一种服务性的活动，因此只要能增强它的服务功能，可以有多种选择，配送加工就是其中之一。

在配送中，配送加工这一功能要素不具有普遍性，但是往往是有重要作用的功能要素。主要原因是通过配送加工，可以大大提高用户的满意程度。配送加工是流通加工的一种，但配送加工有它不同于一般流通加工的特点，即配送加工一般只取决于用户要求，其加工的目的较为单一。也可以认为配送加工是指配送和流通加工相结合，通过流通加工后进行配送。流通加工和配送相结合，使流通加工更具有针对性，从而减少了盲目性，配送企业不但可以依靠送货服务取得收益，还可以通过流通加工增值取得收益。配送加工作业主要是指对即将配送的产品或半成品按销售和配送要求进行再加工，包括：①分割加工，如对大尺寸产品按不同用途进行切割；②分装加工，如将散装或大包装的产品按零售要求进行重新包装；③分选加工，如对农副产品按质量、规格进行分选，并分别包装；④促销包装，如与促销赠品搭配包装；⑤贴标加工，如贴价格标签，打制条形码；⑥适应配送装运的标准化捆扎、堆垛等作业。加工作业完成后，商品即进入可配送状态。

(二)配送加工的特性

配送加工是为了满足顾客日益个性化消费和提高物流配送效益，在物品进入流通领域后，由配送中心按客户的要求和配送要求进行的加工活动。即在物品从生产者向消费者流动的过程中，为了促进销售，维护产品质量，实现物流的高效率所采取的使物品发生物理和化学变化的功能。

1. 增值性

配送加工的增值性包括两个内容：一是指通过配送加工可以提高商品的价值，如配送加工中把大包装分成小包装、礼品包装来满足消费者的个性化要求。二是指通过配送加工可以提高物流配送系统的效率，从而可以提高顾客的消费满意度。如配送加工中适应标准化装运的标准化捆扎、组合包装等。

2. 简单性

正如配送加工的名称所示，加工的对象是进入配送过程的商品，所以配送加工大多数是简单加工，而不是复杂加工。配送加工是一种辅助性及补充性的加工过程。它只是一种简单的加工作业，如包装、分割、计量、分拣、组装、标签贴附、商品检验等。

3. 满足需求性

配送加工有两个目的，一是为满足顾客消费需求进行加工，这种加工主要是依据顾客的要求或者是为了满足顾客某种需要；二是以自身配送为目的，这种加工纯粹是为配送创造条件。

(三)配送加工与生产加工的区别

配送加工和一般的生产型加工在加工方法、加工组织、生产管理方面并无显著的区别，但在加工对象、加工程度等方面差别较大，其主要差别表现在五个方面。

1. 加工对象的区别

配送加工的对象是进入流通过程的商品，具有商品的属性，以此来区别多环节生产加工中的一环。配送加工的对象是商品，而生产加工的对象不是最终产品，而是原材料、零配件、半成品。

2. 加工程度的区别

配送加工程度大多是简单加工，而不是复杂加工，一般来讲，如果必须进行复杂加工才能形成人们所需的商品，那么，这种复杂加工应专设生产加工过程，生产过程理应完成大部分加工活动，配送加工对生产加工则是一种辅助及补充。特别需要指出的是，配送加工绝不是对生产加工的取消或替代。

3. 附加价值的区别

从价值观点看，生产加工目的在于创造价值及使用价值，而配送加工则在于完善其使用价值并在不做大改变情况下提高价值。

4. 加工责任人的区别

配送加工的组织者是从事配送工作的人，能密切结合流通的需要进行这种加工活动；从加工单位来看，配送加工由物流配送企业完成，而生产加工则由生产企业完成。

5. 加工目的的区别

商品生产是为交换、为消费而生产的，配送加工的一个重要目的是为了消费所进行的加工，这一点与商品生产有共同之处。但是配送加工有时候也是以自身配送为目的，纯粹是为配送创造条件，这种为配送所进行的加工与直接为消费进行的加工从目的来说是有区别的，这又是配送加工不同于一般生产的特殊之处。

配送加工与生产加工的区别列于表 6-1。

表 6-1 配送加工与生产加工的区别

比较项目	生产加工	配送加工
加工对象	原材料、零配件、半成品	进入流通过程的商品,具有商品的特性
加工程度	复杂加工	简单加工
价值	创造价值及使用价值	完善使用价值
加工责任人	生产企业	配送企业
加工目的	为交换、为消费	为配送、为消费

(四)配送加工的地位和作用

1.配送加工的地位

(1)完善物流功能

从各种功能在物流过程中所起的作用来看,运输和出错的功能要远远大于配送加工,也就是说,配送加工不是物流配送的主要功能要素。从功能的普遍性角度来看,并表示所有的物流过程都需要进行配送加工,因此,配送加工不如运输、储存普遍。但是,配送加工在物流过程中也是不可或缺的,它具有重要的补充和完善功能,配送加工水平可以提高物流水平,提高客户满意度,促进物流向现代化发展。

(2)配送加工作业是物流业的重要利润源

配送加工通过较少的投入,可以获得较大的产出。配送加工包括包装、分割、计量、分拣、贴标签、组装等活动。通过包装,可以提升商品档次,带来更多的利润;通过分拣,可以加快流通速度,节约流通时间和流通成本。配送加工往往不需要很高的技术,投入少。实践证明,配送加工与运输和保管一样,是物流业重要的利润来源。

(3)配送加工作业是整个社会经济的一部分

配送加工是流通的重要组成部分,也是整个国民经济体系的重要组成部分,是一种重要的加工形式。配送加工的发展对于国民经济产业结构的调整和优化,对于国民经济更好更快的发展具有一定的意义。

阅读与思考 6-1

阿迪达斯超市的销售新策略

阿迪达斯公司在美国有一家超级市场,设立了组合式鞋店,摆放着不是做好了的鞋,而是做鞋用的半成品,款式花色多样,有 6 种鞋跟、8 种鞋底,均为塑料制造,鞋面的颜色以黑、白为主,搭带的颜色有 80 种,款式有百余种,顾客进来可任意挑选自己所喜欢的各个部位,交给职员当场进行组合。只要 10 分钟,一双崭新的鞋便唾手可得。这家鞋店昼夜营业,职员技术熟练,鞋子的售价与成批制造的价格差不多,有的还稍便宜些。所以顾客络绎不绝,销售金额比邻近的鞋店多 10 倍。

请思考:你能说出配送加工与生产加工的区别吗?

2.配送加工的作用

随着我国经济体制改革的不断深入发展,流通配送企业也面临着深刻的变命。改变以往那种单一经营业务为多种经营业务已成为必然趋势。配送加工活动就是一项具有广阔前景的经营形式,它必将为物流配送领域带来巨大的效益:

(1)更好地满足顾客的消费多样化需求,以促进商品销售

随着科学技术的飞速发展,人们在更丰富的物质产品面前表现出更加多样化需求的特征。个性化需求、定制化生产等一些营销名词的出现,充分说明了这一现象。给消费者满意的商品,为顾客服务成为每个企业竞争取胜的立足点。配送是顾客消费实现的最后一个环节,配送加工的重要意义就在于此。通过配送加工满足顾客的消费需求,获取顾客的信赖,建立顾客的忠诚度。如将过大包装分装成适合一次性销售的小包装;将原以保护商品为主的运输包装改换成以促销为主的销售包装,以起到吸引消费者、指导消费的作用。

(2)保护商品,方便物流,提高物流效率

在物流过程中,始终存在着商品的保护问题,要防止产品在运输、储存、装卸、搬运、包装过程中遭到损失,保障使用价值顺利实现。配送过程中把商品配送给顾客,其中会经历运输、储存、装卸、搬运等诸多环节,所以需要进行配送加工以保护商品不受损失。有一些产品本身的形态使之难以进行物流操作,如鲜鱼的装卸、储存操作困难;过大设备搬运、装卸困难;气态物质运输、装卸困难。进行配送加工,可以使物流各环节易于操作,如鲜鱼冷冻,大包装分装成小包装,气体液化等。

(3)增加产品价值,提高企业利润

配送加工是一种低投入、高产出的加工方式,往往以简单加工解决大问题。实践证明,有的配送加工通过改变装潢使商品档次跃升而充分实现其价值,有的配送加工通过分装成小包装而方便了消费,有的配送加工将商品利用率一下提高20%～50%,这些是采取一般方法提高生产率所难以企及的。根据我国近年来的实践表明,配送加工不仅更好地满足了顾客的多样性的消费需求,而且方便了物流配送,带来了丰厚的企业利润。

➢每日一练

自己试着总结配送加工的作用。

分项任务小结

完成本分项任务后,请进行自我测试:

1. 什么是配送加工?
2. 配送加工的作用和地位?

二、配送加工类型及合理化

随着配送业务的发展与普及,配送加工涉及各行各业,作业类型也日益增多。

(一)配送加工作业类型

1. 为弥补生产领域加工不足的深加工

有许多产品在生产领域的加工只能到一定程度，这是由于存在许多限制因素限制了生产领域不能完全实现终极的加工。例如，钢铁厂的大规模生产只能按标准规定的规格生产，以使产品有较强的通用性，使生产能有较高的效率和效益；木材如果在产地完成成材加工或制成木制品，就会造成运输的困难加大，所以，木材的生产领域只能加工到圆木、板方材这个程度，进一步的下料、切裁、处理等加工则由配送加工完成。这种配送加工实际是生产的延续，是生产加工的深化，对弥补生产领域的加工不足有重要意义。

2. 为满足需求多样化进行的服务性加工

从需求角度看，需求存在着多样化和变化两个特点，为满足这种要求，根据用户需求的特点来设置加工作业，例如，把大包装换成小包装，把一般包装换成礼品包装。再如许多人生病了喜欢找中医看病，中医开了许多中药后需要熬制，中药熬制费时费力，中药店就及时提出代为熬中药的服务，尽量方便病人及家属，节约了病人的时间，省去了烦琐的处置工作，可以在家安心静养。

3. 为保护产品所进行的加工

在物流过程中，在送至终端用户之前始终都存在对产品的保护问题，防止产品在运输、储存、装卸、搬运、包装等过程中遭到损失，使使用价值能顺利实现。这种加工和其他加工形式不同，它并不改变进入流通领域的“物”的外形及性质。这种加工主要采取稳固、标准化捆扎、保护性包装等方式。

4. 为提高物流效率，方便物流的加工

有一些产品本身的形态使之难以进行物流操作。如鲜鱼的装卸、储存操作困难；过大设备运输、装车困难；气体物运输、装卸困难。进行配送加工，可以使物流环节易于操作，如鲜鱼冷冻、过大设备解体、气体液化等。这种加工往往改变“物”的物理状态，但并不改变其化学特性。

5. 促进销售的配送加工

配送加工可以从若干方面起到促进销售的作用。如将过大包装或散装物(这是提高物流效率所要求的)分装成适合一次性销售的小包装的分装加工；将原以保护产品为主的运输包装改换成以促销为主的销售包装，以起到吸引消费者、指导消费的作用；将零配件组装成用具、车辆以便于直接销售；将蔬菜、肉类洗净切块以满足消费者的要求等等。这种配送加工可能是不改变“物”的本体，只进行简单改装的加工，也有许多组装、分块等深加工。

6. 为提高加工效率的配送加工

许多生产企业的初级加工由于数量有限、加工效率不高，也难以应用先进科学技术。配送加工以集中加工形式，解决了企业加工效率不高的弊病。以一家配送加工企业代替了若干生产企业的初级加工工序，促使生产水平有一个新的发展。

7. 为提高原材料利用率的配送加工

配送加工利用其综合性强、用户多的特点，可以实行合理规划、合理套裁、集中下料的办法，这就能有效提高原材料利用率，减少损失和浪费。若玻璃都是在客户看中了款式类别后再根据客户需求进行剪裁下料。

8. 衔接不同运输方式，使物流合理化的配送加工

在干线运输及支线运输的结点，设置配送加工环节，可以有效解决大批量、低成本、长距离干线运输多品种、少批量、多批次末端运输和集货运输之间的衔接问题，在配送加工点与大生产企业间形成大批量、定点运输的渠道，又以配送加工中心为核心，组织对多用户的配送，也可在配送加工点将运输包装转换为销售包装，从而有效衔接不同目的的运输方式。

9. 以提高经济效益，追求企业利润为目的的配送加工

根据客户的要求，对客户订单项下的产品进行个性化处理，即实现了增值，提高了配送企业的作业效率。若为某重要客户特意设计包装箱。

10. 生产配送一体化的配送加工形式

依靠生产企业与配送企业的联合，或者生产企业涉足配送，或者配送企业涉足生产，形成的对生产与配送加工进行合理分工、合理规划、合理组织，统筹进行生产与配送加工的安排，这就是生产配送一体化的配送加工形式。这种形式可以促成产品结构及产业结构的调整，充分发挥企业集团的经济技术优势，是目前配送加工领域的新形式。

(二)配送加工的基本项目

配送加工归属于流通加工，目的有两个：一是满足顾客的特殊消费需求，二是为配送创造条件。所以加工作业比较简单，主要有：包装、分割、计量、分拣、组装、标签贴附、商品检验和标准化捆扎、堆垛等作业项目。

1. 包装

配送加工中的包装作业项目按照包装目的不同可以分为运输包装、销售包装、分包装、组合包装等。根据配送加工的第一个目的“满足顾客的需要”，我们可以把运输包装改换成销售包装，把过大包装分包装为小包装，或者根据顾客要求把相关产品进行组合包装等。根据配送加工的第二个目的“为配送创造条件”，我们可以在销售包装的基础上增加保护包装以满足配送要求，把配送的相关产品进行组合包装等。

2. 分割

配送加工中的分割作业项目主要是针对过大商品进行分割、分装，或者是对于可拆卸的商品为了配送运输方便进行拆卸分装。

3. 计量

配送加工中的计量作业项目主要是针对准备配送的商品进行数量清点和重量称重。

4. 分拣

配送加工中的分拣作业项目主要是针对农副产品规格、质量离散情况较大，为获得一定规格的产品，采取人工或机械分选。

5. 组装

配送加工中的组装作业项目主要是指将零配件组装成成品和为了配送销售的目的对相关产品进行组合包装。

6. 标签贴附

配送加工中的标签贴附作业项目主要是指对于将要配送的商品进行价格标签和质量标签的贴附。

7. 商品检验

配送加工中的商品检验作业项目主要是指对于将要配送的商品进行最后一次把关，确保让流通到顾客手中的产品保质保量。

8. 标准化捆扎、堆垛

配送加工中的标准化捆扎、堆垛作业项目主要是指对于将要配送的商品，按照配送要求和出货方面的原则，依据捆扎、堆垛作业的标准进行捆扎、堆垛作业。

(三)配送加作业的方式

由于产品类型多样，各类产品的性质、形状、属性等差异很大，为此不同类型的产品其加工过程、加工工艺以及操作方法会有很大差别。下面以几种常见的物品为例来介绍配送加工方法。

1. 食品的配送加工

食品的配送加工的类型很多。只要我们留意超市里的货柜就可以看出，那里摆放的各类洗净的蔬菜、水果、肉末、鸡翅、香肠、咸菜等都是配送加工的结果。这些商品的分类、清洗、贴商标和条形码、包装、装袋等是在摆进货柜之前就已进行了加工作业，这些加工都不是在产地进行的，而是脱离了生产领域，进入了流通领域。食品配送加工的具体项目主要有如下几种：

(1)冷冻加工

为了保鲜而进行的配送加工，为了解决鲜肉、鲜鱼在流通中保鲜及装卸搬运的问题，采取低温冻结方式的加工。这种方式也用于某些液体商品、药品等。

(2)分选加工

为了提高物流效率而进行的对蔬菜和水果的加工，如去除多余的根叶等。农副产品规格、质量离散情况较大，为获得一定规格的产品，采取人工或机械分选的方式加工称为分选加工。这种方式广泛用于果类、瓜类、谷物、棉毛原料等。

(3)精制加工

农、牧、副、渔等产品的精制加工是在产地或销售地设置加工点，去除无用部分，甚至可以进行切分、洗净、分装等加工，可以分类销售。这种加工不但大大方便了购买者，而且还可以对加工过程中的淘汰物进行综合利用。比如，鱼类的精制加工所剔除的内脏可以制成某些药物或用作饲料，鱼鳞可以制高级黏合剂，头尾可以制鱼粉等；蔬菜的加工剩余物可以制饲料、肥料等。

(4)分装加工

许多生鲜食品零售起点较小,而为了保证高效输送出厂,包装一般比较大,也有一些是采用集装运输方式运达销售地区。这样为了便于销售,在销售地区按所要求的零售起点进行新的包装,即大包装改小包装,散装改小包装,运输包装改销售包装,以满足消费者对不同包装规格的需求,从而达到促销的目的。

此外,半成品加工、快餐食品加工也成为配送加工的组成部分。这种加工形式,节约了运输等物流成本,保护了商品质量,增加了商品的附加价值。如葡萄酒是液体,从产地批量地将原液运至消费地配制、装瓶、贴商标,包装后出售,既可以节约运费,又安全保险,以较低的成本卖出较高的价格,附加值大幅度增加。

图 6-1 蔬菜加工配送实景

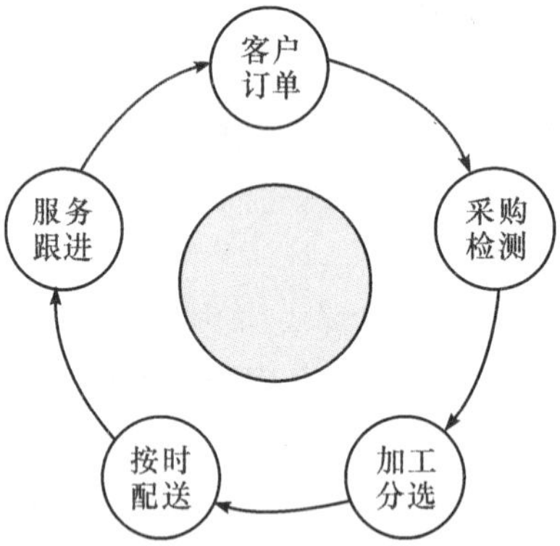

图 6-2 蔬菜配送加工流程

2. 木材的配送加工

木材是一种重要的工业原料,又是可再生资源,用途广泛,在流通领域内的木材加工主要有两种:

(1)制材

这是与锯截原木作业紧密衔接的一种加工作业,它是将碎木、木屑压制成各利规格的板材(如刨花板)的一种操作。过去,这个项目的加工作业是在生产领域内,由生产企业(木材厂)完成的,近些年才开始将它延伸到流通领域。为了节约物流费用和便于运输木材，对一些材质较差的木材，可以在木材产地建流通加工中心，将劣质木材就地磨制成木屑，再压制成容积较大的规则形状，运输至造纸厂等需要这种压缩木屑为原料的加工企业，这种加工形式可以降低一半左右的运费。

图6-3 木材配送加工

(2)集中下料

在流通加工点将原木锯成各种规格的木板、木方，凿孔、开槽、刨平，再送到用户手中，由用户根据自己的需要组合成各种家具、建筑单元，免去用户各自锯木的低效率和对木材边角余料的浪费，同时还可以将碎木、刨花、锯末集中加工成预制板或作为造纸原料，最大限度节约了木材。统计资料显示，原始的分散的加工木材，木材的平均利用率不到50%；平均出材率不到40%；实行流通加工中心集中下料，可以使木材利用率提高到95%，出材率提高到72%左右，经济效益非常显著。

图6-4 木材集中下料

3.钢材的加工配送

钢材是使用范围广泛、消耗量大的原材料，按其形状进行划分，钢材包括型材、板材、管材和钢丝四大类。在批量生产的条件下，由于某些钢材的加工深度有限(指在生产领域，不能切割或剪裁成多种规格、多种尺寸)，因此，在使用这些钢材之前，一般都要根据具体情况进行延伸性加工。在加工中心，钢材的配送加工大体上有如下几项内容：

团钢、角钢、扁钢及方钢等小型钢和部分管材的切割线材的冷拉加工；薄钢板的剪切加工和带钢的平展、裁切加工；专用钢管的涂油和油漆加工。

除了保护性的涂油加工以外，钢材的加工都是在专门设计安装的设备上进行作业的。而这种加工作业需要采用先进的技术和使用专门的加工设备来进行。如制造业所需的各种钢板、铁皮等材料交货长度可达7～12米，有的甚至成卷交货。对于生产量不大的中小企业，单独设置剪板设备很不合算，设备长时间闲置，增加了生产成本，如果企业用简单的方法切割钢板，如电弧、乙炔气体高温切割，则效率低，割口宽，浪费材料，金属的品相结构也会被破坏。可在钢板用户企业较为集中的地方建立剪板加工中心，在中心设置各种剪板机集中下料，将大张的钢板根据用户需要切成小规格钢板，或切成毛坯。这样做的好处是剪板机剪板不改变金属的品质结构，切缝小，边角料小。集中加工的批量大，可以组织流水线式的连续加工，大幅度提高加工生产率，降低生产成本。同时，加工中心还可以发挥配送的作用，随时按用户的要求供货，实现用户零库存。

4.机电产品的组装加工

有些机电产品(如自行车)，采用整装(整体包装)、整运的办法，流转和储备困难较大。主要原因是不易包装、包装成本大、运输装载困难且效率低、流通损失严重。而这些机电产品有一个共同特点，即装配比较简单，装配技术要求也不高，零件装配成成品或半成品以后，不需进行复杂的测试(或检验)即可进入消费领域。为了解决这些问题，降低储运费用，采用了生产半成品(零配件)岗容量包装出厂，在消费地拆箱组装，组装之后随即进行销售的方式来组织部分机电产品流通。这种组装加工是机电产品配送加工的主要形式。近几年，随着生产和流通的不断发展，这种机电产品的组装加工已在我国广泛采用。

图6-5　机动车组装

5.水泥的配送加工

水泥的配送加工主要有以下两项作业：

(1)水泥熟料磨制加工

磨细熟料并根据水泥使用地区的资源情况和需要情况掺入混合材料和外加剂，制成不同标号、不同品种的水泥供应给当地用户。

在需要经过长距离输送的情况下，以熟料形态代替传统的粉合水泥有以下优点：

①降低运赛、节约运力。水泥中有许多添加物，如矿渣的平均含量达 30%，如果水泥的使用地区能够找到工业废渣，就没有必要从水泥厂运输这些矿渣成分。完全可以只运输 70%的纯水泥成分，在配送加工地找到皮渣掺入水泥，这样就可以降低运费，节约了运力。同时水泥输送的吨位也大大减少，有利于缓和铁路运输的紧张状态。

②实现低成本运输。颗粒状的水泥熟料不需要专门的装卸、运输工具和劳动保护设备，完全可以使用通用的物流设备，比装运散装水泥具有更好的技术经济效益，更适合我国的国情。

③降低物流过程中的损失。颗粒状的熟料不像粉状水泥那样易于散失，不会受潮结块丧失水泥的使用价值。

④更好地衔接产需双方。采用长途输送熟料的方式，从水泥厂到熟料加工点可实行大批量的直达送货，用户向熟料加工点零星订货，这样既降低了水泥的单位运输费用，又能及时满足水泥用户的小批量多规格的需求，具有明显的优越性。

⑤使用方便。水泥厂的水泥标号都很高，实际使用中有时经常需要低标号水泥，如果没有流通加工点，只好用高标号水泥代替低标号水泥，造成浪费。如果在使用地加工粉碎，就可以按实际需要生产各种标号的水泥，尤其可以大量生产低标号的水泥，减少水泥长距离输送的数量。

(2)混凝土集中搅拌

在搅拌站(配送加工点)按照一定的比例把粉末状水泥和沙、石等材料搅和在一起，制成混凝土，然后供应给各个建筑工地或预制件生产厂使用。这是水泥加工的一种重要形式。

图 6-6 混凝土集中搅拌楼

这种加工作业，一方面为用户的生产建设提供了方便，可以根据不同的需要，大量使用混合材料拌制不同性能的混凝土，简化了工地材料的管理、节约施工用地；另一方面减少了环境污染，节约了资源。例如，搅拌水泥作业可以大量使用“散装水泥”，而使用“散装水泥”则意味着可以降低袋装水泥在水泥总运量中所占的比例和减少水泥损失，最终可收到节约物资和节省运力的效果。另外，还可以使物流更加合理。在混凝土集中搅拌点与水泥厂(库)之间建立固定的供应渠道，高效率大批量地输送水泥熟料，在搅拌点与混凝土用户之间建立配送网。

6. 天然气、石油气配送加工

天然气和石油一般都是当地使用，由于运输输送困难，如果当地资源充足而使用不完，一般的做法就是燃烧掉，造成资源的浪费和空气污染。如果在天然气、石油气田设立气体压缩加工中心，将气体压缩到临界压力之上，使之由气体变成液体，就可以用容器运输，也可以分装入液化气瓶使用。

7. 煤炭的配送加工

煤炭的产地有限，外地用煤一般都是汽车或火车批量运输。煤炭可以有三种配送加工的形式：

(1)配煤加工

用户烧煤不一定希望煤的燃烧值越高越好或煤越纯越好，而是根据需要希望有合适的燃烧值。所以可以在煤炭用户相对集中的地区设立配煤加工中心，将各种质量的煤及煤矸石等其他发热物质按不同配方混合，配成各种燃料，既满足了不同类型用户的需要，又避免了浪费，便于控制生产过程和产品质量。

(2)煤浆加工

煤炭的运输量很大，如果采用传统的车、船运输工具，装卸及运输损失大，污染环境严重，还容易发生火灾。如果在煤矿附近将煤炭渗水再磨成煤浆，就可以像液体一样用管道运输。这种方式能够连续快速地输送煤炭，避免了环境污染和散失浪费，减少了火灾隐患。在水力采煤的煤矿中利用这种流通加工形式更为方便，采煤的同时就可以顺便将煤水泥和磨成煤浆。

(3)煤炭除矸

地下开采出来的煤炭一般都混有一些燃烧值相对较低的煤块，称为煤矸石。为节约运力和提高煤炭的纯度，去除煤炭中的矸石十分必要。去除煤矸石的加工技术较为简单，采取筛选的方法即可，不需要配备专门的设备。

阅读与思考 6-2

钢材仓库的难题

某钢材仓库占地 220 亩，拥有四条铁路专用线、10 吨～30 吨起重龙门吊车 10 台，年吞吐钢材近 100 万吨。过去钢卷进出仓库运输都要用一种专用钢架固定，以防钢卷滚动。因此，客户在购买钢卷时，必须租用钢架，这样既要支付钢架租金，又要支付返还钢架的运费。

尽管后来一些钢厂开始使用不需返还的草支垫加固运输，但过大的钢卷(如 35 吨/卷)使有些客户无法一次购买使用，如果建议这些客户购买钢厂成品平板，其成本又会增加很多。因为钢厂成品平板一般以 2 米倍尺交货，即长度分别为 2 米、4 米、6 米等规格，而一些客户使用的板面长度要求为非标准尺寸，如 3.15 米、4.65 米，甚至 9.8 米，而且有的工艺要求不能焊接，这样的平板不是长度不够就是边角余料大。

请思考：你能为这家钢材仓库及其客户想个两全其美的办法吗？

(四)不合理配送加工的表现形式

配送加工如设置不合理，不但不能满足消费者需求，反而浪费了社会资源。不合理配送加工的形式有：

1.配送加工只注重少数顾客的需求而忽视大多数顾客的需求

配送加工的目的之一在于满足顾客需求，这也是配送加工存在的根本原因。所以为了更好地满足顾客需求，企业应该对顾客需求状况进行认真准确的了解，不要把少数顾客的需求当作配送加工的充分理由。如近年来出现的“天价月饼”的现象，就说明商家在满足少数人需求的时候，忽视了大多数顾客的需求，加重了消费者的经济负担，浪费了社会资源。

2.配送加工作用不大，过于简单

有的配送加工过于简单，或对生产及消费作用不大，甚至有时因为配送加工的盲目性，未能解决品种、规格、质量、包装等问题，相反却增加了作业环节，这也是配送加工不合理的重要形式。

3.配送加工成本过高，效益不好

配送加工之所以能够有生命力，重要优势之一是具有较大的产出投入之比，因而有效起着补充完善的作用。如果配送加工成本过高，则不能实现以较低投入实现更高使用价值的目的。

4.配送加工过分追求满足顾客需求而忽视配送本身的要求

配送加工的目的一是为了满足顾客需求，二是为了配送本身的需要。所以配送加工不能仅仅着眼于顾客需求，还要着眼于配送本身的需要，即配送加工不能给配送本身加重负担或带来麻烦。如果配送加工过分追求商品的奇异形状，就会给配送的标准化捆扎、堆垛等作业带来麻烦。

(五)配送加工合理化的途径

配送加工合理化的含义是实现配送加工的最优配置,不仅做到避免各种不合理,使配送加工有存在的价值,而且做到综合考虑加工与配送、合理运输、合理商流等的有机结合。

为避免各种不合理现象,对是否设置配送加工环节,在什么地点设置,选择什么类型的加工,采用什么样的技术装备等,需要做出正确选择。目前,国内在进行合理化方面的考虑中已积累了一些经验,取得了一定成果。

实现配送加工合理化主要考虑以下几方面:

1.加工和配送结合

这是将配送加工设置在配送点中,一方面按配送的需要进行加工,另一方面加工又是配送作业流程中分货、拣货、配送的重要一环,加工后的产品直接投入到配货作业,这就无须单独设置一个加工的中间环节,而使流通加工与中转流通巧妙地结合一起,使配送加工有别于独立的生产。同时,由于配送之前有加工,可使配送服务水平大大提高,这是当前对配送加工做合理选择的重要形式。

2.加工与配套结合

“配套”是指将使用上有联系的用品集合成套地供应给用户使用。例如,方便食品的配套,包括食品生产企业的产品——各种即食或速熟食品,还有餐具生产企业的产品——各种一次性餐具。当然,配套的主体来自各个生产企业,如上面所说的方便食品中的“方便面”,就由其生产企业配套生产。但是,有的配套不能由某个生产企业全部完成,如上例所说方便食品中的“盘菜”“汤料”等。物流企业经过配送加工,可以有效地促成配套,大大提高配送作为工序桥梁与纽带的能力。

3.加工和合理运输结合

配送加工能有效衔接干线与支线运输,促进两种运输形式的合理化。利用配送加工,在支线运输转干线或干线转支线时,按干线或支线运输合理的要求进行适当加工,从而大大提高运载水平。

4.加工和合理商流相结合

通过加工有效促进销售,使物流合理化。这也是配送加工合理化的考虑方向。此外,通过简单地改变包装加工,形成方便的购买量,以及通过组装加工解除用户使用时进行组装、调试的难处,都是有效促进商流的办法。

5.加工与节约相结合

节约能源、节约设备、节约人力、节约耗费是配送加工合理化的重要因素,也是目前我国设置配送加工,考虑其合理化的较普遍的形式。

配送加工不是对生产加工的代替,而是一种为了满足顾客需求和配送本身需要的简单加工形式,它是生产的补充与完善。所以,一般而言,如果工艺复杂,技术装备要求高,可以由生产过程延续或轻易解决的,都不宜再设置配送加工。

对于配送加工合理化的最终判断,是看其是否能实现社会和企业的效益,而且是否取得了最优效益。对配送加工企业而言,与一般生产企业一个重要不同之处在于,配送加工企业更应树立社会效益的观念。如果只是追求企业的微观效益，不适当进行加工，甚至与生产企业争利，这就有违于配送加工的初衷，或者其本身已不属于配送加工范畴。

配送加工业务是现代物流企业提供的增值服务，即会提高流通商品的附加价值，从而实现物流企业的经济效益，也给供需双方带来方便与效率。所以它有很好的发展前途。

➢企业实例

钢筋加工配送中心成功案例

钢筋加工配送中心项目在欧、美发达国家早已广泛普及，但在中国还是一种新概念，建筑公司采用的基本上还是工地现场加工方式，原材料浪费高、劳动强度大、加工周期长、现场管理难、加工成本高等问题突出。随着建筑行业施工自动化和专业化分工进程的不断发展，正如商品混凝土配送一样，组建专业的钢筋加工配送中心已成为市场发展的必然趋势。

山东博远物流建立了国内第一个体系最完整、技术最先进、综合加工能力最强的现代化数控钢筋加工配送基地，成为国内开展数控钢筋加工配送业务的先行者。博远物流有限公司，注册资金 5000 万元，资产规模 4 亿元，主要业务为钢铁的采购、仓储、加工、包装、配送及回收等供应链体系的开发与管理，工业包装制品的生产、配送、回收等包装物流的运营；兼营钢材市场、物流园区等的开发与管理。博远物流不仅是一家现代化物流企业，而且是物流增值服务提供商，通过“卖钢筋—卖‘商品钢筋’—平台服务商”的蜕变，将重工业转为轻资产化。博远物流的故事告诉我们，模式不仅仅是机会的把握，更是回报的保证。

从“卖钢筋”到“卖成型钢筋”

年轻有为的王明寿从国企集团走出来后，没有做生产钢铁的活，而选择了钢铁贸易——从钢厂买钢筋，再卖给建筑商。

刚开始时，博远物流做的是简单贸易。博远物流卖出的是原始钢筋，建筑商在浇筑混凝土之前，需要工人在工地现场将钢筋切割，并轧成“成型钢筋”。这种后续作业的操作方式，不仅人工成本高、效率低，还得注意安全，一不小心就容易出事故。

王明寿早就觉察其中的问题，他想，如果在原料的基础上进行增值加工，提高产品附加值，市场更有前景。于是，王明寿按照自己的想法开始改变原来的模式，从过去的“卖钢筋”变成了“卖成型钢筋”。

只是，光是改进产品，没有质量作保证，生意也不会长久。

为了提高对建筑行业用户的质量水平，2005 年初，博远物流采购了一批国外设备和国内“天津建科机械”的成套钢筋加工设备和技术，组建现代化钢筋加工配送中心。

投产后的加工中心，能够为建筑施工单位专业配送各种规格、尺寸、形状的成型钢筋。

对于施工周期长的大型工程，为降低运输费用，也能够将钢筋加工厂设在施工现场或附近。这种钢筋加工方式，能够代替传统的使用人工和半机械化设备在工地现场加工的方式，具有降低加工成本、提高生产效率、提高加工质量、减少钢筋浪费、加快施工进度、降低能耗、降低劳动强度等特点。

当时国内还没有这类服务，为让客户一听就明白，博远物流给这种产品起了个新名字叫“商品钢筋”（因为加工好的混凝土，之前行内都称之为“商品混凝土”）。由于“商品钢筋”是成型产品，送到工地就能够直接安装，而且价格便宜，在面市之初就大受欢迎。

随着施工技术的快速发展，钢筋加工配送项目逐渐和已经普遍应用的商品混凝土配送项目一样广泛应用。

有了底气的博远物流，逐渐与几家大型建筑公司建立战略合作关系，进一步拓宽销售渠道。

到现在，博远物流已有了50多个高端客户，其中90%是央企。博远物流为上百个国家重点项目的工程提供了“商品钢筋”，如京沪高铁、青岛跨海大桥等工程。

钢筋加工配送中心形成批量生产，和传统的工地现场加工方式相比具有明显的竞争优势。根据工程项目统计，博远物流具备了以下特点：

明显降低原料损耗，工地加工钢筋废料率一般为10%左右，而博远物流只有2%；工地月加工3000吨钢筋需要100个左右的人工，而博远物流只用10个生产人员；博远物流钢筋加工配送中心，能够直接为工地供货，减少中间运输环节；博远具有日加工200吨钢筋的生产能力，能够大大加快施工进度；博远钢筋加工配送中心的生产过程由计算机控制，加工质量大大高于传统方式；为施工承包商解除了现场钢筋加工管理难题和钢筋采购垫资风险。

对于施工承包商，现代化钢筋加工配送这种供货方式，能够为其节省综合钢筋加工成本10%～40%；对于博远物流，则增加了利润，利润主要来自于节省的钢筋。因为按过去的方式，会形成大量损耗，但由于博远物流用的是从意大利进口的数控设备，在经过精密计算后，钢筋的成材率达到97%以上，比现场作业提高了10%。

但要做到更低的损耗，需要达到一定规模。上了规模，就能够直接向钢厂定制“个性化尺寸”的钢筋。而且上了规模还有另一个好处，就是如果博远物流定制的钢筋用不完，钢厂还能够退货。具体的方法是，博远物流和银行及钢厂签署三方协议，博远物流每定制一批钢筋，只需先支付30%的货款到银行，再由银行付全款给钢厂。这样钢厂很快能拿到货款，但必须无条件接受博远物流的退货。

随着商品钢筋供应链的不断成熟以及规模的不断扩大，作为商品钢筋产业链缔造者的王明寿，又将眼光投向了钢筋产业之外的更广阔领域。

转型为“平台服务商”

采用这种“商品钢筋”的模式后，企业有了快速发展。但做了一段时间后，开始有人模仿类似的模式。面对这种情况，王明寿寻思，到底是扩大企业规模将竞争对手抛在后面，还是任由对手发展盘活市场呢？

经过观察，王明寿发现这些后来者面临着一些困难。比如，它们使用的设备，到了冬天就不能干活。加工钢筋需要成型设备，但为节约成本，这些厂家采购便宜的国产设备，经常出问题，耽搁工期。

博远物流用的设备，都是先进的国内外设备，并经过改良，故障少，维修成本低，寿命长。但价格也偏贵，一般在二三十万元以上。对于一个小型的加工厂来说，没两三台配置还干不了活，这是一笔很大的支出。

王明寿灵机一动，觉得化竞争对手为盟友是一条新的出路。于是，博远物流便把经验传授给对手们，把他们发展成“加盟商”，博远物流提供设备支持。

有和国内外先进设备商合作的先发优势，博远物流能够低成本拿到“优质设备”。博远物流将设备租给加盟商：不常用设备的，需要时租用；常用设备，如果想购买，分期付款。

图6-7 博远物流的先进设备

此外，这些小钢筋加工厂因为行业资质问题，很难接到单。而成为博远物流的“加盟商”后，利用博远物流的一级资质，就容易接到单。而博远物流的业务量大时，也会外包给“加盟商”。

加盟商还能够向博远物流购买剪切好的钢筋（套材），降低采购及加工成本。而之前小加工厂因为单量小，根本无法享受钢筋的价格优惠，更别说从钢厂定制个性化尺寸的钢筋了。

博远物流为中小钢材经销商垫付部分资金的方式，将这些中小钢材经销商联合起来，统一向钢厂采购，由于规模大，在价格、服务等方面取得企业分散采购无法享有的优惠，极大地降低了中小钢材经销商采购成本。所有运输、仓储、剪切加工及配送则由博远统筹，这又为中小钢材经销商降低了运储成本。由此，产生的价差增大了中小钢材经销商利润来源，而博远则收取一定的服务费，分得一杯羹。

就这样，博远物流转型为“平台服务商”。商业模式的转变，也给博远物流带来多个盈利点：一是加盟商定制钢筋套材费；二是品牌管理费，根据单量，每吨钢筋收20～50元；三是设备租赁费；四是服务过程中额外节省的成本。

如今，由博远集合起来的钢材经销商已达300多家，与首钢、宝钢、本钢、莱钢等各大钢厂结成了紧密的战略联盟关系。在短短几年间，该公司的总资产增长了10多倍，达到4亿多元。

博远物流还和银行合作，为这些加工商提供各种金融服务。比如融资、应收账款融资、仓单质押、联保及融资租赁等服务。

"平台物流就像造汽车一样是一个总成的概念,原来的物资、交通、储运等部门所担负的只是现代物流的一个环节。平台物流其实是对供应链、价值链、产业链的重新整合管理。"王明寿说:"现在,博远物流所做的是为中小钢材经销商服务,组织他们形成联盟,统一采购,统一报价,降低采购成本,由博远提供运输与仓储服务,向钢材经销户收取一定的服务费。"

博远物流角色的转换,为当前迷路的企业做了一个指引,在模式的转型上,不仅要与时俱进,更需要超前的意识和执行的魄力。

➢每日一练

自己试着总结配送加工的基本项目和对于流通的意义。

分项任务小结

完成本分项任务后,请进行自我测试:你是否能说出某个企业做配送加工的流程?

一、核心概念

配送加工　配送加工方式　配送加工项目　合理化配送加工

二、业务技能自测

(一)不定项选择题

1. 以下哪项并不是所有配送中心都必备的作业环节?

A. 拣选　B. 分货　C. 流通加工　D. 保管　E. 配送

2. 流通加工与生产加工的区别主要体现在:(　　)。

A. 加工对象不同　B. 加工内容不同　C. 加工目的不同

D. 加工深度不同　E. 所处领域不同

3. 配送加工作业方式包括(　　)。

A. 集中搅拌混凝土　B. 输送水泥　C. 生鲜食品配送加工

D. 平板玻璃配送加工　E. 钢材配送加工

4. 煤炭的配送加工包括(　　)。

A. 除矸加工　B. 煤浆加工　C. 配煤加工　D. 除湿加工

(二)判断题

1. 配送加工是配送的必备功能。(　　)
2. 配送加工是重要的利润源泉。(　　)
3. 配送加工与生产加工相比属于加单加工。(　　)
4. 配送加工无须考虑配送运输方式。(　　)
5. 配送与节约相结合是配送加工合理化的一个标准。(　　)

(三)思考题

1. 简述配送加工的含义和特性。
2. 简述配送加工的作用。

3. 简述配送加工的特点。

4. 简述配送加工的主要类型。

5. 配送加工作业的基本项目有哪些?

6. 常见的不合理配送加工形式有哪些?

7. 促进配送加工合理化包括哪些方面?

三、案例分析

迪安食品公司的牛奶配送

迪安食品公司打算在墨西哥市场投放牛奶制品和冷冻蔬菜。对于这家有23亿美元资产、总部设在芝加哥、仅在美国从事销售活动的公司来说,这是一项重大的举措。由于北美自由贸易协定允许开放墨西哥市场,迪安食品公司正在利用机会将其产品介绍给9000万新的消费者。

牛奶是一种特别吸引人的产品,因为墨西哥新鲜牛奶短缺,而人口中有一半年龄在18岁以下(主要的喝牛奶者)。并且,因为政府的限价,还没有什么动力驱使批发商和零售商推销该产品。在投入这项冒险事业之前,迪安指派了两名经理去研究墨西哥市场营销和物流需求。迪安还寻求专业厂商Tetra Pak公司的合作,这是他的包装供应商之一,经营着一家大型的墨西哥公司。

迪安首先通过建立一家合资企业把目标对准墨西哥奶制品市场。该合资企业期望配送商有经验处理迪安的牛奶和奶制品,将其装运到边界城镇。墨西哥现在消费迪安的EI Paso奶制品公司的1/3的产品。迪安食品的合资企业仍然需要解决几个问题。第一个问题是个冷藏问题,因为绝大部分的产品是在小型的"夫妻"店里出售的,这类店里几乎没有什么冷藏设备。因为产品的堆放空间缩小了,在货架上的保存期也缩短了,迪安就把加仑壶包装改成小纸箱包装。第二个问题与超市有关。这些超市常常通宵停电,造成冰淇淋产品反复地融化和冻结,以至于损害了产品的质量。迪安正在考虑的一个解决办法就是自己购买冰箱并对店里24小时维持供电进行补贴。第三个问题是墨西哥缺少奶牛场。这一短缺正在迫使迪安考虑发展与原奶生产商的关系,而不是实际经营这些奶牛场。第四个是低质量牛奶的问题。因为墨西哥几乎没有有关产品质量控制的法律规章,所出售的全部牛奶中有40%未经巴氏法灭菌就直接输送到消费者手中。

阅读以上材料,回答问题:

1. 牛奶配送有什么特殊要求?

2. 配送加工的作用有哪些?

四、实训操作

走访周边的物流企业或者快递企业或者货运代理企业,了解企业有没有配送加工项目,若有,请画出该企业配送加工流程;若没有,请思考该企业有没有必要新上配送加工项目。

[**实训目标**]通过深入实地调研了解企业的实际情况,加深对本任务内容的理解。

[**实训组织**]学生每6人分为一组,选择不同的企业调查。

[**实训提示**]教师提出活动前准备及注意事项,同时随队指导。

[**实训成果**]各组汇报,教师讲评。

任务7

送货作业

知识目标

通过完成本任务,你应该能够:

1. 理解送货作业的概念。
2. 了解配送计划的编制过程。
3. 准确描述送货作业流程。
4. 理解车辆调度的内容及原则。

技能目标

1. 能够掌握送货路线的确定方法。
2. 能够掌握配装作业的方法。

任务导入

尊敬的读者：送货是现在物流管理的重要环节，作为物流专业的同学，大家是怎样理解送货作业的呢？送货环节也是直接和客户接触的环节，如果在这方面失误会产生种种问题，如出货费时，配送效率低下，送货费用的超标等，我们又应该如何避免这些问题呢？

为了详细地了解上述问题，我们必须先从送货作业的基础知识入手，首先请尝试完成本任务：送货作业。

我们又将本任务分为两个分项任务：

分项任务1：送货作业认知

分项任务2：车辆调度与车辆配装

你可以对照能力目标，反复演练，有的放矢地依次完成各分项任务，直至完成本任务，为早日胜任配送企业相关岗位做好准备。

任务实施

一、送货作业认知

➢任务提示

本分项任务将引领你明确送货的流程，结合图7-1进行送货作业流程的具体分析，并依此制定配送作业计划。

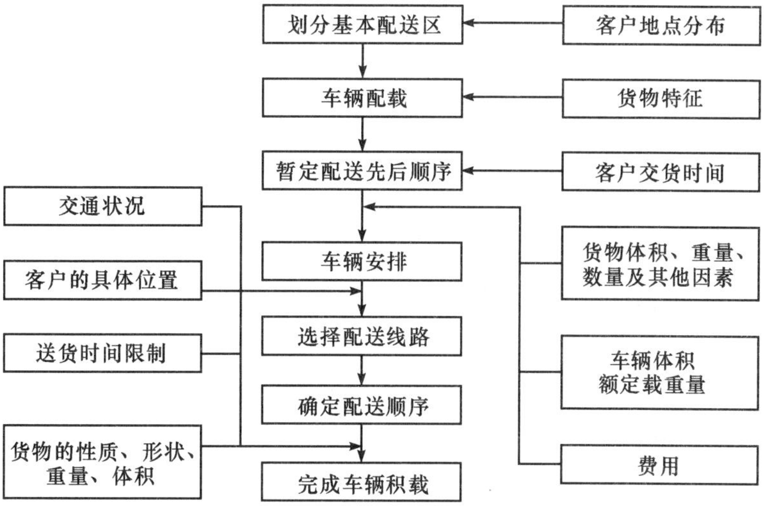

图7-1 送货作业流程

➢任务先行

出货作业可以说是配送作业的最后一个环节，那么出货作业应该如何实施，出货计划如何制定？要了解这些问题，请往下看！

重要知识 7-1

送货的定义

送货作业就是利用配送车辆把客户订购的物品从配送中心送到客户手中。是配送业务的最后一个环节。

(一)明确送货作业流程

1. 划分基本配送区域

为使整个配送有一个可循的基本依据，应首先将客户所在地的具体位置作系统统计，并将其作区域上的整体划分，将每一客户囊括在不同的基本配送区域之中，以作为下一步决策的基本参考。如按行政区域或依交通条件划分不同的配送区域，在这一划分的基础上再作弹性调整来安排配送。

2. 车辆配载

由于配送货物品种、特性各异，为提高配送效率，确保货物质量，必须首先对特性差异大的货物进行分类。接到订单后，将货物按特性进行分类，分别采取不同的配送方式和运输工具。如按冷冻食品、速食品、散装货物、箱装货物等分类配载。其次，配送的货物也有轻重缓急之分，必须初步确定哪些可配装于同一辆车，哪些不能配装于同一辆车，以做好车辆的初步送货工作。

3. 暂定配送先后顺序

在考虑其他影响因素，做出确定的配送方案前，应根据客户订单要求的送货时间将配送的先后作业次序作初步排定，为后面车辆积载做好准备。计划工作的目的，是为了保证达到既定的目标。所以，预先确定基本配送顺序既可以有效地保证送货时间，又可以提高动作效率。

4. 车辆安排

车辆安排要解决的问题是安排什么类型、吨位的配送车辆进行最后的送货安排。在安排前首先要掌握哪些车辆可供调派并符合要求，即这些车辆的容量和额定载重是否满足要求。其次，还必须分析订单上货物的信息，如体积、重量、数量、对装卸的特别要求等，综合考虑各方面因素的影响，做出最合适的车辆安排。

5. 选择配送线路

知道了每辆车负责配送的具体客户后，如何以最快的速度完成对这些货物的配送，即如何选择配送距离短、配送时间短、配送成本低的线路，需要根据客户的具体位置、沿途的交通情况等做出选择和判断。此外，还必须考虑有些客户或其所在地环境对送货时间、车型等方面的特殊要求，如有些客户不在中午或晚上收货，有些道路在某高峰期实行特别的交通管制等。

6. 确定最终的配送顺序

做好车辆及选择好最佳的配送线路后，依据各车负责配送的具体客户的先后，即可将客户的最终配送顺序加以明确的确定。

7. 完成车辆积载

如何将货物装车，以什么次序装车的问题，就是车辆的积载问题。原则上，知道了客户的配送顺序先后，只要将货物依"后送先装"的顺序装车即可。但有时为有效利用空间，可能还要考虑货物的性质，如怕震、怕压、怕撞、怕湿等特性，对形状、体积及重量等做出调整。此外，对于货物的装卸方法也必须依照货物的性质、形状、重量、体积等来具体决定。

8. 运送与交付

根据运送计划在规定时间内把货物送达指定客户手中，在运送过程中，要注意加强运输车辆的考核与管理。

当货物送达客户指定接收地点后，配送中心送达人员应协助客户卸货下车，并放到指定位置，并与收货人员一起清点货物，做好送达完成确认工作，并要求客户在送达单上签字。如果有退货、调货的要求，则应将退、调货随车带回，并填写相应的退货单。对于"货到付款"的货物，送达人员应先向客户核收运付运费后再交付货物。如果客户要求开箱验货应向其解释运输条款中有关"以外包装完好为交付条件"的规定，请客户先在运单上标注"包装完好、货票相符"，再开箱查验。若货物破损，客户拒收货物，可拉回公司处理；客户愿意收货的，在办理完交付手续后，由送达人员向客户出具"破损记录"，请客户签字后带回公司处理。

9. 费用结算

配送部门的车辆按指定的计划送达客户完成配送工作后，即可通知财务部门进行费用结算，完成此次配送工作。

➢企业实例

送货作业岗位及职责

配送部配送员岗位责任

1. 根据送货顺序指导装车员完成货物配装。
2. 指导司机安全、及时、准确地将货物送到客户指定地点，与客户办理货、款交接手续。
3. 向客户提供各项售后服务。
4. 根据公司规定回公司办理退货和交款手续，反馈相关信息。

运输部司机岗位责任

负责开车送货，协助配送员搬运、照看货物，并提供相关事项的证明。

财务部结算员岗位责任

负责办理货款结算手续，整理欠款单及对账单。

财务部税票员岗位责任

根据客户类型和往来账金额开具相应税票。

仓储部理单员岗位责任

按客户分类打印整理各类送货单据，并按车辆送货顺序归类，与配送员办理单据交接手续。

(二)送货作业的特性

1. 时效性

时效是客户最重视的因素，因此对配送中心来说，一定要保证在指定的时间内把货物送达客户手中。由于配送是从客户下达订单到送达客户手中的最后一环，一旦在整个物流环节中延误就很难弥补，因此制定良好的配送计划是保证时效的关键。

2. 可靠性

要将物品完好无缺地送达客户手中，需要配送人员高度的责任心和职业素养。这取决于配送人员对于物品的熟悉程度、装货时的细心程度、运输过程中对客户和环境的熟悉程度等。

3. 沟通性

配送人员是直接把货物送达客户手中的人员，配送人员表现出来的态度会给客户留下深刻的印象。因而配送人员要做到与客户的及时沟通，并以良好的服务态度来维护公司的形象，提高客户对公司的忠诚度。

4. 便利性

配送最重要的是要让顾客感觉方便，因而提供客户满意的各种服务是提高客户忠诚度的关键，因此可以开展紧急配送、顺道退货、资源回收等便利活动。

5. 经济性

经济性是配送中心和客户都关注的关键要素，因此要采取合理的措施保证客户满意的同时能够尽量做到成本最低，提高顾客的满意程度。

(三)配送计划的编制

1. 确定配送计划的类别

配送业务的经营运作是以满足客户需求为导向的，并且需要与企业自行拥有的资源、运作能力相匹配。由于企业自身的能力和资源有一定的限制，客户的需求又存在多样性、多变性和复杂性，因此，制订合理的配送计划很重要。配送计划主要分为配送主计划、每日配送计划、应急配送计划三大类。针对本任务应设计出合理的配送计划，按计划实施任务。

(1)配送主计划

配送主计划是指针对未来一定时期内，对已知客户需求进行前期的配送规划，便于对车辆、人员、支出等做统筹安排，以满足客户的需要。例如，为迎接家电行业 3～7 月份空调销售旺季的到来，某公司于年初制订空调配送主计划，根据各个零售店往年销售情况加上相应系数预测配送需求量，提前安排车辆、人员等，制订配送计划，全面保证销售任务完成。

(2)每日配送计划

每日配送计划是针对上述配送主计划，逐日进行实际配送业务的调度计划。例如，订单增减、取消、配送任务细分、时间安排、车辆调度等等。制订每日配送计划的目的，是使配送作业有章可循，成为例行事务，做到忙中有序。当然这和责任到人也是有很大关系的。

(3)特别配送计划

特别配送计划是指针对突发事件或者不在主计划规划范围内的配送业务，或者不影响正常每日配送业务所做的计划。它是配送主计划和每月配送计划的必要补充。例如，空调在特定商场进行促销活动，可能会导致配送需求量突然增加，或者配送时效性增强，这都需要制订特殊配送计划，增强配送业务的柔性，提高服务水平。

2. 制订配送计划的一般步骤

(1)确定配送计划的目的

(2)相关数据资料

(3)整理配送的要素

配送的要素包括货物、客户、车辆、人员、路线、地点、时间这七项内容，也称作配送的功能要素。在制订配送计划时应对这七项内容作深入了解并加以分析整理。

(4)制订初步配送计划

在完成上述三个步骤之后，结合自身能力以及客户需求，便可以初步确定配送计划。

重要知识 7-2

初步配送计划

1. 配送线路的确定。
2. 每日最大配送量。
3. 配送业务的起止时间(也可以24小时不间断作业)。
4. 使用车辆的种类。

(5)与客户协调沟通

给客户制订配送计划的主要目的就是要让客户了解在充分利用有限资源的前提下，他们所能得到的服务水平。因此，在制订了初步的配送计划之后，一定要与客户进行沟通，请客户充分参与意见，共同完善配送计划。并且应该让客户了解其现有的各项作业环节在未来操作时可能出现的各种变化情况，以免客户的期望与具体操作产生重大落差。在具体业务的操作上，要取得良好的配送服务质量，是需要客户与配送公司密切配合的，并不是单纯某一方的责任。

(6)确定配送计划

①确定地点、数量与配送任务。

②确定车辆数量。

③确定车队构成以及车辆组合。

④控制车辆最长行驶里程。

⑤确定车辆容积、载重限制。

⑥确定路网结构。

⑦确定时间范围。

⑧与客户作业层面的衔接。

⑨达到最佳化目标。

3. 配送计划的实施

配送计划的实施主要包括以下内容：

①下达配送计划。

②按计划给配送点进行配货。

③装车发运。

➢每日一练

自己试着总结送货作业流程。

分项任务小结

完成本分项任务后，请进行自我测试：请大家选择一家周边大型超市调查并研究该超市的配送计划，了解该配送计划的实施过程。

二、车辆调度与车辆配装

➢任务提示

本分项任务将引领你掌握车辆调度及车辆配装的方法。

➢任务先行

完成以上任务，我们已经初步了解送货作业流程。接下来，再了解车辆调度与车辆配装的含义，进而把握车辆调度与车辆配装的原则与方法，了解车辆调度的岗位设置等内容，从而确定自身以后可能从事的岗位。

重要知识 7-3

车辆调度的定义

车辆调度是指制定行车路线，使车辆在满足一定的约束条件下，有序地通过一系列装货点和卸货点，达到诸如路程最短、费用最小、耗时最少等目标。

车辆运行调度是配送运输管理的一项重要职能，是指挥监控配送车辆正常运行、协调配送生产过程以实现车辆运行作业计划的重要手段。

(一)车辆运行调度工作的内容及原则

1. 车辆运行调度工作的内容

(1)编制配送车辆运行作业计划

包括编制配送方案、配送计划、车辆运行计划总表、分日配送计划表、单车运行作业计划等。根据掌握的用车时间、等车地点、乘车人单位和姓名、乘车人数、行车路线等情况，做计划安排，并将执行任务的司机姓名、车号、出车地点等在调度办公室公布或口头通知司机本人。车辆调度工作还要做好用车预约。

(2)现场调度

根据货物分日配送计划、车辆运行作业计划和车辆动态分派配送任务，即按计划调派车辆，签发行车路单；勘察配载作业现场，做好装卸车准备；督促驾驶员按时出车；督促车辆按计划送修送保。

(3)随时掌握车辆运行信息，进行有效监督

如发现问题，应采取积极措施，及时解决和消除，尽量减少配送生产中断时间，使车辆按计划正常运行。

(4)检查计划执行情况

检查配送计划和车辆运行作业计划的执行情况。

2. 车辆运行调度工作的原则

(1)坚持从全局出发，局部服从全局的原则

在编制运行作业计划和实施运行作业计划过程中，要从全局出发，保证重点、统筹兼顾，运力安排应贯彻“先重点、后一般”的原则。

(2)“安全第一、质量第一”原则

在配送运输生产过程中，要始终把安全工作和质量管理放在首要位置。

(3)计划性原则

调度工作要根据客户订单要求认真编制车辆运行作业计划，并以运行计划为依据，监督和检查运行作业计划的执行情况，按计划配送货物，按计划送修送保车辆。

(4)合理性原则

要根据货物性能、体积、重量、车辆技术状况、道路桥梁通行条件、气候变化、驾驶员技术水平等因素合理调派车辆。在编制运行作业计划时，应科学合理地安排车辆的运行路线，有效地降低运输成本。

(二)车辆运行调度特点及作用

1. 车辆调度的特点

(1)计划性。计划性是调度工作的基础和依据。事先划分好配送区域，配送车辆按照已经划分好的区域线路执行每日的配送工作。

(2)机动性。机动性就是必须加强运输信息的反馈,及时了解运输状况,机动灵活地处理各种问题,准确及时地发布调度命令,保证运输计划的完成。当遇到门店要货量不均或要货属性(体积、重量等)差异大等情况时,对原划分好的相邻区域间可以进行微调。

(3)预防性。运输过程中的影响因素多,情况变化快,因此,调度人员应对生产中可能产生的问题有预见。这包括两个方面:一是采取预防措施,消除影响配送的不良因素,如车辆的定期检查与保养等;二是事先准备,制定有效的应急措施。当发生个别车辆故障或其他突发事件时,应有备用车辆替补完成当日的配送任务工作。

(4)及时性。调度工作的时间尤其重要,无论工时的利用、配送环节的衔接,还是装卸效率的提高、运输时间的缩短,无不体现了时间的观念。因此,调度部门发现问题要迅速,反馈信息要及时,解决问题要果断。

2. 车辆调度的作用

(1)保证运输任务按期完成。

(2)能及时了解运输任务的执行情况。

(3)促进运输及相关工作的有序进行。

(4)实现最小的运力投入。

➢企业实例

车辆运行调度岗位及职责

计划调度员责任

1. 编制、审核车辆平衡方案和车辆运行作业计划,并在工作中贯彻执行,检查总结。

2. 掌握运输计划及重点物资完成情况,及时进行分析研究,提出措施和意见。

值班调度员责任

1. 正确执行车辆运行计划,发布调度命令,及时处理日常生产中发生的问题,保证上下级调度机构之间的联系。

2. 随时了解运输计划和重点任务完成进度,听取各方面反映,做好调度记录,发现有关情况及时向领导指示、汇报。

3. 随时掌握车况、货况、路况,加强与有关单位的联系,保证单位内外协作。

4. 签发行车路单,详细交代任务和注意事项。

5. 做好车辆动态登记工作,收集行车路单及有关业务单据。

综合调度员责任

1. 及时统计运力及其分布、增减情况和运行效率指标。

2. 统计安全运输情况。

3. 统计运输生产计划和重点运输完成进度。

4. 统计车辆运行作业计划的完成情况及保养对号率。

5. 及时绘制有关资料的汇总和保管。

调度长责任

全面领导和安排工作,在调度工作中正确地贯彻执行有关政策法令,充分地发挥全组人员的积极性,确保运输任务的完成。

(三)送货路线的确定

配送路线是指各送货车辆向各个客户送货时所需要经过的路线。配送路线合理与否对配送速度、成本、效益影响很大,采用科学合理的方法来优化配送路线,是配送活动中非常重要的工作。

确定配送路线一般采取各种数学方法和在数学方法基础上发展和演变出来的经验方法进行定量分析与定性分析。但对复杂的配送路线的确定最好是利用数学模型转换成计算机程序来求出最优配送路线方案。

1. 确定配送目标

(1)以效益最高为目标

它是指计算时以利润的数值最大化为目标值。在选择效益为目标时,一般是以企业当前的效益为主要考虑因素,同时兼顾长远的效益。效益是企业整体经营活动的综合体现,可以用利润来表示,因此,在计算时以数值最大化为目标值的。

由于效益是综合的反映,在拟定数学模型时,很难与配送路线之间建立函数关系,一般很少采用这一目标。

(2)以成本最低为目标

成本和配送路线之间有着比较密切的关系,尽管计算各配送路线的运送成本仍比较复杂,但相对效益目标而言却有所简化,比较实用。由于成本对最终效益起决定作用,所以选择以成本最低为目标实际上还是选择了效益为目标。

(3)以路程最短为目标

当成本和路程相关性较强,而和其他因素是微相关时,可以采取路程最短为目标,这样可以大大简化计算,而且也可以避免许多不易计算的影响因素。需要注意的是,有时候路程最短并不见得成本就最低,如果道路条件、道路收费影响了成本,仅以最短路程为最优方案则就不合适了。

(4)以吨千米数最低为目标

吨千米数最低是长途运输时作为目标选择的,在多个发货站和多个收货站的条件下,而又是整车发到的情况下,选择吨千米数最低为目标是可以取得满意结果的。在配送路线选择中一般情况是不适用的,但在采取共同配送方式时,也可以吨千米数最低为目标。在"节约里程法"的计算所确定的配送目标,即是吨千米数最低的目标。

(5)以准确性最高为目标

准确性是配送中重要的服务指标,以准确性为目标确定配送路线就是要将各用户的时间要求和路线先后到达的安排协调起来,这样有时难以顾及成本问题,甚至需要牺牲成本来满足准确性要求。当然,在这种情况下成本也不能失控,应有一定限制。

(6)以运力利用最合理为目标

在运力非常紧张,运力与成本或效益又有一定关系时,以运力合理利用为目标,确定配送路线,可以节约运力,充分运用现有运力,不需外租车辆或新购车辆。

(7)以劳动消耗最低为目标

以油耗最低、司机人数最少、司机工作时间最短等劳动消耗为目标确定配送路线也有所应用，这主要是在特殊情况下（如供油异常紧张、油价非常高、意外事故引起人员减员，某些因素限制了配送司机人数等）所要选择的目标。

2. 确定配送路线的约束条件

以上目标在实现时都受到许多条件的约束，所以在实现确定目标时必须在满足这些约束条件的前提下优化配送路线。

一般的配送约束条件有以下几项：

(1)满足所有收货人对货物品种、规格、数量的要求。

(2)满足收货人对货物发到时间范围的要求。

(3)在允许通行的时间内进行配送。

(4)各配送路线的货物量不得超过车辆容积和载重量的限制。

(5)在配送中心现有运力允许的范围内。

(三)送货路线确定的方法

1. 单车单点配送的线路确定

在实际送货过程中常常会遇到要从配送中心给单个客户送货的问题，这时企业所期望的通常是能够找到一条从配送中心到客户点最短的运行路线，因为这样能够节省油耗，节省成本。这种需求从始点到终点的一条路径使得路径总长最短的问题被称为最短路问题。最短路问题一般是描述在一个网络图中，给定一个始点和一个终点，求始点到终点的一条路径且使得路径总长最短。除配送路径选取问题外，有许多实际问题都可以归结为最短路问题，例如，两地之间的管道铺设、线路安装、道路修筑等都属于最短路问题。

➢企业实例

实例1　配送路线设计方案之一

1. 单车单点配送的路线确定

配送中心S向t配送货物，图7-2中的6个点是途径的客户点，各点之间的路径距离千米数如线上的数据所示，货物吨/千米运价50元，请制定从S出发将货品配送到t的最优配送方案。

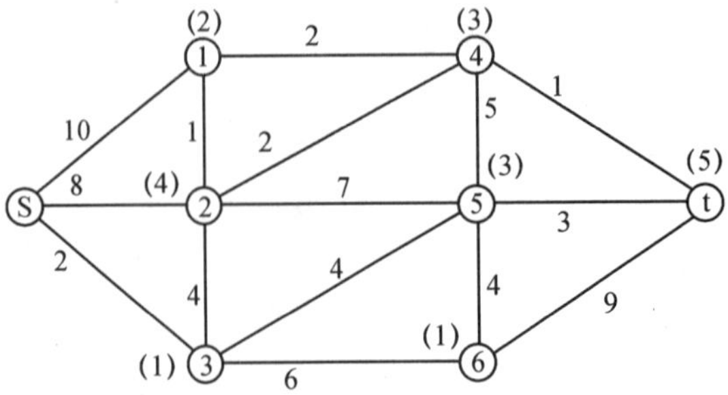

图7-2　S—t的配送路线

注：图中括号内数字表示最短延迟时间。

解决办法：

(1)最大相邻法

本方法较简单，思路为：从始点或终点开始，找与该点相连的所有点中最近的点，从而得到第二个点，再找与第二个点相连的所有点中最近的点得到第三个点，以此类推。但是注意不能够走回头路，也就是前面找到的点不能够再被找出来一次。

(2)Dijkstra 标号法

该法是 Dijkstra1959 年提出的，能求出网络的任一点 S 到其他各点的最短路。在计算过程中，对每一个点 J 都要赋予一个标号，这分为固定标号 P_j 和临时标号 T_j，其含义如下：

P_j—从始点 S 到 J 的最短路长；T_j—从始点 S 到 J 的最短路长的上限。一个点 j 的标号只能是上述两种标号之一。若为 T 标号，则需要视情况修改，而一旦成为 P 标号，就固定不变了。开始先给始点 S 标上 P 标号 0，然后检查一切与点 S 相连的边的另一端点 j，修改其 T 标号为位势 V_j，在网络图中的所有 T 标号中选取最小的并把它修改为 P 标号。以后每次都检查刚得到 P 标号的那点，按一定规则修改其一切相连边另一端点的 T 标号，再在网络中的 T 标号中选取最小者，把它改为 P 标号。这样，每次都把至少一个 T 标号点改为 P 标号点，因为网络中共有 n 个节点，所以最多只需要 $n-1$ 次就能把终点 t 改为 P 标号。这样就求得了 S 到 t 的最短路。

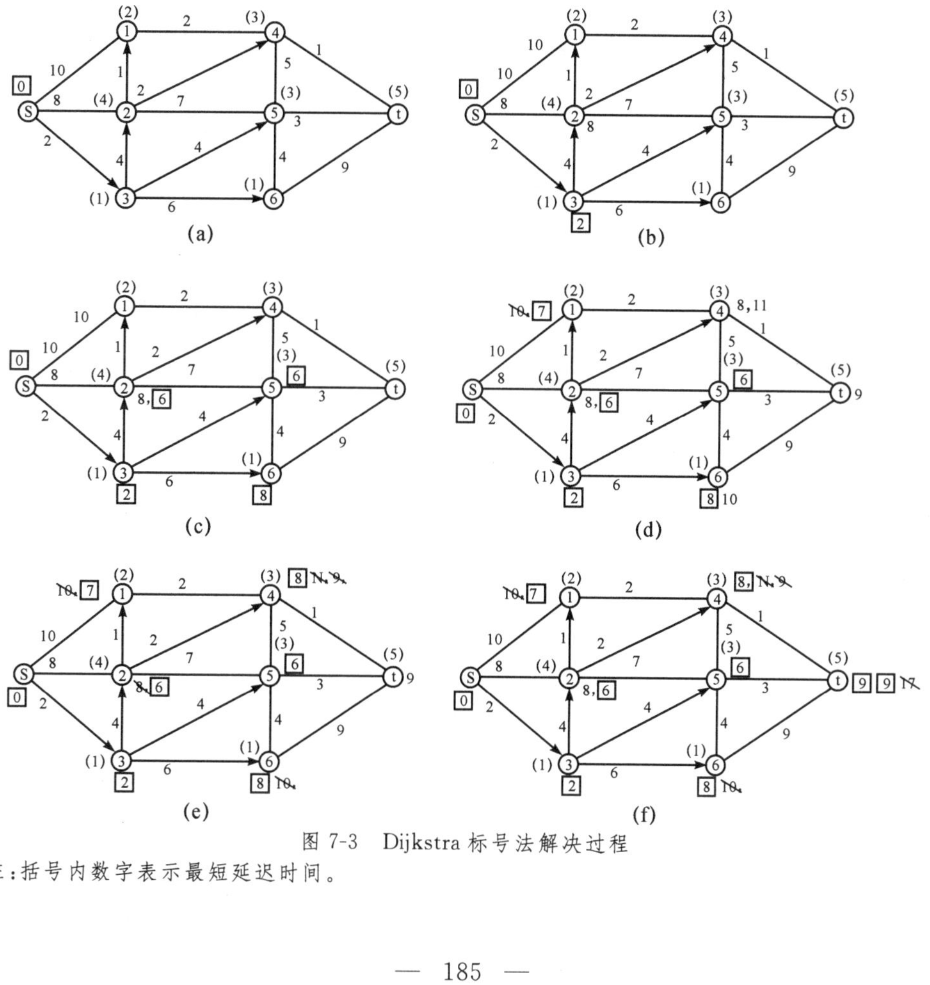

图 7-3 Dijkstra 标号法解决过程

注：括号内数字表示最短延迟时间。

采用 Dijkstra 标号法解决过程如图 7-3 所示。从图中可以看出,该问题有两种可行方案:(1)S→③→②→④→ t;(2)S →③→⑤→ t。两种方案距离都是 9。同时这种方法也求出了 S 到图中其他各点的最短路和最短距离。到其他各点的最短路如图 7-3 中箭头所示,最短距离就是在各点旁边的方框中标出的数字。

2. 多车多点配送的路线的确定

使用里程节约法的基本条件是同一条线路上所有客户的需求量总和不大于一辆车的额定载重量。送货时由这辆车装着所有客户的货物沿着一条精心挑选的最佳线路依次将货物送到各个客户的手中,这样既保证按时按量将用户需要的货物及时送到,又节约了费用,缓解了交通紧张的压力,并减少了运输对环境造成的污染。

(1)里程节约法的基本规定

利用里程节约法确定配送线路的主要出发点是根据配送方的运输能力及其到客户之间的距离和各客户之间的相对距离来制定使配送车辆总的周转量达到或接近最小的配送方案。假设:①配送的是同一种或相类似的货物;②各用户的位置及需求量已知;③配送方案有足够的运输能力。里程节约法制定出的配送方案除了使总的周转量最小外,还应满足:①方案能满足所有用户的到货时间要求;②不使车辆超载;③每辆车每天的总运行时间及里程满足规定的要求。

(2)里程节约法的基本思想

如图 7-4 所示,设 P_0 为配送中心,分别向客户 P_i 和 P_j 送货。

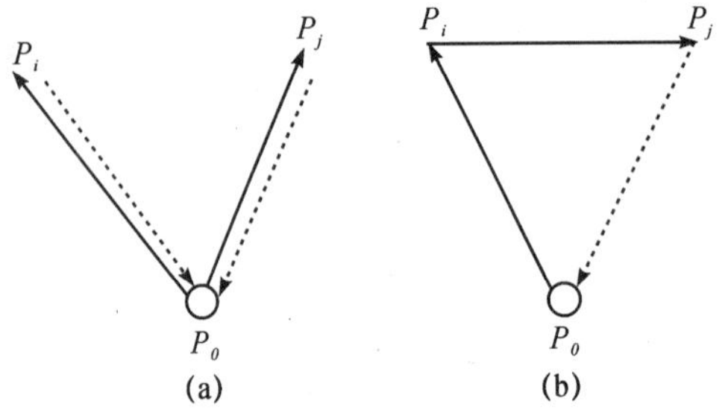

图 7-4　里程节约法原理图

P_0 到 P_i 和 P_j 的距离分别为 d_i 和 d_j,两个客户 P_i 和 P_j 之间的距离为 d_{ij},送货方案只有两种即配送中心 P_0 向客户 P_i、P_j 分别送货和配送中心 P_0 向客户 P_i、P_j 同时送货,如图 7-4(a)和(b)所示。根据节约法的基本思想,如果一个配送中心 P_0 分别向 n 个客户 P_j($j=1,2,\cdots,n$)配送货物,在汽车载重能力允许的前提下,每辆汽车的配送线路中经过的客户个数越多,里程节约量越大,配送线路越合理。

实例 2　配送路线设计方案之二

配送中心 A 要向 B, C, D, E, F, G 6 个门店配送货物,如图 7-5 所示,它们之间的距离和每一处的配送货物量见图中标注,配送车辆载重量有 2.5t(t=吨)和 4t 两种,请规划总距离最短的配送方案。

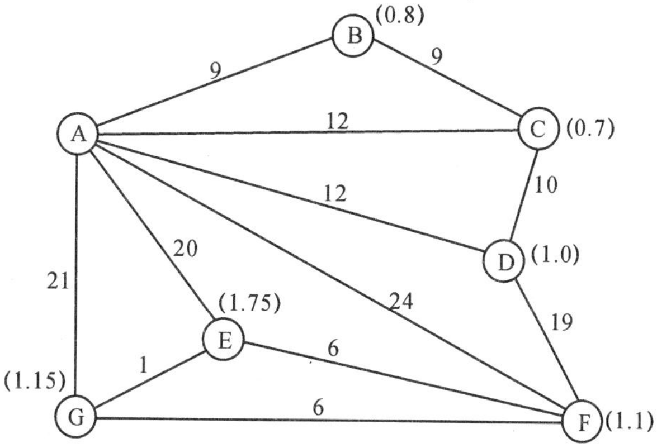

图 7-5　配送中心 A 的配送路线

解决办法：

(1)计算最短距离。根据配送网络中的已知条件，计算配送中心与客户之间及各客户之间的最短距离，结果如图 7-6 所示。

A						
9	B					
12	9	C				
12	19	10	D			
20	29	32	25	E		
24	33	29	19	6	F	
21	30	33	25	1	6	G

图 7-6　配送距离

(2)计算节约里程 S_{ij}，结果如图 7-7 所示。

序号	路线	S_U	序号	路线	S_U
1	BC	12	9	CC	0
2	BD	2	10	DE	7
3	BE	0	11	DF	17
4	BF	0	12	DC	8
5	BC	0	13	EF	38
6	CD	14	14	EC	40
7	CE	0	15	FC	39
8	CF	7	16		

图 7-7　节约里程

(3)将节约里程 S_{ij} 进行分类,按从大到小的顺序排序,得到图 7-8。

序号	路线	S_U	序号	路线	S_U
1	EC	40	6	BC	12
2	FC	39	7	DC	8
3	EF	38	8	CF	7
4	DF	17	9	DE	7
5	CD	14	10	BD	2

图 7-8　节约里程排序

(4)确定配送线路。从分类表中,按节约里程大小顺序组成线路图。

①初始方案:对每一客户分别单独派车送货,原路返回,如图 7-9 所示。

配送线路:6 条

配送距离 S_0:196 km

配送车辆:2.5t×6

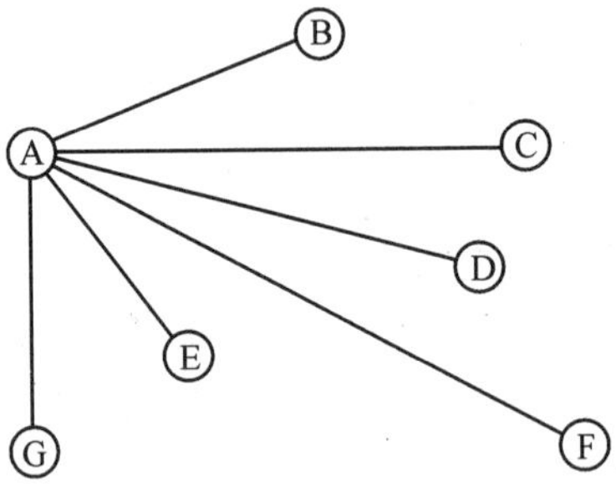

图 7-9　初始方案

②修正方案 1:按节约里程 S 由大到小的顺序,同时考虑车辆额定载重和各点需求量的关系,将 EG 连成一条线路,得修正方案 1,配送线路 1:A—E—G—A,剩余客户点单独配送,配送线路 5 条,如图 7-10 所示。

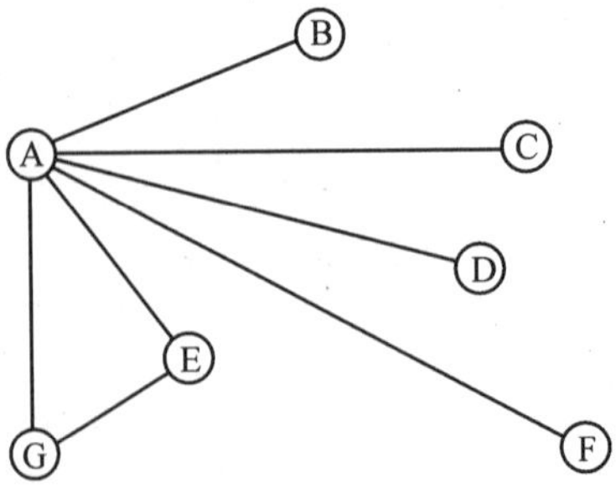

图 7-10　修正方案 1

节约里程:40 km

配送距离 S_1:196—40=156(km)

由于 EG 两点需求量之和为 2.9t,因此需要 1 辆 4t 车,

所以,配送车辆:4t×1+2.5t×4

③修正方案 2:在剩余的配送点中,按由大到小的顺序连接 FG,同时考虑车辆额定载重 4t 和 F 点的需求量 1.1t,可以把 F 点并入线路 1,这时需要 4t 车 1 辆,得到配送线路 2: A—E—G—F—A,剩余客户点单独配送,配送线路 4 条,如图 7-11 所示。

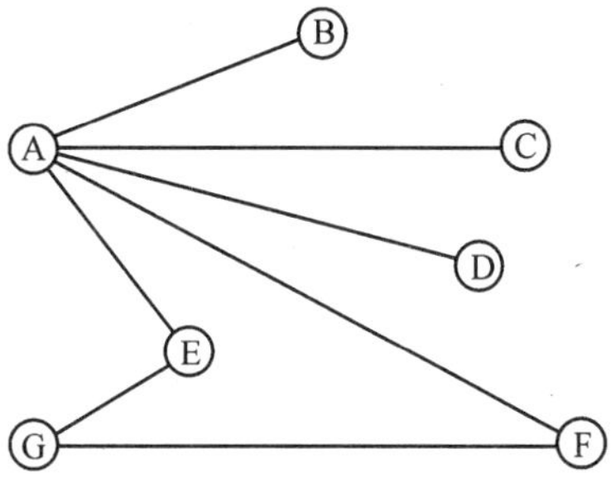

图 7-11 修正方案 2

节约里程:40+39=79(km)

配送距离 S_2:156−39=117(km)

配送车辆:4t×1+2.5t×3

这条线路就是一条有效的配送线路,并且本条线路车辆已经装满,不能够再加入其他客户点了。所以所有与本线路有关联的其他客户点的节约里程都无效了,此处线路 EF, DF, CF, DE 都无效了,不予考虑。

④修正方案 3:在剩余可行的线路中,选择里程节约最大的线路。这时找到了 CD,考虑 CD 两点的需求量之和为 1.7t,这时可以采用一辆 2.5t 车完成两点的配送作业,得到配送线路 3:A—C—D—A。剩余客户点 B 单独配送,配送线路 3 条,如图 7-12 所示。

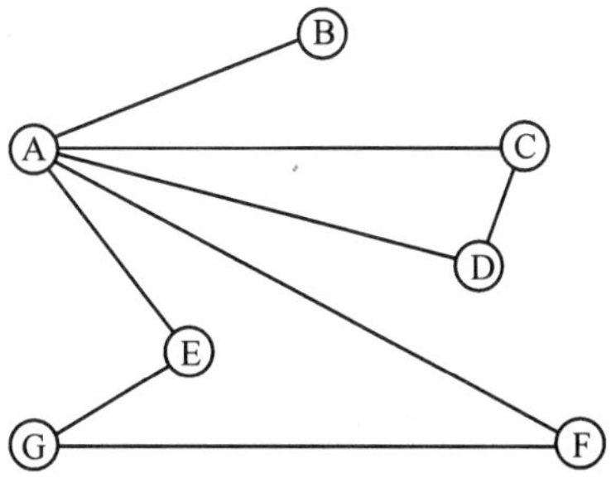

图 7-12 修正方案 3

节约里程:79+14=93(km)

配送距离 S_3:117−14=103(km)

配送车辆:4t×1+2.5t×2

⑤修正方案 4:在剩余可行的线路中,下一个最大的是 BC,也就是 BC 两点同车配送,这时考虑 B 的需求量 0.8,可以考虑将 B 并入线路 3 得到线路 4:A—B—C—D—A。这时

正好需一辆 2.5t 的车可以装载 BCD 三家客户的货品，配送线路 2 条，如图 7-13 所示。

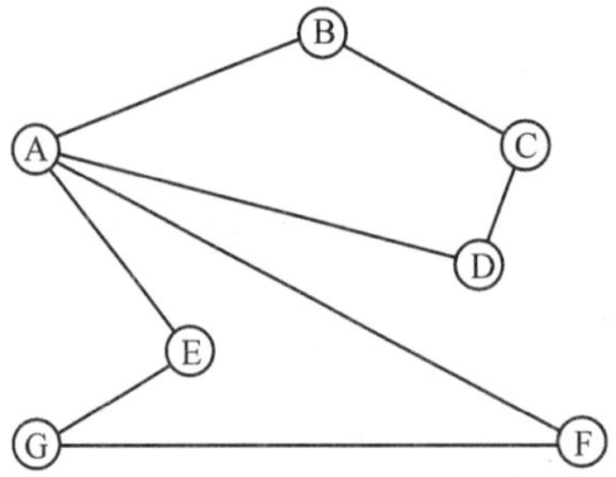

图 7-13 修正方案 4

节约里程：93+12=105(km)

配送距离 S_4：103−12=91(km)

配送车辆：4t×1+2.5t×1

所以，最终配送方案为线路 A—E—G—F—A，需要 1 辆 4t 车；线路 A—B—C—D—A，需要 1 辆 2.5 t 车。

（四）货物配装作业

1. 配装的概念

在单个用户配送数量不能达到车辆的有效载运负荷时，就存在如何集中不同用户的配送货物，进行搭配装载以充分利用运能、运力的问题，这就需要配装。和一般送货不同之处在于它通过配装送货可以大大提高送货水平及降低送货成本，所以，配装也是配送系统中有现代特点的功能要素，也是现代配送不同于以往送货的重要区别之处。

根据配送作业本身的特点，配送工作所需车辆一般为汽车。由于需配送的货物的比重、体积、包装形式各异，所以在装车时既要考虑车辆的额定载重量，又要考虑车辆的容积，使车辆的载重量和容积都能够被充分利用，以提高车辆的利用率，降低配送成本。

2. 影响配装决策的因素

(1)货物本身的物理、化学特性。

(2)货物的包装情况。

(3)车辆的特点。

(4)配送企业的装载技术和堆码技术。

(5)配送人员的作业水平。

(6)客户的要求及其卸货实际情况。

3. 车辆配装的原则

(1)轻重搭配的原则，重不压轻，包装强度差的货物应该放在包装强度好的货物上面。

(2)大小搭配的原则，大不压小，小的货物放在大的货物上面。

(3)货物性质搭配原则，密度大的货物和密度小的货物搭配。

(4)到达同一地点的货物如果适合配装应尽可能一次积载。

(5)合理堆码的原则。

(6)不允许超过车辆所允许的核定最大载重量和最大容积。

(7)装载易滚动的卷状、桶状货物,垂直摆放。

(8)货与货之间,货与车辆之间应留有空隙并适当衬垫,防止货损。

(9)装货完毕,应在门端处采取适当的稳固措施,以防开门卸货时,货物倾倒造成货损。

(10)先送后装、后送先装的原则。

(11)外观相近、容易混淆的货物分开装载可以避免差错。

(12)不要将容易串味的货物混装。

(13)尽量不将散发粉尘的货物与清洁货物混装。

(14)切勿将渗水货物与易受潮货物混装。

(15)包装不同的货物应分开装载,如板条箱货物不要与纸箱、袋装货物堆放在一起。

(16)具有尖角或其他突出物的货物应和普通货物分装或用木板隔离,以免损伤。

4. 货物重量和体积的关系

在车辆配装中,按照货物重量和体积的关系可以将货物分为三种:

(1)重质货物

货物的重量和体积的比值大于1,这种产品在车辆装载时,货物总重达到额定吨位,但货物体积小于车辆容积。

(2)轻质货物

货物的重量和体积的比值小于1,这种产品在车辆装载时,货物总体积达到额定容积,但货物总重量小于车辆额定载重。

(3)均质货物

货物的重量和体积的比值等于1,这种产品在车辆装载时,货物总重达到额定吨位,同时货物总体积也达到车辆容积。

5. 配装作业的方法

(1)轻重货物配装方法

在车辆装载中,一般容重大的货物,如钢板等,往往达到车辆载重重量,而对车辆的容积利用率较小;容重小的货物如棉花往往达到车辆的容积利用率,而重量远远没有达到车辆的载重量,单独运输一种货物都会造成车辆利用率的严重浪费,因此可以对这两种商品进行轻重配装,混合运输。

货物轻重配装是运用轻质货物体积比大、重质货物体积比小的特点,将同一到站或同一路径的轻质与重质货物进行合理的配装,达到充分利用车辆容积和载重量的目的。

合理地、有计划地组织轻重配装具有十分重要的意义。通过轻重配装可以很好地节约运力和积累资金,能够以较少的车辆装运较多的货物。

(2)动态规划方法

动态规划法是20世纪50年代由贝尔曼等人提出,用来解决多阶段决策过程问题的一种最优化方法。所谓多阶段决策过程,就是把研究问题分成若干个相互联系的阶段,每个阶段都做出决策,从而使整个过程达到最优化。实际上,动态规划法就是分多阶段进行决策，其基本思路是按时空特点将复杂问题划分为相互联系的若干个阶段，在选定系统行进方向之后，逆着这个行进方向，从终点向始点计算，逐次对每个阶段寻找某种决策，使整个过程达到最优，故又称为逆序决策过程。

动态规划法通常可按以下几个步骤进行：

①划分阶段：按照问题的时间或空间特征，把问题分为若干个阶段。

②确定状态：将问题发展到各个阶段时所处的各种客观情况用不同的状态表示出来。

③确定决策并写出状态转移方程：因为决策和状态转移有着天然的联系，状态转移就是根据上一阶段的状态和决策来导出本阶段的状态，所以如果确定了决策，状态转移方程也就可以写出。

④寻找边界条件：给出的状态转移方程是一个递推式，需要一个递推的终止条件或边界条件。

⑤进行运算。

(3)枚举法

枚举法常被称为穷举法，是指从可能的集合中一一枚举各个元素，用题目给定的约束条件判定哪些是无用的，哪些是有用的，能使命题成立者即为问题的解。

采用枚举法解题的基本思路：

①确定枚举对象、枚举范围和判定条件。

②一一枚举可能的解，验证是否是问题的解。

枚举法因为要列举问题的所有可能的答案，所以它具备以下几个特点：

①得到的结果肯定是正确的。

②可能做了很多的无用功，浪费了宝贵的时间，效率低下。

③通常会涉及求极值(如最大，最小，最重等)。

6. 装配作业

(1)集装货的装箱

重要知识 7-4

集装箱的概念

集装箱(Container)是指具有一定强度、刚度和规格，专供周转使用的大型装货容器。使用集装箱转运货物可直接在发货人的仓库装货，运到收货人的仓库卸货，中途更换车、船时，无须将货物从箱内取出换装。

TEU＝Twenty feet Equivalent Unit 20 英尺标准集装箱(即：长 20 英尺×宽 8 英尺×高 8 英尺 6 英寸，内容积为 5.69 米×2.13 米×2.18 米，配货毛重一般为 17.5 吨，体积为 24～26 立方米)

①对于较重的小型木箱，可采用骑缝装载法，使上面的木箱压在下面两木箱的缝隙上，利用上层木箱的重量限制下层木箱的移动，但最上层的木箱必须加固牢靠。

②对于重量较大，体积较小的木箱货，如果装载后其四周均有空隙时必须从四周进行支撑。

③装载完毕后，如果箱门处尚有较大空隙时必须用木板或木条将木箱总体撑牢，防止运输过程中对箱门的冲击。

④对于重心高的木箱，除对其底部加以固定外，还须在其上面用木条撑开空隙。

(2)纸箱货的装箱

①装箱顺序是先从箱里向外装或从两侧向中间装。

②对于小于300毫米的装载空隙，在装载时由于可利用上层货物重量相互压紧，可不必进行特别处理，但最上层则需用填塞的方法来消除空隙。

③为了不使下层纸箱受压变形，需要在集装箱的中间层进行衬垫。

④装载小型纸箱货时，为防止倒塌，可采用纵横交错的堆装法。

(3)捆包货的装箱

①捆包货因重量与体积较大，在装箱时一般采用机械作业。

②捆包货装载时，一般需要用厚木板对货物进行衬垫，以防止箱底的潮湿对货物的不利影响。

③对于鼓腹型的捆包货，应在箱门处用方木条做成栅栏，用以保护箱门。

(4)袋装货的装箱

①对于装砂糖、水泥的纸袋，装粮谷的麻袋，装粉货的布袋等货物，在装箱前箱内应敷设聚氯乙烯薄膜或帆布，防止发生破袋后漏出的货物污损集装箱。

②为了防止袋装货因箱顶漏水受潮，应在货物上面进行必要的防水遮盖。

③为防止袋与袋之间的滑动，可在袋装货中间插入衬垫板和防滑粗纸。

(5)鼓桶类货物的装箱

装载时要将盖朝上进行堆装，堆装时要加入衬垫以求负荷均匀和鼓桶稳定。对于上层的鼓桶可用绳索将其捆绑在一起，防止发生滚动。

(6)滚筒货和卷盘货的装箱

①滚筒货通常要竖装，在侧壁和端壁上要铺设胶合板使其增强受力的能力。装载时从箱端开始，要堆装紧密。货物之间如有空隙，应采用柔软的衬垫等填塞。

②卷盘货在水平装载时，要铺满整个箱底。为防止运输中因摇摆产生对箱体四壁的冲撞，必须用若干个坚固的空心木座插在货物和端壁之间，牢固地靠在侧壁中。

(7)长件货的装箱

长件货装箱时对端壁和箱门要特别注意防护，对集装箱两端一定要加以衬垫，货物与集装箱有空隙必须支撑、塞紧。

(8)托盘货的装箱

托盘货主要指纤维板、胶合板、玻璃板、木制和钢制的门框等。这些货物装箱时一般选用开顶式集装箱装载。用集装箱装载托盘货物其货物本身要用钢带、布带或收缩性的塑料等固定。

➢每日一练

自己试着总结各类配装作业的特点与方法。

分项任务小结

完成本分项任务后，请进行自我测试：车辆配装中，货物重量与体积有什么关系，寻找学校周边的快递收发站，分析这些快递是如何进行车辆装配的。

一、核心概念

送货作业　配送主计划　每日配送计划　特别配送计划　配装

二、业务技能自测

（一）不定项选择题

1. 节约里程法计算时哪项因素不是必须给的（　　）。
   A. 车辆类型　B. 配送距离　C. 各门店间距离　D. 节约距离
2. 划分基本送货区域的依据是（　　）。
   A. 客户分布情况　B. 客户订单送货时间
   C. 配送商品特性　D. 交通状况
3. 车辆营运绩效评价指标中，每车实际行驶车次×（总车数－停驶车数）/每车可行驶车次×车辆数是（　　）。
   A. 实车比率指标　B. 运营里程指标　C. 装载比率指标　D. 车辆周转指标
4. 货物输送管理的要求是（　　）。
   A. 时效性　B. 安全性　C. 服务性　D. 经济性　E. 技术性
5. 利用“节约里程法”制定配送方案时，首先必须做出（　　）的假设，否则就不能求得最优方案。
   A. 配送的是多种货物　B. 能满足用户到货的时间要求
   C. 配送的是同一种货物　D. 配送中心有足够的运输能力
   E. 各个用户的坐标与货物需求量均为已知
6. 配送线路的目标有（　　）。
   A. 以路程最短为目标　B. 以吨千米数最小为目标
   C. 以运力最小为目标　D. 以企业利益最大为目标
   E. 以劳动消耗最低为目标
7. “节约里程法”的计算中所确定的配送线路目标，是采用（　　）。
   A. 效益最高　B. 成本最低　C. 吨千米数最小　D. 准确性最高
8. “节约里程法”适用于以下（　　）情况。
   A. 配送货物从一配送中心直送某客户
   B. 配送货物由一配送据点配送多个客户
   C. 多个配送供应点向多个客户送货
   D. 一个配送据点向一个客户送货

(二)判断题

1. 路程最短,成本就最低。(　　)

2. 如果货物性质及装运方面有特殊要求之处,就不能单从装配的满载满容角度来考虑和解决问题。(　　)

3. 以准时性为目标确定配送路线就是要将各用户的时间和路线先后到达的安排协调起来,这样有时难以估计成本问题。(　　)

4. 长件货物不需要对集装箱两端进行衬垫。(　　)

5. 货物的重量和体积的比值大于1,表示该货物是轻质货物。(　　)

(三)简答题

1. "节约里程法"的基本假设是什么?它应该满足哪些条件?

2. 简述送货作业流程。

3. 车辆运行调度的原则是什么?

4. 简述送货作业的特性。

三、案例分析

案例1　杭州城市物流配送的问题

杭州作为著名的消费城市,货物进出量之比是"七进、三出",即运进来的货品占70%,运出去的货品占30%。巨大的消费总量需要充足的物质供应,同时需要一个健全的物流配送体系去保障。但由于城市物流配送所涉及的范围广、条块管理复杂、城建设施要求高、企业操作技术性要求高、政策配套协调困难等因素,造成了杭州城市物流配送与杭州城市经济发展的不匹配,杭州城市配送物流业的发展总体上尚处于相对落后阶段。

1. 物流配送基础设施和配送节点缺乏科学规划

(1)城市物流系统整体规划的"缺失"

随着城市空间的不断拉大和城市经济的发展,必然带来"人"和"车"的集中,但一直以来城市物流配送系统没有能够和城市规划、城市发展同步规划、密切结合。杭州市既没有从现代物流的角度对城市物流配送系统进行总体的规划,又缺乏对各个部门、各个领域、城市各区块的规划进行统筹协调和系统化思考。

目前,杭州市还没有一个关于物流节点布局的统一规划,配送节点在城市的各个角落都有零散分布。尽管杭州市的商贸规划已经出台,但很多商贸网点周边并没有与之配套的城市物流配送节点;另外,物流节点布局与杭州市居民人口分布不协调,从杭州城市规划来看,未来的几个城市人口密集区块如城西、城北等也少有物流配送节点的布局。由于杭州配送节点布局的不科学,不仅加大了企业的配送成本,也降低了物流企业的配送效率,同时,大量的城市配送车辆也加大了城市交通的压力。

(2)物流政策难以落实

长期以来,相关部门关注更多的是基于货运节点的交通政策和基于流通节点的商业政策,构成物流节点基本内容的"物流政策"则始终处于难以落实状态,或者说,物流节点的政策一直都是不明确的,从而造成物流节点的规划建设明显落后于物流线路的规划,使得对整个城市物流系统进行指挥、管理、运转时得不到有效的衔接。

(3)物流配送节点基础设施差

长期以来,杭州市对物流配送的基础设施投入较少,发展比较缓慢,在城市规划时,也缺乏对物流设施的规划。尽管近几年一些工业和商业企业新上马了一些仓储物流设施,但总体上看,杭州市物流仓储设施仍较陈旧落后,大多还是20世纪五六十年代建造的仓库,即便是近几年建造的也只是一般性的普通仓库,而且仓储物流设施结构不合理,货场、低档通用库多,适合当前社会要求的冷藏、调温等专用库少,配有现代化装备的更少。

(4)公共物流配送节点数量少,且过于集中

物流节点的数量一般要依据城市商贸流通业发展需要来确定,特别是要依据城市物流配送的货运进出量、交通设施状况以及作业空间需求来确定,恰当的物流节点数量能有效缓解城市交通瓶颈问题,但从目前杭州市紧张的交通状况可以看出,杭州市现有的物流节点远远不能满足城市商贸流通业发展的需要,并且过于集中在杭州城市东部。

(5)物流配送节点功能单一,主要从事B2B配送,缺少门到门配送

杭州市原有的物流节点基本上是由市场需要自发形成的,很多物流节点建设之初只是为企业本身或某一家企业做配套配送的,造成了很多物流节点的功能定位单一,利用效率很低,大多企业还没有协同配送概念,缺乏竞争力,目前大多城市物流配送节点只能简单的从事一些仓储和配送业务,而真正体现附加值的加工、包装、分拣等业务大多配送中心不具备操作条件;配送节点的服务也比较粗放,主要是服务B2B模式,而一般高附加值的产品配送业务则很少经营;冷藏运输、特种物品配送节点比例远远满足不了市场需求。另外,杭州市城区很少有二级的配送中转节点,特别是直接服务于门到门配送的节点太少。

2. 市场运作机制和管理体制不健全,造成市场与制度的失衡

(1)市区"通行证"发放政策或执行方式存在弊端,在某种程度上对城市配送产生了负面影响 。通行证本是交通部门解决市区交通拥挤而采取的一种有效措施,这种制度本身没有问题,但杭州目前除了邮政车辆和搬家公司等少数车辆可以在市区不受限制的通行外,包括物流配送车辆(城市快运车)在内的一切专用车都要受到市区通行限制,所有的物流配送车辆都必须取得高峰通行证才能通行。并且这种通行证的发放也存在着一些不平等现象,如本地有实力的企业如大型百货公司和一些有"门路"的物流公司一般都能很顺利地取得通行证,但对于大多没"门路"的物流公司和一些外地入杭的物流企业申请杭州市内"通行证"就非常困难,这就使得一些企业不得不通过非正规渠道取得通行证或直接通过变相手段进行非法配送营运。

(2)配送车辆的车型没有统一标准,改装车、面包车、裸车配送现象众多,影响了城市形象,也加大了城市交通的拥挤。目前,杭州市除了去年推出的100多辆"城市快运"车辆(据调查目前并未真正全部投入运营)具有统一车型外,有牌照的1600多辆城市配送营运车辆均由车主或货运公司自己购置,自己选择车型、吨位、厂牌,致使现在杭州市的货运出租车辆五花八门,车型多达几十种,这些车辆不仅影响了杭州市的城市形象,还加大了杭州市的城市交通的拥挤度。

(3)物流配送的管理体制不健全,各管理部门缺乏有效协调,影响了城市配送发展

的进程。杭州是全国最早规范货运市场、推行"城市货的入城通行证"政策的城市，但现在的发展却比不上后者居上的上海、深圳和苏州等城市，究其原因，是贯彻和实施交通法律法规的效率较低，各部门协调不够，因此，要完善政府的运作机制，针对城市物流配送，杭州市各相关部门必须建立相关协调机制。

(4)物流配送行业的准入机制没有建立，配送企业的服务水平参差不齐，并存在恶性竞争的现象，扰乱了市场。目前，杭州市物流行业的准入门槛非常低，一间办公室、一辆车、一个司机和几个工人就能成立一个物流公司。准入门槛过低，一方面造成目前杭州市营运车辆过多，为了争抢货源，恶性压价和违规行驶的事件屡禁不止，严重地扰乱了物流市场竞争秩序；另一方面，与物流相关的行业纷纷涉足城市物流业务，如杭州的一些家政公司和一些"黑快递"也在未取得物流经营资格的前提下纷纷涉足物流配送业务；另外，一些外地车辆、黄鱼车、电瓶车、三轮车等纷纷介入货运市场，并恶意压价，严重扰乱了正常的经营秩序；还有部分经营企业和一些非法物流企业的面包车——"客改货"车辆参与城市配送，这些不仅扰乱了物流市场，也给政府部门的监管造成极大的困扰。

阅读以上材料，回答问题：

1. 试分析杭州市城市物流配送的特点。

2. 从车辆调度与装配的角度给杭州市城市配送方案提出合理建议。

案例2 上海石化GPS车辆配送监控管理系统

上海石化GPS车辆监管系统项目于2004年11月正式启动，2005年11月已经完成249台油罐车、液化气运输车的车载设备安装。在项目建设过程中，上海石化密切结合油品配送管理需求，把GPS技术与现有业务管理信息系统的整合有机结合起来。除了社会上一般GPS系统通用的车辆监控功能外，通过系统与销售业务系统、管理系统联动运行并自动导入、下载配送调度信息，驾驶员利用车载GPS终端即可接收到配送油品时间、地点、品种、数量等各车次任务的指令，凭司机提油卡就可以完成提货手续，调度人员还可以在有突发派车任务时通过系统向就近车辆发出紧急调度指令和修改派车计划，大大提高了运输效率。

通过GPS系统联网管理终端，运输车队的车辆管理人员可通过Internet实时监控车辆的运行情况，及时发现超速报警、违章停车报警、越界报警、主动报警、库站到达提示、重轻车状态等，还可查看车辆轨迹回放及停车报表检查车辆的违规情况，大大提升了车管部门对车辆的监管能力。

系统的建成，不仅实现了对危险化学品运输车辆运行动态的有效监控，满足了政府管理部门和分公司的监管要求，而且在国内没有先例的情况下，实现了销售业务管理系统与GPS车辆监控系统的有效衔接，实现了调度人员与司机良好的远程互动。该系统投入使用后，改变了以往对油罐车运输过程难以监控、应急调度难以调整的局面，使上海石化的油品配送业务在应用ASPEN配送优化系统并与业务系统有效整合取得良好效果的基础上，进一步提高了车辆调度的有效性和及时性，提升和加强了配送管理。

1. 电子铅封(E-SEAL)介绍

电子铅封采用先进的(RFID)自动识别技术，对每个进、出油口进行编号，通过数据采集器实时采集其开、关状态信号，通过卫星定位车载装置上的GPRS通信模块，无线传输到监控中心。在实时显示车辆行驶位置的同时，实时记录油口开启次数，开启时间、油口状态。并可对一些违规操作报警，同时系统安全性好，收集的数据和信息不能人为破坏或改写，掉电数据不丢失。可记录人为断电次数，逸出数据报警。

电子铅封可以从根本上防止人为错误操作（包括作弊行为），保证油品的质量、杜绝遗失、提高效益，使油罐车在运输途中做到有规可依，有据可查，实现各个操作环节的电子化，规范油库管理，降低事故隐患，达到传统铅封所无法达到的效果。

2. GIS系统的主要功能特点

各地区地图自动漫游，屏幕可同时显示多个管理窗口，可分别监控不同的移动目标。管理调度中心可自行在地图上进行特殊地点的个性标识。管理人员可针对标定的各个油库位置点设定有效活动范围，在指定的卸油点开启阀门时，系统只进行记录不报警；当超出指定范围，并开启阀门时则被认为非法开启，系统自动报警，并自动定位非法阀门开启的位置点。系统可依照管理层次实行分级指挥和管理。预留数据接口，以备客户方进行基于定位信息的二次开发和应用。其调度监控管理的功能主要体现在：

(1)实时监控功能

在任意时刻通过发出指令查询油罐汽车所在的地理位置（经度、纬度、速度、方向等信息）并在电子地图上直观地显示出来。监控中心可以指定一部车辆跟踪并显示行驶轨迹、方向、速度等参数实时的在电子地图上观察到运营车辆的行驶轨迹、行驶速度。其中对空车和重车以不同的颜色或图标表示。

(2)WEB短信互动功能

用户可以同过WEB油罐汽车监控平台直接在网上给油罐汽车上的显示屏发送调度信息，同时司机也可以通过显示屏向监控中心发送请求命令，回传请求指令用户可以在监控平台直接浏览。

(3)实时动态调度功能

调度人员能在任意时刻通过调度中心发出文字调度指令，并得到确认信息。

(4)数据存储、分析功能

保存油罐汽车的运行路线、运行区域，到达的地方，并将该信息记录在数据库中，以备以后查询、分析使用。

(5)地图实用显示功能

油罐汽车被实时监控、查询及历史回放时，地图能自动调整被监控的油罐汽车位于地图的中心（图随车移），油罐汽车位置可以通过轨迹线、空间位置、文字信息三种方式显示出来。地图可以自动调整图层的级别，被监控油罐汽车完全处于可视最佳监控视野。

(6)安全监控

系统可设置车辆的最高行驶速度，当车辆超速行驶时，系统自动报警，便于管理。调度中心即时纠正违规操作，保证车辆的安全运营。系统可设置车辆的行驶范围，当车辆越界行驶时，系统自动报警，便于监控中心及时纠正违规操作，在管理中做到有据可查，提高效率，降低运营成本。

(7)报警处理

当车辆遭遇紧急情况时,只需要按下报警按钮,车载终端会自动向监控中心发送报警数据,在监控终端显示出车辆位置,并声光提示。另外,当行驶过程中遇到险情或发生交通事故、车辆故障等情况下,可通过车载终端的报警按钮向监控中心求救。监控中心还可对车内情况进行监听并录音。

为了加强调度管理,一般要求车辆行驶固定路线或者只能在特定区域活动。在系统中为任务车辆预先设置行车路线,任务开始时,车辆行走路线及状态开始被监控及记录,如车辆未按预设行车路线行车或者驶出设定区域,系统将会自动报警,中心可以根据实际情况采取措施。

当油罐汽车不在油库或指定加油站的时候,系统发出报警信号,监控中心收到信号后,会自动弹出报警窗口,并且报警窗口闪烁,这时报警声将会响起,报警窗口中会将所有该车的信息显示出来,监控中心可以根据需要对油罐汽车进行跟踪和控制。

(8)历史轨迹记录查询

危险品运输车辆在行驶过程中的轨迹信息将被记录保存,方便事后查询。用户可选定过去一时间段,查询该时间段内指定车辆的历史数据,进行历史轨迹回放,是事故分析的得力助手。

(9)车辆统一信息管理

系统能够对车辆进行集中统一的信息化管理。管理内容涵盖车辆车牌号码、车台号码、车型、颜色、发动机号、底盘号码、用途等。系统将对车辆的所有这些信息进行采集、录入,而后向用户提供修改、删除以及查询功能。

(10)数据发布、共享

系统采用流行B/S架构,不同用户可以通过Internet使用IE登录系统,按照用户权限,使用系统功能,发布命令,查询相关数据。不受计算机所处位置的影响,同时具有保证系统的数据的安全性。

阅读以上材料,回答问题:

1. 试分析配送信息化对送货作业有哪些影响?

2. 上海石化的调度监管系统与传统车辆调度之间有什么区别和联系?

四、实训操作

情景描述

表7-1　九州通3号仓商品库存一览表

序号	药品名称	药品规格	单位	生产厂家	每件包装数量	库存数量(件)
1	银翘解毒丸	9g×10s	盒	兰州佛慈制药股份有限公司	100盒	100
2	逍遥丸	200s浓缩丸	瓶	江苏康缘药业有限公司	200瓶	80
3	加味逍遥丸	6g×10袋水丸	盒	河北万岁药业有限公司	100盒	47
4	小儿消食片	0.3g×100s	瓶	济南宏济制药有限公司	200瓶	110

续表

序号	药品名称	药品规格	单位	生产厂家	每件包装数量	库存数量(件)
5	消栓再造丸	9g×10s	盒	北京同仁堂股份有限公司	50 盒	2
6	保和丸	9g×10s 大蜜丸	盒	山西杨文水制药有限公司	100 盒	86
7	盐酸氨溴索口服溶液	10ml:30mg×60 袋	盒	香港澳美制药厂	20 盒	2
8	云南白药胶囊	0.25g×32s	瓶	云南白药集团股份有限公司	200 瓶	150
9	阿莫西林胶囊	0.25g×10s×5 板	盒	哈药集团制药总厂	200 盒	2
10	小儿清热止咳口服液	10ml×6 支	盒	烟台荣昌制药有限公司	100 盒	75
11	三维鱼肝油乳(成)	500g	瓶	青岛双鲸药业有限公司	30 瓶	4
12	逍遥丸	200s 浓缩丸	瓶	上海宝龙安庆药业有限公司	200 瓶	60
13	葡萄糖注射液(塑瓶)	10%250ml:25g	瓶	辽宁民康制药有限公司	40 瓶	40

表 7-2　A 客户订单

序号	药品名称	药品规格	数量	备注
1	银翘解毒丸	9g×10s	50 盒	有货
2	逍遥丸	200s 浓缩丸	100 瓶	有货
3	云南白药胶囊	0.25g×32s	150 瓶	有货
4	三维鱼肝油乳(成)	500g	20 瓶	有货
5	阿莫西林胶囊	0.25g×10s×5g	150 盒	有货
6	保和丸	9g×10s 大蜜丸	60 盒	有货

交货日期:2015 年 6 月 28 号下午 5 点

特许要求:不允许缺货

制单:＊＊＊　　　　审核:＊＊＊

表 7-3　B 客户订单

序号	药品名称	药品规格	数量	备注
1	加味逍遥丸	6g×10 袋 水丸	50 盒	有货
2	小二消食片	0.3g×100s	60 瓶	有货
3	保和丸	9g×10s 大蜜丸	80 盒	有货
4	盐酸氨溴索口服溶液	10ml:30g×60 袋	10 盒	补货
5	阿莫西林胶囊	0.25g×10s×5 板	80 盒	补货

交货日期:2015 年 6 月 28 号下午 5 点

特许要求:允许缺货

制单:＊＊＊　　　　审核:＊＊＊

表 7-4 C客户订单

序号	药品名称	药品规格	数量	备注
1	云南白药胶囊	0.25g×32s	100 瓶	有货
2	逍遥丸	200s 浓缩丸	100 瓶	有货
3	小儿清热止咳口服液	100ml×6 支	120 盒	有货
4	逍遥丸	200s 浓缩丸	100 瓶	有货
5	葡萄糖注射液	10%250ml25g	60 瓶	有货

交货日期:2015 年 6 月 28 号下午 5 点

特许要求:不允许缺货

制单:* * *　　　　审核:* * *

表 7-5 D客户订单

序号	药品名称	药品规格	数量	备注
1	小儿消食片	0.3g×100s	200 瓶	有货
2	银翘解毒丸	9g×10s	100 盒	有货
3	消栓再造丸	9g×10s	100 盒	有货
4	盐酸氨溴索口服溶液	10ml：30g×60 袋	40 盒	有货
5	云南白药胶囊	0.25g×32s	200 瓶	有货
6	阿莫西林胶囊	0.25g×10s×5 板	200 盒	有货
7	小儿清热止咳口服液	100ml×6 支	200 盒	有货
8	三维鱼肝油乳(成)	500g	60 瓶	有货

交货日期:2015 年 6 月 28 号下午 5 点

特许要求:不允许缺货

制单:* * *　　　　审核:* * *

表 7-6 E客户订单

序号	药品名称	药品规格	拣选数量	备注
1	加味逍遥丸	6g×10 袋 水丸	70 盒	
2	小儿消食片	0.3g×100s	100 瓶	
3	银翘解毒丸	9g×10s	80 盒	
4	盐酸氨溴索口服溶液	10ml：30mg×60 袋	20 盒	
5	阿莫西林胶囊	0.25g×10s×5 板	100 盒	
6	小儿清热止咳口服液	10ml×6 支	100 盒	
7	消栓再造丸	9g×10s	40 盒	

交货日期:2015 年 6 月 28 号下午 5 点

特许要求:不允许缺货

制单:* * *　　　　审核:* * *

表 7-7 F 客户订单

序号	药品名称	药品规格	数量	备注
1	云南白药胶囊	0.25g×32s	100 瓶	有货
2	阿莫西林胶囊	0.25g×10s×5 板	50 盒	有货
3	保和丸	9g×10s 大蜜丸	50 盒	有货
4	逍遥丸	200s 浓缩丸	200 瓶	有货
5	葡萄糖注射液	10%250ml25g	60 瓶	有货

交货日期：2015 年 6 月 28 号下午 5 点

特许要求：允许缺货后补

制单：＊＊＊　　　　　　审核：＊＊＊

[**实训目标**]根据所给订单任务完成相应客户的配送服务。

[**实训条件**]实训室配备订单处理，送货单制作系统，并存放相应商品、周转箱、手推车。

[**实训组织**]学生每 4 人分为一组，根据所给订单信息合理组织完成客户配送，将送货单录入到计算机系统，并模拟完成送货任务。

[**实训提示**]试按配送要求填写送货单。

表 7-8 客户送货单

<table>
<tr><td>收货单位</td><td colspan="3"></td><td>送货人员</td><td colspan="3"></td></tr>
<tr><td>送达地点</td><td colspan="3"></td><td>送货时间</td><td colspan="3"></td></tr>
<tr><td colspan="8">发运物品详细内容</td></tr>
<tr><td>货物名称</td><td>型号</td><td>规格</td><td>单位</td><td>数量</td><td>单价</td><td>总额</td><td>备注</td></tr>
<tr><td></td><td></td><td></td><td></td><td></td><td></td><td></td><td></td></tr>
<tr><td></td><td></td><td></td><td></td><td></td><td></td><td></td><td></td></tr>
<tr><td></td><td></td><td></td><td></td><td></td><td></td><td></td><td></td></tr>
<tr><td></td><td></td><td></td><td></td><td></td><td></td><td></td><td></td></tr>
<tr><td></td><td></td><td></td><td></td><td></td><td></td><td></td><td></td></tr>
<tr><td colspan="8">有关说明：(允许/不允许缺货)</td></tr>
<tr><td colspan="4">收货方：</td><td colspan="4">收货方：</td></tr>
<tr><td rowspan="2">验收情况</td><td>验收人员</td><td colspan="2"></td><td rowspan="2">负责人签字</td><td colspan="2">负责人：</td><td rowspan="2">(公章)</td></tr>
<tr><td>日期</td><td colspan="2"></td><td colspan="2">日期：</td></tr>
</table>

[**实训成果**]每组学生在实训完成后，分小组进行汇报，结合相关理论知识阐述本组配送作业，并用数码相机记录实训结果。

任务8

退货作业

知识目标

通过完成本任务,你应该能够:

1. 了解配送中心退货作业流程。
2. 认识退货管理的重要性和必要性。

技能目标

1. 能够会判断需要退货的商品。
2. 能够运用退货理论进行退货的正确处理。

任务导入

尊敬的读者:你了解退货作业吗?配送中心希望退货作业发生吗?为什么?在我们的日常生活中你遇到过购买的商品需要退货的情况吗?退货作业的处理流程是什么?退货作业的处理时间和效率如何?

为了详细地了解上述问题,我们本次任务就来学习和了解:退货作业。

我们又将本任务分为两个分项任务:

分项任务1:退货作业认知。

分项任务2:退货作业管理。

你可以对照能力目标,反复演练,有的放矢地依次完成各分项任务,直至完成本任务,为早日胜任配送企业相关岗位做好准备。

任务实施

一、退货作业认知

➢任务提示

本分项任务将引领你理解退货的定义,了解退货的原因,明确退货管理的作用。

➢任务先行

什么是退货?什么原因引起的退货?它会对企业产生什么样的影响?要了解这些问题,请往下看,了解退货的原因,明确退货管理的作用!

(一)退货作业的含义

为了吸引和留住客户,不少厂家都开始允许退货,因此导致退货大量堆积。对配送中心来说,只有把配送中心的商品退货管理工作做好,才能使用户对配送中心有信任感、依赖感,才会使用户对配送中心产生忠诚感。做好配送中心商品退货管理工作有着重要意义。

1.退货的内涵

配送中心在完成送货过程中,由于交货中或是将商品交给用户后,出现货物包装损坏、商品损坏、商品质量问题、商品保质期临近或过期、送货商品与订单不符等情况,客户要求退换货而进行的处理活动。一般情况下,退货作业包含以下几项任务:

(1)尽量减少或消除退货。

(2)明确退货作业流程或处理原则。

(3)退货商品的处理。

在同一个物流系统中，相对于进货和送货，退货总是以蜗牛般的速度爬行，对退货的迅速处理是用户的期待，他们并不愿意信用卡上被划掉的钱要等上几个星期才能退回。但是大部分企业的退货处理速度总是很慢，因此，合理的退货管理(包括外包)可以大幅度提高退货处理的效率。相对来说，物流配送与其他零售渠道相比，有更高的退货率，必须通过改善退货过程的管理，降低配送中心的退货率，做好配送中心商品退货管理工作。退货管理不论采取何种形式，其前提都是尽可能避免退货。

➢企业实例

实例 1　某企业退货管理规定

第 1 条　因己方责任使得客户对接收的货物不满意或者货物不符合销售合同规定的要求，客户提出退货时，企业应接受退货，退货须经销售经理审批后方能办理。

第 2 条　质检员应对退回的货物进行质量检查，并出具检验结果报告。

第 3 条　仓储部负责清点退回货物，注明退回货物的品种和数量后，填写退货接收报告单。

第 4 条　销售业务员根据退货接收报告单对客户的退货进行调查，确定客户索赔金额的有效性及合理性，将调查结果及意见记录在退货接收报告单上，提交给销售经理及财务部作为最后审核的依据。

第 5 条　销售经理根据退货接收报告、调查结果及意见，最终核定退货理赔。

第 6 条　财务部根据退货理赔单据和凭证，办理相应的退款事宜，并对企业主营业务收入和应收账款等进行相关账务处理。

实例 2　零售业的退货处理方法

连锁零售企业在商品采购、储存、销售过程中经常会产生大量的退货商品，对于需要退货给供应商的商品，以往的做法通常是通过物流公司退货给供应商，这样会产生退货物流成本。为了降低退货过程中的无效物流成本，目前连锁零售企业通常采取的做法是在淘汰商品确定后，立即与供应商进行谈判，商谈退货处理方法，争取达成一份“退货处理协议”，按以下两种方式处理退货：一是将该商品作一次性削价处理；二是将该商品作为特别促销商品。

(二)退货的原因

退货的原因比较多，处理的方法也是各种各样，常见的退换货原因如表 8-1 所示。

表8-1 退换货原因

原因	情况说明
新品试销、代销商品未售完	可以依照退货协议进行退货
商品中出现次品	由于商品在设计、制造过程中存在缺陷，在商品销售后，由用户或厂商自己发现重大缺陷，必须立即部分或全部召回。这种情况虽然不常发生，但却是不可避免的
商品过期退回	有些商品有保质期限规定，例如，日常食品、速食品等。与供应商有协定，有效期一过，就予以退货或换货。过期的商品绝对不可再销售，过期商品的处理需要花费许多时间、财力和人力，无形中增加了成本，必须做到适量、多次、及时订货，注意按生产时间早晚先进先出
质量问题的退货	商品含量达不到要求、数量不足等
搬运时损坏	由于包装的原因，货物在搬运中产生震动，造成商品损坏或包装破损等
商品错送退回	由于商品规格、条码、重量、数量等与订单不符，要退回换货

(三)退货管理的作用

通过良好的退货政策，公司对退货成本和客户服务水平进行平衡。另外，在良好的退货检验控制下，公司对客户的退货权进行检验，避免错误的、超越权限的退货，这样可以大大节约退货的数量和处理成本。退货管理对退货进行集中管理，针对不同的货物采取不同的处理方式以获取最高的价值，同时，集中管理的方式也为退货处理提供了批量的优势，在价格上更有决定权。实行退货管理的情况下，企业在退货中暴露出的产品质量问题，可以通过退货管理信息系统及时地传递到有关管理阶层，使得厂商更快地发现和解决问题，不断改进产品质量和服务质量，这样也可使分销商更早地发现有问题的厂商，减少可能造成退货出现的概率。

阅读与思考8-1

某配送中心退换货原则和说明

1. 不予退换的商品

(1)一次性用品：医药、食品、烟酒、化妆品、贴身用品，如无质量问题不予退换。

(2)一次性商品：音像制品、照相器材、胶卷、相纸、电池和鲜花等，如不是质量问题均不给予退换。

(3)特价商品：出售的特价商品一般不予以退换。

(4)商品无销售凭证：如无保修单，票货不符，商品包装严重损伤，商品其他配件(如电池、挂件、赠品、说明书等)不全不予退货。

2. 商品退货的原则

①顾客购物后，请保留好自己的发货单；如果商品出现质量问题，必须凭发货单办理退换货手续。

②商品质量问题责任不清时，需由国家认可的技术质量监督检验机构鉴定后再凭发货单退换商品。

③在保质期内商品若出现质量问题且无法修复使用的，凭发货单退换货。

④凡商品售出后超过10天，商品将无法退换。一般请顾客在购买商品后认真阅读产品说明，如违章操作导致商品损坏、磨损，造成顾客人身伤害、经济损失的，由顾客自行承担。

⑤执行三包(包修、包换、包退)应先按照先修，后换，最后退的原则进行。

⑥普通商品出售后保证期为10天，10天内商品发生质量问题，不符合国家有关规定的，一律实行三包。

⑦家用电器、通信类、文化办公类产品在7天内出现质量问题，凭发货单可以换货；如超出7天的商品，一律自行到厂商维修部办理。

3. 客户退换货说明

客户在选好商品下订单后，公司于2～3个工作日内把商品送到客户预留的地址。如定购商品出现断货、缺货现象，公司将在客户递送订单的第二天告之，请客户等待，或换其他品牌的商品。如客户看错商品或失误操作使其产生订单，请客户及早通知公司以免造成双方的损失。

4. 恶意订单处理

如果客户下订单，经公司确认无误后，配送人员把商品送到客户指定地点但不予接受的视为恶意下订单，客户将支付公司所售商品的10%～30%作为赔偿。

请思考：新买的护肤霜发现过敏，可以得到什么样的服务？

➢每日一练

商品在运输途中受到损坏，客户签收时发现了该问题，该怎样处理？

分项任务小结

完成本分项任务后，请进行自我测试：退货作业的作用？

二、退货作业管理

当营业管理组或客户服务组接到顾客的退货信息后，应安排车辆回收退货商品，再集中到配送中心退货处理区进行清点整理，然后根据所退货的状况和退货的原因，按有关退货制度处理。以上岗位是一般配送中心应设置的主要岗位，但由于配送中心的规模、作业内容、服务对象不同，其岗位的设置上也会有所不同。

退货管理中最重要的一点就是避免退货。一个公司不可能完全防止客户退回他们所购买的产品,因此他对自己的产品和体制的设计必须能使退货最小化。预防的措施可包括对产品的质量测试,与零售商、分销商的退货协议,以及增值的客户服务(例如提供在客户退货前可拨打的免费电话等)。

(一)退换货作业原则

商品退换货时需要遵循的原则有:

1. 责任原则

商品发生退换货时,配送中心首先要界定产生问题的责任人,就是配送中心在配送时产生的问题,还是客户使用时出现的问题。与此同时,配送中心还要鉴别产生问题的商品是否由己方送出,从而做出最佳的解决方案。

2. 费用原则

进行商品的退换货要消耗企业的大量物力、人力、财力。配送中心在实施退换商品时,除由配送中心自身原因导致的商品退换外,通常需要对要求进行商品退换的客户加收一定的费用。

3. 条件原则

配送中心应对实现决定接受何种程度的退货,或者在何种情况下接受退货,并且规定相应的时间作为退换期限。例如决定仅在"不良品或商品损伤的情况下接受退换"。

4. 凭证原则

配送中心应该规定客户以何种凭证作为退换商品的证明,并说明该凭证得以有效使用的方法。

5. 计价原则

退换货的计价原则与购物价格不同。配送中心应该将退换货的作价方法进行说明,通常是取顾客购进价和现行价的最低价进行结算。

(三)配送中心退货一般流程

配送中心退货处理的一般流程为:

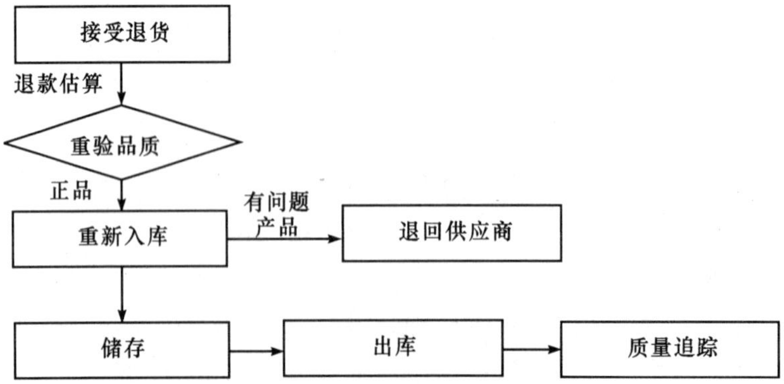

图 8-1 退货作业流程

1. 接受退货

仓库接受退货要有规范的程序与标准，如什么样的货品可以退，由哪个部门来决定，信息如何传递等。

仓库的业务部门接到客户传来的退货信息后，要尽快将退货信息传递给相关部门，运输部门安排取回货品的时间和路线，仓库人员作好接收准备，质量管理部门人员确认退货的原因。一般情况下，退货由送货车带回，直接入库。批量较大的退货，要经过审批程序。

接受退货要处理下列事情：

(1)商品登记

①所有销后退回的商品。验收员应凭销售部门开具的退货凭证收货。并将退货商品存放于退货库(区)，悬挂黄牌标识。

②退回的商品。应核对其品名、规格、产地、发货日期和批号是否与原发货记录相符。符合的，应由业务、质量等有关部门在《销售退货通知单》上签署意见后办理冲退；不符合的，不能办理退换货手续，并向顾客做出解释，如遇特殊情况，应及时与业务部门联系，经供应和经理同意后办理冲退，冲退手续按上述条款办理。

③所有退回的商品。应按采购商品的进货验收、检验的标准和验收操作进行验收，并将验收情况及时、如实登入《退货商品处理情况记录》。

④验收员对退货商品的验收应做出合格与不合格的判定。经判定，退回商品有质量问题的，应填写《不合格(有问题)商品报告/确认表》，及时报告质管进行确认，需要时质管部应抽样进行检验；经质管部确认为不合格品的，应及时将商品移入不合格库(区)存放，挂红牌标识，并按《不合格商品管理操作指导书》的规定进行处理。经判定，退回商品无质量问题的，应处置为内外包装完好、无污染的商品，可入库继续销售；内外包装有破损或有污染的商品，不能入库销售；商品应及时移入退货区，挂黄牌标识。销售部门与退货方及时联系，妥善解决。

(2)做好记录

①记录应按规定及时、规范、逐项填写清楚，不得用铅笔填写。需要更改的，应画线后在旁边重写，并在画线处加盖本人印章。

②签名、盖章需用全名。

③记录、签名、盖章均用蓝色或黑色。

④退货商品记录保存3年。

(3)明确退货作业的责任划分

由退货作业产生的原因分析退货的责任划分，由此确定退货费用由哪方来支付。

表8-2 退货责任方划分

退货原因	责任费用方	处理方法
订单发货时发生错误	配送中心	无条件重新发货
运输途中出现货物损坏	运输配送方	运输方给受损方赔偿

续表

退货原因	责任费用方	处理方法
订单订货错误	客户	重新发货,产生费用由客户承担
货物本身存在质量问题	供应商	重新发货或替代品发货,理赔客户,并向供应商索赔

2. 重验品质

对于接受的退回商品,仓储管理部门进行重新检验。对于合格商品,则放入储存或分拣活动;若属于问题商品(包装不当、拣货出错、运输不当),贴拒收标签,单独存放,这些由配送中心负责;若为产品来路问题,则退回供应商。

3. 重新入库

对于客户退回的商品,仓库的业务部门要进行初步的审核。由于质量原因产生的退货,要放在堆放不良品而准备的区域,以免和正常商品混淆。退货商品要进行严格的重新入库登记,及时输入企业的信息系统,核销客户应收账款,并通知商品供应商退货信息。

4. 财务结算

退货发生后,给整个供应系统造成的影响是非常大的,如对客户端的影响、仓库在退货过程中发生的各种费用、商品供应商要承担相应货品的成本等等。

如果客户已经支付了商品费用,财务要将相应的费用退给客户。同时,由于销货和退货的时间不同,同一货物价格可能出现差异,同质不同价、同款不同价的问题时有发生,故仓库的财务部门在退货发生时要进行退回商品货款的估价,将退货商品的数量、销货时的商品单价以及退货时的商品单价信息输入企业的信息系统,并依据销货退回单办理扣款业务。

5. 跟踪处理

退货发生时,要跟踪处理客户提出的意见,要统计退货发生的各种费用,要通知供应商退货的原因并退回生产地或履行销毁程序。退货发生后,首先要处理客户端提出的意见。由于退货所产生的商品短缺、对质量不满意等客户端的问题是业务部门要重点解决的。退货所产生的物流费用比正常送货高得多,所以要认真统计,及时总结,将此信息反馈给相应的管理部门,以便指定改进措施。退货仓库的商品要及时通知供应商,退货的所有信息要传递给供应商,如退货原因、时间、数量、批号、费用、存放地点等,以便供应商能将退货商品取回,并采取改进措施。

(三)门店退换货的基本流程

1. 退货的流程

(1)受理顾客的商品、凭证

接待顾客,并审核顾客是否有本超市的收银小票或发票、其购买时间、所购商品是否属于家电商品或不可退换商品。

(2)听取顾客的陈述

细心平静地听取顾客陈述有关的抱怨和要求,判断是否属于商品的质量问题。

(3)判断是否符合退货标准

结合公司政策、国家的法律以及顾客服务的准则，灵活处理，说服顾客达成一致的看法，如不能满足顾客的要求而顾客予以坚持的话，应请上一级管理层处理。

(4)同顾客商量处理方案

提出解决方法，尽量让顾客选择换货。

(5)决定退货

在了解清楚顾客要求和整件事情的基础上，做出退货与否的决定。

(6)判断权限

退货的金额是否在处理的权限范围内。

(7)填“退货申请表”，复印票证

填写“退货申请单”，复印顾客的收银小票或发票。退货申请表格式见表8-3，供应商送货差异表见表8-4。

表8-3　退货单申请表

退货单位：　　　　　　　　　　　　　　　　　　日期：

厂家	品种规格	每件支数	件数	重量	单价	金额	备注
合计							

退货理由：

供应商：　　　　　　　审核：　　　　　　　填表：

表8-4　供应商送货差异单

TO:长春重庆路卡玛　　　　　　　　制表人:李海菲 1905

FROM:物流部一总仓　　　　　　　　顺序号:2011905

收货日期:　　　　　　　　　　　　发单日期:2012-4-2　10:14

备注:请制作差异维护，谢谢!　　　　主管签名:张宏

电脑单号	款号	箱号	发货	实收	差异	验货人	复查人
A0310112030003	241100970242		1	0	−1	田斌	李勇
	741155010505		0	1	1		
	741155110805		1	0	−1	田斌	李勇
	121015131342		0	1	1	田斌	李勇
	……						
合　　计			2	2	0		

(8)退款结算

在收银机现场作退现金或其他结算程序,并将交易号码填写在“退货单”上,其中一联与收银小票或发票的复印件订在一起备查。

(9)退货商品的处理

将退货商品放在退货商品区,并将“退货单”的一联贴在商品上。

注:“退货单”共三联,一联退换货处留底,营业结束后经收银经理或保安检查后上缴财务室;另一联附在商品上,营业结束后随商品返回;还有一联是退货给供应商时使用,若退货商品不是供应商责任导致,则由配送中心或仓库留存。

2.换货的流程

(1)受理顾客的商品、凭证

接待顾客,并审核顾客是否有本超市的收银小票或发票、购买时间、所购商品是否用于家电商品或不可退换商品。

(2)听取顾客的陈述

细心平静地听顾客陈述有关的抱怨和要求,判断是否属于商品的质量问题。

(3)判断是否符合换货标准

结合公司政策、国家的法律以及顾客服务的准则,灵活处理,说服顾客达成一致的看法。

(4)决定换货

双方同意调换同种商品或同类商品甚至不同商品。

(5)填“换货单”,复印票证

填写“换货单”,复印顾客的收银小票或发票。

(6)顾客选购商品

顾客凭“换货单”的一联,到商场选购要更换的商品。

(7)退换货处办理换货

在收银机现场作换货程序,“换货单”中的一联与收银小票或发票的复印件订在一起,当现金收入,实行多退少补现金法,并将换货交易号码填写在“换货单”的商品联上。

(8)换货商品的处理

将换货商品放在换货商品区,并将“换货单”的一联贴在商品上。

(三)退货理赔管理

1.理赔的条件

索赔与理赔是两个相对应的概念,是指客户或经销商行使权利和配送供货方履行义务的具体表现。索赔是指在配送商品存在缺陷并要求赔偿后,根据有关条款的规定,请求配送供货方履行赔偿义务的行为。理赔是指配送供货方接到客户或经销商的请求,依据有关条款的规定,对合理退货的商品以及造成的物质损失或人身伤害进行一系列调查审核并予以赔偿的行为。简单地讲,索赔与理赔是客户或经销商行使权利和配送供货方履行义务的过程。对于物流配送中心来讲,对客户一般发生的是理赔,对供货者发生的索赔。

(1)理赔费用

理赔费用是指对物流配送商品因不同原因,使客户或经销商造成的物质损失或人身伤害进行赔偿所支付的费用。

(2)理赔条件

①理赔对象必须是物流配送中心的客户,其他不列入理赔范围。

②由客户提出理赔要求并举证

客户必须提供索赔商品的有关凭证,举证发生的费用由客户垫付(举证不成立,费用由客户支付)。

③当理赔双方对商品质量等问题认识不一致,发生异议时,可以委托权威机构进行检测鉴定,根据检测鉴定报告,理赔双方根据存在问题的事实协商赔偿金额。

④当协商不成时,由协会调解确定理赔金额

在我国的进出口贸易中,发生争议、索赔的事例很多,特别是在市场情况发生变化,国外商人觉得履约对他们不利时,往往寻找各种借口拒不履约或拖延履约,甚至弄虚作假或提出无理要求。此外,我国也有由于各种原因影响对外履约的事例。因此,如何正确处理好对外的索赔和理赔是一个十分重要的问题,它既关系到维护国家的权益和声誉,又涉及比较复杂的业务技术问题。所以索赔与理赔是一项政策性、技术性很强的工作,必须严肃对待和认真处理。

重要知识8-1

理赔的程序

1.立案检查主要是指对退货商品的有关凭证的核查以及对退货商品的查勘。

2.责任审核是指根据立案检查所获得的有关资料,以确定是否承担赔偿责任。

3.核算给付金额是指在核算实际损失时,应分清哪些是应承担的损失,哪些不是应承担的损失;哪些是直接损失,哪些是间接损失;对于不属于赔付金额范围内的损失,应予剔除。

4.给付赔偿金,经核算确定给付金额后,应按约定或法律规定的时间,及时予以给付。

2.理赔流程

退货理赔情况发生后,对于客户提出的索赔请求,要遵守诚实信用原则,要求客户提供有关凭证和证据,采取积极措施,协助客户做好理赔工作。本着"重合同、守信用"的服务理念,理赔工作应坚持"主动、迅速、准确、合理"的原则。

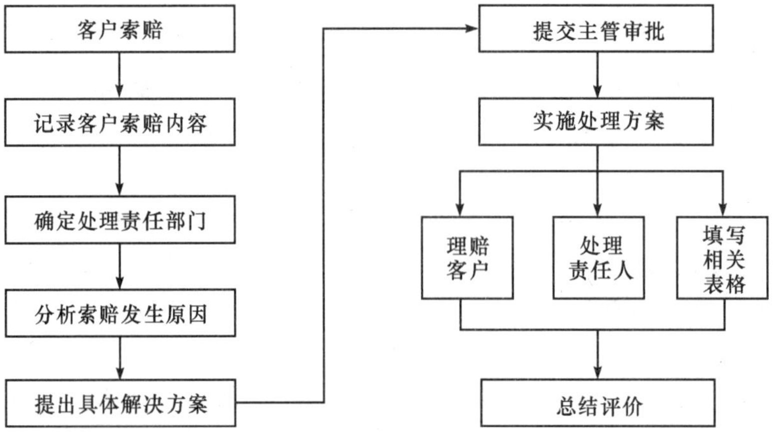

图 8-2 配送中心对客户理赔流程

(1)客户索赔接待

客户索赔总的原则是快速解决,避免客户对本企业印象恶化。所以,一接到客户的索赔要求,应以诚恳、亲和的态度来接待客户。客户投诉时,态度不会好,甚至可能出言不逊,此时销售员要冷静,并且语言亲切,切不可恶语相对,那样只能使局面恶化。

(2)追查原因

如发生问题的责任在己方,销售员应立即向客户表示歉意,并迅速处理;如果原因一时不能确定,应立即将问题转到相关部门,追查原因,找到症结所在,然后采取相应办法处理。追查原因阶段,销售员应对自己的产品有信心,不可在调查阶段轻易与客户妥协。如果调查需要耗费较长时间,销售员应向客户详细说明,取得谅解。

(3)界定责任,办理索赔

如查出问题原因在己方的话,企业相关部门应向客户书面道歉,并以完好的产品予以调换;如没有同样的产品,应给予相应的金钱补偿;同时说明出现问题的原因,以免客户产生误解导致坏印象根深蒂固。

如果要求赔偿的原因不在己方,应由承办人员召集各相关方,包括客户及各加工厂共同开会以查明责任所在,并确定是否应赔偿以及赔偿额度、各方应承担的份额等。

(4)处理总结

当赔偿事件发生时,销售员应速将有关情报与相关部门联络,并以最快的速度加以处理,以防同类事件再次发生。

理赔完客户后,针对由供应商和运输商造成的退货,还需要向供应商或运输商进行索赔。

➢企业实例

实例 1　天猫的七天无理由退换货流程

一、“天猫七天无理由退换货”定义

是指由天猫的商户(下称“商家”)使用淘宝提供的技术支持及服务向其买家提供的

一种售后服务。具体为用户(以下简称“买家”)通过支付宝服务付款购买商户的商品后，从签收商品物流之时起计7天内(如有准确签收时间的，以该签收时间后的168小时为7天；如签收时间仅有日期的，以该日后的第二天零时为起算时间，满168小时为7天)，未进行商品使用、未破坏原包装并不影响商家二次销售的情况下(存在质量问题的商品不受此限)，商家应无条件配合买家退换货的申请。

二、天猫七天无理由退换货流程

1.买家应在向淘宝提出的“天猫七天无理由退换货”申请中说明情况(即点击“要求售后服务”)，如果是因为商品不满意、不喜欢等主观因素申请退换货，请注意不要使用商品、保持原包装完好并不影响商品二次销售；若是商品存在质量等相关问题，也请说明申请理由。请按如下的选项来进行下一步的申请说明：

①请买家在申请中说明申请退换货的理由，或者提供相关的图片证明。

②若买家申请类型选错，请及时联系商城工作人员，以便在申请处理期内帮助更改正确的类型。该申请商城工作人员将在2个工作日内对该申请进行核实、操作。

2.买家提出申请后，淘宝建议买卖双方都严格遵守“天猫七天无理由退换货”的规则要求，积极配合，沟通协商处理。商家的解释和提供的凭证将作为判断事实的依据，请按如下的选项来进行下一步的说明：

①针对买家提出的相关内容，说明情况。

②如果存在异议，应将相关的证明及说明上传到“要求售后服务”的申请页面。

③如果同意“天猫七天无理由退换货规则”，请商家在申请页面说明，并及时联系买家。

④如果买家申请类型错了，请及时联系商城工作人员，以便核实情况。该申请商城工作人员将在2个工作日内进行核实、操作。

3.处理原则

①如果买、卖双方协商，继续完成交易，发起申请的1天内，买家可以自己操作“取消”申请(只有一次机会，“取消”后不能就同一交易再发起申请)。

②如果买、卖双方协商一致，进行退货退款或者换货的，请双方在退换货款后将交易完结。

③双方无法协商解决的，将根据“天猫七天无理由退换货规则”和“交易争议补充规则”来执行，请买家在交易状态显示为“交易成功”后的七天内点击“我要售后服务”按钮，请双方在申请中解释说明理由，或提供相应的凭证，在发起申请的1天后，天猫工作人员将会介入进行核实，20个工作日内完成处理，如果申请成立，淘宝则有权依其独立判断，通知支付宝公司直接划扣商户根据《淘宝B2C服务协议》缴存于商家支付宝账户的保证金(下称“保证金”)进行处理，强制商家履行其“天猫七天无理由退换货”的承诺。在商家收到退货(以物流公司的签收记录为准)后20个工作日内，淘宝有权按本规则执行前述退款和划扣。

实例 2 企业标准退换货流程

表 8-5 企业标准退换货流程表

******	******有限公司	编号：
审核：		版本/修改：第一版/0 次
批准：	标准操作规程	页码：第 1 页，共 3 页
生效日期：	产品退货处理	保密程度：

1 目的

建立产品退货标准操作程序，规范化妆品退货操作。

2 范围

本公司销售退回的产品。

3 职责

质量管理部负责对退货产品的检验、鉴定评价出具处理意见及质量跟踪；销售部门负责对退货过程的跟踪协调；库管负责对退货产品的接收分区保管；生产部门负责对退货产品返工及报废等处理。

4 产品退货

4.1 产品一经售出，无正当理由，一律不准退货。

4.2 产品退货分为质量原因和非质量原因退货。

4.3 非质量原因的退货必须经过严格的审批，销售人员无权批准退货，销售部门负责人无权批准自己经手销售产品的退货，超一定数额的退货应由副总经理审批。

4.4 非质量原因退货还应遵循下列原则

4.4.1 超过有效期的化妆品不予退货。

4.4.2 零箱不予退货。

4.4.3 间接客户不予退货。

4.5 质量原因的退货遵循下列不予退货的原则

4.5.1 由于客户原因造成的产品质量变化。

4.5.2 退回的产品无法清点接收的。

4.5.3 混有伪造本公司化妆品的退货。

4.6 退货处理流程

业务接单→审批→退货→入库→检验→处理方式→审批→正确处理→检验→合格入库(不合格报废)

4.6.1 客户以电话方式通知业务请求退货，并说明退货原因，退货产品名称、规格和数量。

4.6.2 业务部开出退货单(两联)，包括退货产品名称、批号、规格、数量和退货方式，送总经理或副总经理签字。

4.6.3 业务待确定退货到公司时间和地点并在退货单上注明后送仓库。

4.6.4 库管接到经签字退货单后，一联交销售部经理留档，一联交司机提货或准备接受退货。

4.6.5 库管接到退货，应通知检验部门人员进行检验。库管主要负责按退货单对退货进行清点及入库整理，详细记录名称、批号、规格、数量、生产日期及产品状态等信息，检验员主要负责对退货产品进行分类判定及编号。按仓库入库原则对退货办理入库手续。

续表

* * * * * *	* * * * * * 有限公司	编号：
审核：		版本/修改：第一版/0次
批准：	标准操作规程	页码：第2页，共3页
生效日期：	产品退货处理	保密程度：

4.6.6 凡没有审批就直接退回的货不予办理入库手续，并及时通知行政管理人员追查退货原因。

4.6.7 库管将退货产品清单按名称、批号、规格、数量及退货原因及时送生产和检验部门。

4.6.8 检验部门难以判断时，可与技术部门或生产部门商量。判定产品质量是否可处理再发、返工处理或报废处理，下达退货检验报告（两联），一联留底，另一联交排单员。

4.7 退货处理分为三类

4.7.1 直接处理发货：即仓库根据检验报告和处理意见将产品换外包装后再包装直接发货。

4.7.2 返工处理：经质量管理部鉴定及出具处理意见，将退货处理办法按生产单形式下发到生产车间主管，生产车间主管根据当天生产安排，到仓库领取规定数量的退货品，按要求添加到产品中，再由现场检验员判定其是否达到要求。

4.7.3 报废处理：由检验员检验出产品不能再使用后，库管员提出报废申请，经副总经理或总经理签字同意后由行政部门落实报废措施，做好报废记录、库管员执行。由质量管理部派员监销。

5 内容

5.1 退货产品的接收

5.1.1 产品的退回前办好产品退回接收手续，凭退货申请单将退货产品交仓库管理员，建立产品退货台账。

5.1.2 库管与销售部做好退货产品的交接工作，认真清点货物数量，核对货物信息等，完整填写"产品退货处理报批表"，写清楚退回的产品名称、批号、规格、数量、退货单位、退货责任人、退货到货日期、收货人及退货原因，三天内将"产品退货处理报批表"送至报质量管理部。

5.1.3 退回的产品统一暂存在退货仓，悬挂产品的黄色待验状态标识，并按有关规定保管。

5.2 退货产品的鉴定评价

5.2.1 质量管理部在接到"退货处理报批表"后，质检员对货物进行现场核对，质量的鉴定评价工作，以确定是属何种性质的退货。并须在一周时间内对货物做出明确的处理意见，无须检验的2天内对货物做出明确的处理意见；

5.2.2 鉴定评价的考虑的因素：产品的性质、所需的特殊贮存条件、产品的现状、历史、以及发放与退回之间的间隔时间；

5.2.3 退货产品的鉴定评价和处理意见参照附表执行；

5.2.4 质量管理部对退货产品经鉴定后，出具处理意见，填写"产品退货处理报批表"交回生产部门进行退货处理；

5.2.5 建立退货处理台账。

5.3 退货产品的质量跟踪

5.3.1 对返工处理后的产品应考虑列入考察，增加额外的检验及稳定性试验。

5.3.2 每年对因质量问题造成的退货，做好调查、纠正、预防措施。

续表

＊＊＊＊＊＊	＊＊＊＊＊＊有限公司	编号：
审核：		版本/修改：第一版/0次
批准：	标准操作规程	页码：第3页，共3页
生效日期：	产品退货处理	保密程度：

退货产品的鉴定和处理意见参考表

分类	退货产品质量鉴定	评价	处理意见
非质量问题	外包装破损	对产品质量无影响	更换包装处理
	外包装受外来污染	对产品质量无影响	更换包装处理
	受潮吸潮	对产品质量无影响	更换包装处理
		不能判定是否已对产品质量造成影响	由化验室作进一步检验，待检验结束后，质量管理部根据检验结果，做出处理意见
	退货产品接近有效期(距离有效期6个月以下)	对产品质量有影响	作报废处理
	因受压变形、铝盖松脱、裂瓶等	对产品质量有影响	作报废处理
	不符合贮存和运输要求	对产品质量有影响	作报废处理
	数量极少的退货	小于20个	作报废处理
质量问题	渗漏	对产品质量有影响	作报废处理
	内容物性状不符	对产品质量有影响	作报废处理
	变质	对产品质量有影响	作报废处理

注明：所有返工产品和退货产品经整理后再发货的，产品发货前经检验合格后才能发货。并且如实填写好相应的各种表格。

➢每日一练

请试着总结配送中心退换货作业流程。

分项任务小结

完成本分项任务后，请进行自我测试：对于退换货产品责任划分怎样界定？

一、核心概念

退货　换货　退货作业流程　索赔与理赔　退货处理方法

二、业务技能自测

(一)不定项选择题

1. 退货管理涵盖以下任务(　　)。

A. 尽可能减少或消除退货　　B. 退货流程处理

C. 退货的再分配　　D. 不退货

2. 商品退换货时应遵循的原则有(　　)。

A. 责任原则　　B. 费用原则　　C. 条件原则

D . 凭证原则　　E. 计价原则

3. 导致商品退货的原因有(　　)。

A. 商品送错退回　　B. 商品质量问题

C. 运输途中损坏　　D. 客户自身的原因

4. 中百仓储紫薇星店收到中百配送中心送过来的商品一批,其中1箱百事可乐超保质期2/3,验收人员要求退货,退货的责任方为(　　)。

A. 中百配送中心　　B. 百事可乐公司

C. 中百仓储紫薇星店　　D. 中百运输部门

5. 对于上述商品退货处理的办法为(　　)。

A. 无条件重新发货　　B. 收取费用,重新发货

C. 运输单位赔偿　　D. 重新发货或替代品

(二)判断题

1. 因退换货不能为企业带来任何利润,因此企业一定要想方设法杜绝退货,售出商品一律不退不换。(　　)

2. 退换货作业的原则是无论哪方责任引起的退货,均要收取一定的费用。(　　)

3. 由于客户订单有误而导致的退货,退货所有费用由客户承担。(　　)

4. 配送中心对供应商的退货一般是集齐一定量才办理一次退货手续。(　　)

5. 换货作业完成后,配送中心无须继续跟踪客户服务。(　　)

(三)简答题

1. 商品退货的原因主要有哪些?

2. 简述商品退货的主要流程。

3. 索赔和理赔在物流配送中的作用是什么?

4. 理赔的商品应如何处理?

5. 理赔的基本原则是什么?

三、案例分析

案例1　UPS为MBS提供的图书退货逆向物流服务

MBS是一家规模庞大的教材交易公司,其下有一家经营网上虚拟书店的分公司,该书店向附近地区的培训机构、高校及中学提供教材及课辅资料的供应。为支持其日益增长的业务,该公司利用UPS的专业服务以增强客户服务管理和退货管理。

(1)来自客户的挑战

MBS直销在线书店允许学生购买所需的某门功课的新书、旧书或学习资料;一旦该课程学习结束,学生们还可以将这些书再卖给MBS直销书店。因此,其退货业务与销售业务同样的频繁。

该公司创立于1992年，现已发展壮大成为一家经营范围涉及250000门课程、服务对象超过130万学生、遍布美国、加拿大、波多黎各的大型企业。面对仍在继续发展的业务，MBS面临着更大的挑战，即如何进行图书跟踪、退货管理和资产管理，如何处理跨国图书资料的双向物流。为此，MBS将其整个物流服务活动外包给UPS，利用UPS的专业化服务，来提高客户服务水平，降低退货处理成本，更有效地进行资产管理。

(2)UPS的解决方案

为提高图书退货处理的效率，UPS开发了一套基于Web网的UPS回收管理系统，为准备退书的学生提供一个网络入口。在课程即将结束的前几周，MBS直销店给那些购买书的学生发封E-mail，将UPS服务入口的链接提供给这些学生。学生们可以点击链接，浏览MBS的退书报价。如果决定接受报价，只需再点击就可创建一个UPS退货标签，学生们可将该标签贴在他们的退书包裹上。另外，学生还可根据网络上的说明，安排UPS的收货计划。

贴有标签的包裹可以送交UPS的任何一个司机或UPS的任一服务网点。这使得学生的退货非常方便。打印的标签含有MBS编制的条形码，其中包含了报价信息、一套客户服务信息、国内账号、目录清单等信息。MBS一旦收到UPS送来的退货，通过扫描标签，系统将自动通知MBS的会计部门处理支票兑付问题，学生也会很快收到通知，告之退书已经收到，书款已经付出，等等。

(3)成效

UPS的专业服务帮助MBS直销书店大大提高了客户服务满意度和退货管理水平。项目实施4个月，新的系统就处理了110000个退货标签，比上一年同期水平增加了300%。另外，MBS直销书店预测，新的系统将帮助企业取得年15%的业务增长率。

阅读以上材料，回答问题：

1. 分析说明MBS开展图书资料退货服务的原因是什么？

2. MBS为什么要利用UPS提供的逆向物流服务？为什么不由MBS公司自己经营这项业务？

3. 从UPS的解决方案分析现代技术在逆向物流中的作用。

四、实训操作

情景描述

某公司配送中心2014年4月20日收到客户的若干退货信息，经核实，这些货物均为宏达供应有限公司供货。详情如下：

门店1销货退回商品资料：

表8-6 商品资料一

配送单号：20140420030　　　　日期：2014/4/20

序号	货品名称	规格	数量	单位	单价(元)	总金额(元)	退货原因
1	苹果味芬达	24瓶×1箱	1	箱	70	70	多发货一箱
合计总金额(人民币大写)：柒拾元整							

填表人：　　验收人：　　主管：　　结算中心：　质管部门：

表 8-7 商品资料二

配送单号:20140420030　　日期:2014/4/20

序号	货品名称	规格	数量	单位	单价	总金额	退货原因
1	238g 雕牌洗衣皂	36 块×1 箱	1	箱	100	100	一箱单品破碎

合计总金额(人民币大写):壹佰元整

填表人:　　验收人:　　主管:　　结算中心:　　质管部门:

门店 2 销货退回商品资料:

表 8-8 商品资料三

配送单号:20140420031　　日期:2014/4/20

序号	货品名称	规格	数量	单位	单价(元)	总金额(元)	退货原因
1	苹果味芬达	24 瓶×1 箱	1	箱	70	70	一箱超保质期 2/3

合计总金额(人民币大写):柒拾元整

填表人:　　验收人:　　主管:　　结算中心:　　质管部门:

表 8-9 商品资料四

配送单号:20140420031　　日期:2014/4/20

序号	货品名称	规格	数量	单位	单价(元)	总金额(元)	退货原因
1	洪湖咸鸭蛋	30 枚×1 箱	2	箱	80	160	包装破损,货物损坏

合计总金额(人民币大写):壹佰陆拾元整

填表人:　　验收人:　　主管:　　结算中心:　　质管部门:

门店 3 销货退回商品资料:

表 8-10 商品资料五

配送单号:20140420032　　日期:2014/4/20

序号	货品名称	规格	数量	单位	单价(元)	总金额(元)	退货原因
1	五月花卷纸	1161	1	箱	80	80	1 箱包装有水渍

合计总金额(人民币大写):捌拾元整

填表人:　　验收人:　　主管:　　结算中心:　　质管部门:

门店 4 销货退回商品资料:

表 8-11 商品资料六

配送单号:20140420033　　日期:2014/4/20

序号	货品名称	规格	数量	单位	单价(元)	总金额(元)	退货原因
1	238g 雕牌洗衣皂	36 块×1 箱	1	箱	100	100	客户订单输错

合计总金额(人民币大写):壹佰元整

填表人:　　验收人:　　主管:　　结算中心:　　质管部门:

[**实训目标**]根据上述资料，编写商品退货申请单，判断退货标准，制定退货方案，进行退款估算。

[**实训条件**]实训室货架按照情景资料中货架进行布局并放置相应货物，并配备托盘、叉车、手推车、周转箱、电脑、条码机、纸质单据等。

[**实训组织**]学生每4～5人分为一组，第一人担任客户角色，提出退货申请；第二人担任客户管理部门人员的角色，接受退货申请；第三人担任配送中心经理做出退货决定；第四人担任财务部门角色，进行退款估算；第五人担任配送中心治理管理部门角色，做出治理评估报告。

[**实训提示**]接受退货—重新入库—重验货物品质—退款估算—质量管理部追踪处理。

[**实训成果**]每组学生在实训完成后，分小组进行汇报，结合相关理论知识阐述本组所选择退货方案和退货流程组织和实施情况。

模块三

配送运营管理

PEISONG YUNYING GUANLI

任务 9

配送流程管理

知识目标

通过完成本任务,你应该能够:

1. 清晰阐述不同产品配送作业流程。
2. 总结配送作业流程设计中应考虑的主要因素。

技能目标

1. 能够根据产品特点选择配送模式。
2. 能够根据配送中心产品经营的特点设计配送作业流程。

任务导入

尊敬的读者：在任务1中我们已经学习了配送的基本作业流程。在学习本章内容之前，我们首先回顾一下配送的基本作业流程（见图9-1）：

进货 → 储存 → 分拣 → 配货 → 配装 → 送货

图9-1　配送作业流程图

在了解了配送的基本作业流程之后，我们必须思考以下问题：是否所有配送中心作业流程都不一样？同一个配送中心是否只有一种作业流程？如何设计配送的作业流程？影响配送作业流程的因素有哪些？

为了详细地了解上述问题，使大家初步具备配送流程设计及优化的能力，请尝试完成本任务：配送流程管理。

我们又将本任务分为两个分项任务：

分项任务1：生产资料的配送流程。

分项任务2：生活资料的配送流程。

你可以对照能力目标，反复演练，有的放矢地依次完成各分项任务，直至完成本任务，从而具备配送流程管理优化的能力。

任务实施

一、生产资料的配送流程

➢任务提示

本分项任务将引领你了解生产资料的配送流程！

➢任务先行

什么是作业流程？生产资料配送有哪些特点？具体配送流程有哪些种类？要了解这些问题，请往下看！

重要知识9-1

标准作业程序的定义

所谓SOP，是Standard Operation Procedure三个单词中首字母的大写，即标准作业程序，就是将某一事件的标准操作步骤和要求以统一的格式描述出来，用来指导和规范日常的工作。SOP的精髓，就是将细节进行量化，用更通俗的话来说，SOP就是对某一程序中的关键控制点进行细化和量化。

重要知识 9-2

工作流程的定义

工作流程是指工作事项的活动流向顺序。工作流程包括实际工作过程中的工作环节、步骤和程序。工作流程的组织系统中各项工作之间的逻辑关系，是一种动态关系。

全面了解工作流程，要用工作流程图。工作流程图可以帮助管理者了解实际工作活动，消除工作过程中多余的工作环节，合并同类活动，使工作流程更为经济、合理和简便，从而提高工作效率。

(一)生产资料配送流程的类别

一般来说，生产资料的消费量都比较大，从而运输量也比较大。从物流的角度看，有些生产资料是以散装或裸露的方式流转的(如煤炭、水泥、木材)，有的则是以捆装和集装方式流转的(如金属材料、机电产品)，有些产品是经过粗加工后才供应给消费者使用(如木方、煤炭、型煤)，也有些产品直接进入消费领域，中间不经过粗加工过程。由于产品的性质和消费情况各异，其配送流程也迥然不同。

生产资料配送流程大体上可分为两种：

(1)流程一(见图 9-2)

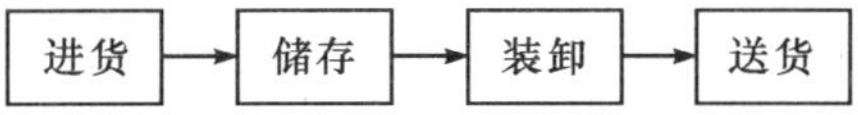

图 9-2　生产资料配送流程一

在配送流程中，作业内容和工序比较简单，除了有进货、储存、装卸和送货等作业外，基本上不存在其他工序。在这种模式中，装卸作业通常要使用专门的工具或设备，并且车辆可直接开到储货场地进行作业(直接发送)。在实际中，按照这种流程进行配送的生产资料主要有煤炭、水泥、成品油等。

(2)流程二(见图 9-3)

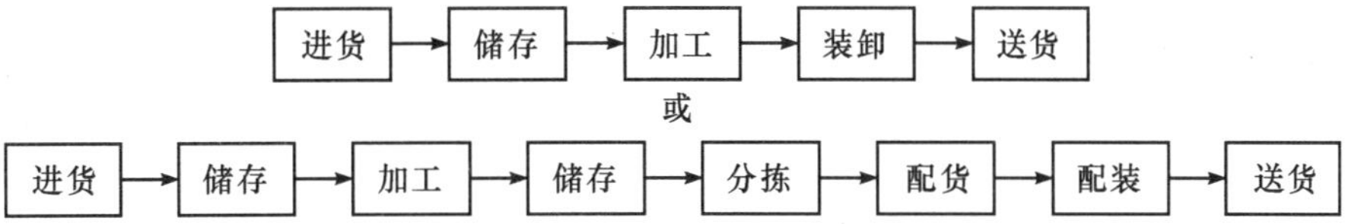

图 9-3　生产资料配送流程二

在配送流程中包含着加工工序。换言之，加工作业成了配送流程中的一道重要工序。由于产品种类和需求方向不同，在加工工序之后续接的作业不尽一致。

比较而言，流程二比流程一复杂，不但工序多，且同样的工序(储存)会重复出现。在物资供应活动中，采用流程二配送的生产资料的主要有钢材、木材等。

(二)生产资料配送流程实例

1. 金属材料配送模式

金属材料种类繁多,主要包括黑色金属材料(如括各种型材、板材、线材等)、有色金属材料(有色金属及其型材)和各种金属制品(如铸件、管件、坯料)。

金属材料的特点有:重量大、强度高、规格种类繁多,运输时可以混杂。一般来说,这类物资的产需关系比较稳定,但是需求结构比较复杂。因此,金属材料配送多数都内含加工工序。对于一些需要量不太大但需要品种比较多的客户,金属材料的配送流程中又常常包含分拣、配货和配装等作业。就加工工序而言,主要有这样几项作业:集中下料、材料剪切、定尺、整形、除锈、剔除毛刺等。

金属材料的配送流程有以下几种:

(1)流程一(见图 9-4)

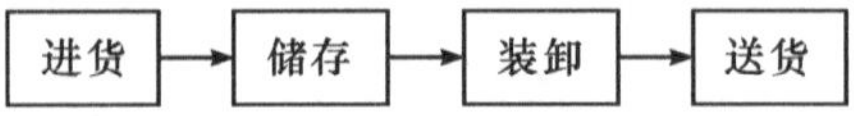

图 9-4 金属材料配送流程一

若配送品种单一且数量较多时,某一品种的金属材料即可装满一整车,因此,流程中不需要安排分拣、配装等作业环节。通常配送车辆可以直接开到储货场所进行装货、送货。

由于金属材料的需求量大且相对稳定,所以适合采用定时配送、定量配送的形式向用户供货。

(2)流程二(见图 9-5)

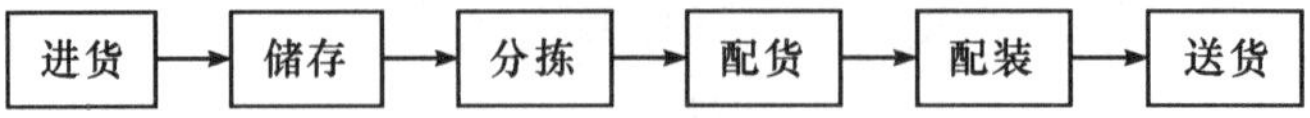

图 9-5 金属材料配送流程二

若配送品种较多且数量不大,不需要加工时,往往需要分拣、配货、配装,因此,采用配送的基本作业流程。

(3)流程三(见图 9-6)

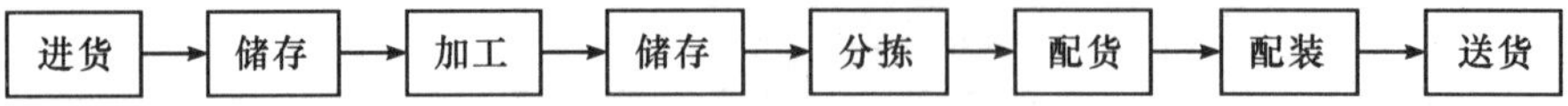

图 9-6 金属材料配送流程三

若配送品种较多、数量不大且需要加工时,除了需要安排分拣、配货、配装环节以外,还要安排加工环节。一般加工环节安排在储存环节之后,加工后再进行分拣、配货、配装。

2. 煤炭产品配送模式

煤炭产品种类主要有原煤、型煤、配煤(混配煤炭)。

煤炭产品需求有以下特点:需求量大、需求范围广、消耗稳定、用户较固定。同时,由于此类产品储运是以散堆为主,因此很难与其他产品混装。

煤炭产品的配送流程有以下两种:

(1)流程一(见图 9-7)

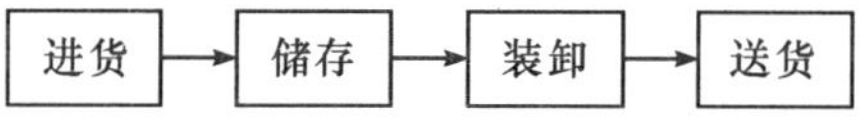

图 9-7 煤炭产品配送流程一

若煤炭产品不需要加工,则直接从储存场地装货、送货。

(2)流程二(见图 9-8)

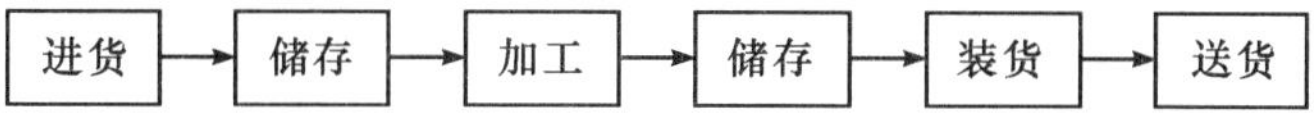

图 9-8 煤炭产品配送流程二

若煤炭产品需要加工,则在储存场地设置加工环节,将煤炭加工成配煤和型煤,然后进行装货和发货。

煤炭配送模式是单品种散装生产资料配送的典型模式。按照此模式运作,其基本要求是:配送企业要有集中库存的能力和设施;配送主体必须有较强的加工能力;需配置专用的设备和专门的技术。煤炭配送的特点是:配送量大且发送频繁。有些不需要加工的煤炭,在满足整车装运要求的前提下,运输车辆可以直接到储煤场地去装货和发货。另外,因配送的煤炭品种单一,故配送流程中不需要分拣、配货等作业。

由于煤炭产品的配送量比较大,加上这类产品的需求稳定。因此,在实际操作中,常采用定量配送的形式向用户供货。

3. 化工产品配送模式

化工产品的种类繁多,有些产品无毒无害,有些产品则有毒有害,包括硫酸、盐酸、磷酸、烧碱、树脂等。

化工产品的特点有是活性强,不同种类的产品不能混装、混存,其装载、运输和储存要使用特制的容器、设备和设施。

化工产品的配送流程有以下几种:

(1)流程一(见图 9-9)

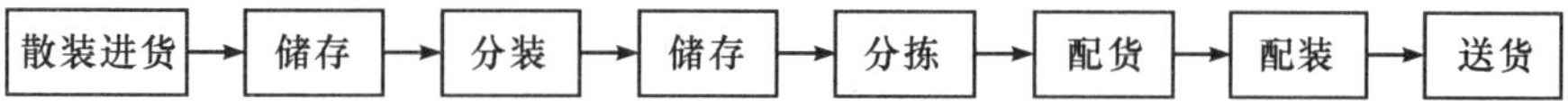

图 9-9 化工产品配送流程一

若是散装或大包装进货,进货后通常需要按要求进行分装加工(变大包装为小包装),然后采取一般配送流程进行配送。

(2)流程二(见图 9-10)

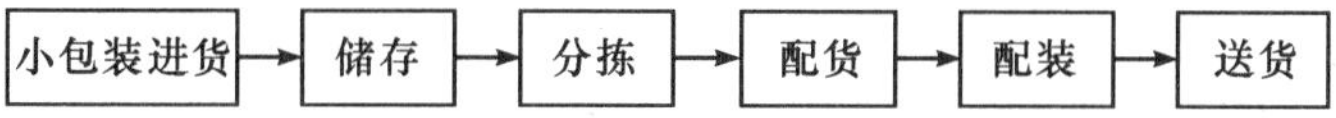

图 9-10 化工产品配送流程二

若是小包装进货,进货后不需要再进行分装加工,可以按照一般配送流程安排作业。

另外，由于很多用于工业生产的化工产品都是有毒有害的，所以配送这类物资必须配备专用的设施。此外，化工产品的配送只适宜由专业生产企业和专业流通企业来组织。因用户不宜过多储存有害有毒有危险的物资，所以采用定点、定量配送方式供货是化工产品的主要运作形式。

➢每日一练

比较化工、金属、煤炭三种生产资料的配送流程，并分析影响配送作业流程的主要因素。

分项任务小结

完成本分项任务后，请进行自我测试：你是否能总结影响配送作业流程的主要因素？

二、生活资料的配送流程

➢任务提示

本分项任务将带领你学会设计生活资料的配送流程！

➢任务先行

完成以上任务，我们已经初步了解生产资料的配送流程，掌握了影响配送流程的主要因素。接下来，我们将学习生活资料的配送流程，继而能进一步设计配送流程。

(一)生活资料的配送流程

生活资料是指用来满足人们生活需要的劳动产品，它包括各种食品、饮料、衣服、用具和各种杂品。

生活资料的品种、规格比生产资料更为复杂，其需求变化也比生产资料快，因此生活资料的配送必须安排分拣、配货和配装等作业，而且作业难度也比较大。此外，就生活资料中的食品而言，有保鲜、保质期和卫生等质量要求，根据这一特点，一部分生活资料的配送流程中也包含着加工工序。

➢企业实例

中百物流配送中心作业流程

中百物流，是中百集团下属一家专为中百超市配送各类商品的专业化公司，组建于2002年，公司占地总面积630亩，库房建筑面积12万平方米，建设总投资6亿元，库房设计均按进货、发货分开的原则，外围为收货区，内沿为发货区，库内根据不同用途分为商品储存区、分拣区、待发区，库区作业均采用计算机控制和人工波次转仓和摘果式分拣。目前，它是在国内商业系统内，库容面积较大，信息化程度较高，智能化管理较先进的现代化物流企业。公司下设两个配送中心：即常温商品配送中心和低温冷链配送中心(含蔬果配送)。常年担负着中百仓储和中百便民800多家连锁超市的常温商品和冷冻生鲜食品配送任务。

中百物流配送作业流程分为收货作业流程和发货作业流程。其具体流程如图9-11所示：

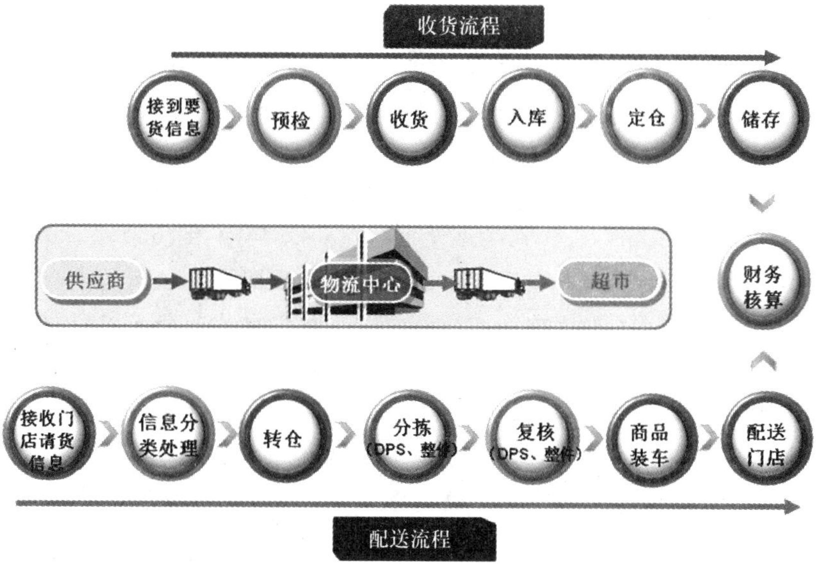

图9-11 中百物流配送作业流程

(二)生活资料配送流程实例

1. 日用小杂品配送流程

日用小杂品主要指小百货(包括服装、鞋帽、日用品)、小机电产品(包括家用电器、仪器仪表、电工产品、轴承以及小五金)、图书和其他印刷品、无毒无害的化工产品和其他杂品。

日用小杂品的主要特点是：有确定的包装，可以集装、混装和混载，产品的尺寸不大，可以成批存放在设有单元货格的现代化仓库中。

由于日用小杂品的品种、规格繁多，其市场需求又呈多品种、小批量状态，因此其配送流程中必然有拣货、配货等环节。由于每一份订单对日用小杂品的需求量有限，而这类产品又能混存、混装，为了提高车辆的实载率，在配送流程中又必然安排配装环节。另外，因为日用小杂品多为有包装物品，并且包装内的产品数量一般都不太多，故在这类产品的配送流程中很少有流通加工环节出现。

综上所述，日用小杂品配送是一种标准化的配送流程(见图9-12)：

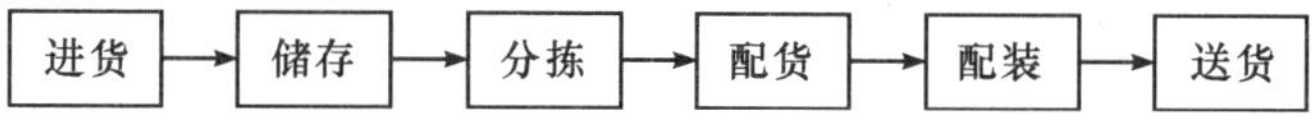

图9-12 日用小杂品配送流程图

日用小杂品的配送常常要根据用户的需求来确定，因此其配送量、配送路线和配送时间等难以固定，在实际操作中，往往采用即时配送和多品种、小批量、多批次配送的形式来向用户供货。

阅读与思考 9-1

家乐福生鲜食品配送作业流程

家乐福生鲜食品配送中心专为家乐福服务，经营蔬菜类、水果类及干果类商品。该配送中心租用示范农场的库房及办公区，面积约 500 平方米，其中加工作业区面积约 330 平方米（分为收货区、加工区、配送区、临时存储区四个作业区），高 3 米左右；存储区、冷藏仓库面积为 70 平方米，堆垛最高为 108 米（为搬运方便），配送中心里基本是人工作业，机械作业设备只有小叉车（4 台，650 公斤）。入库商品由供应商负责运输、装卸，出库商品由配送中心负责配送。该配送中心的包装容器为平均承重 25 千克/筐的标准筐。蔬菜、果品、加工食品是配送中心的主要经营商品之一，在保管、包装、流通加工和配送服务方面都有特殊要求，其作业流程也体现出一定的特殊性。

家乐福生鲜食品配送中心的蔬菜商品来源于天津武清区蔬菜种植区，一般下午采收，晚上加工，第二天早上 5：00 配送到店。该中心平均每天加工配送时令蔬菜 10 吨，占京津两地“家乐福”所属的 6 家店蔬菜销售量的 70%～80%，蔬菜类商品的作业流程包括进货、拣货、打捆、清洗、装框等，属于简单粗加工，目前尚未进行精加工，在配送中心内部进行蔬菜保存。该配送中心果品来源主要是南方水果及进口水果，本地产葡萄、苹果数量较少，平均日加工配送 5 吨，占京津两地家乐福所属 6 家店水果销售量的 40%～50%，该配送中心干果应占京津两地“家乐福”所属 6 家店干果销售量的 60%～70%。

请思考：请画出生鲜食品的配送流程图？

2. 食品配送流程

食品的种类很多，且形状各异，一般都有保质保鲜期，这些特点决定了食品配送流程的多样性。

(1)流程一（见图 9-13）

图 9-13　食品配送流程一

通常，对于保质期较短、保鲜要求较高的食品（如点心类食品、肉制品、水产品），为了缩短配送时间，在进货以后基本不储存，而是很快就进行分拣、配货，然后快速送货，中间不存在储存环节。

(2)流程二(见图 9-14)

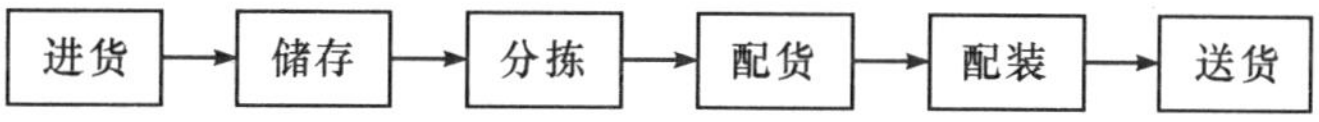

图 9-14 食品配送流程二

对于保质期较长的食品(如矿泉水、方便面等),一般可在大量货物进来后,先进行储存保管,然后根据用户订单进行分拣、配货、配装,待车辆满载后,随即向各个用户送货。

(3)流程三(见图 9-15)

图 9-15 食品配送流程三

对于鲜菜、鲜果、鲜肉和水产品等需要进行粗加工的食品,在实际配送过程中,往往是在大量货物集中到仓库后,先进行配送加工,然后进行储存、分拣、配货、配装和送货等工序。就加工工序的作业内容而言,主要有分装货物(大包装改小包装)、货物分级分等、去杂质、配置半成品等。

食品配送要特别强调速度和保质。因此,实践中一般都采取定时配送、即时配送等形式向用户供货。

重要知识 9-3

流程优化简介

流程即一系列共同给客户创造价值的相互关联活动的过程,在传统以职能为中心的管理模式下,流程隐蔽在臃肿的组织结构背后,流程运作复杂、效率低下、顾客抱怨等问题层出不穷。整个组织形成了所谓的“圆桶效应”。为了解决企业面对新的环境、在传统以职能为中心的管理模式下产生的问题,必须对业务流程进行重整,从本质上反思业务流程,彻底重新设计业务流程,以便在当今衡量绩效的关键(如质量、成本、速度、服务)上取得突破性的改变。流程优化的主要途径是设备更新、材料替代、环节简化和时序调整。

➢企业实例

某配送中心收货流程

1. 预检(见图 9-16)

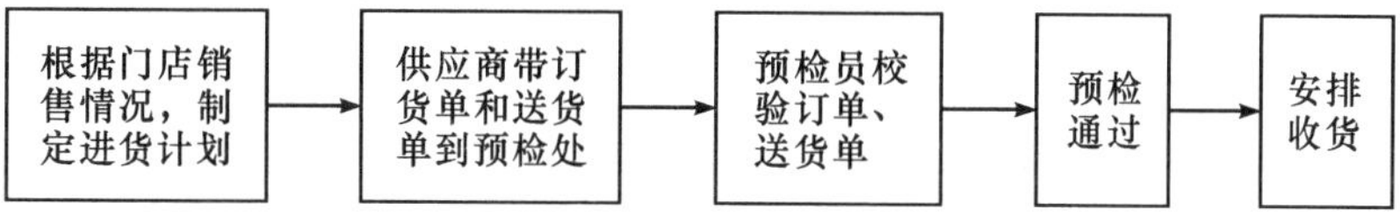

图 9-16 某配送中心预检流程

2. 收货(见图 9-17)

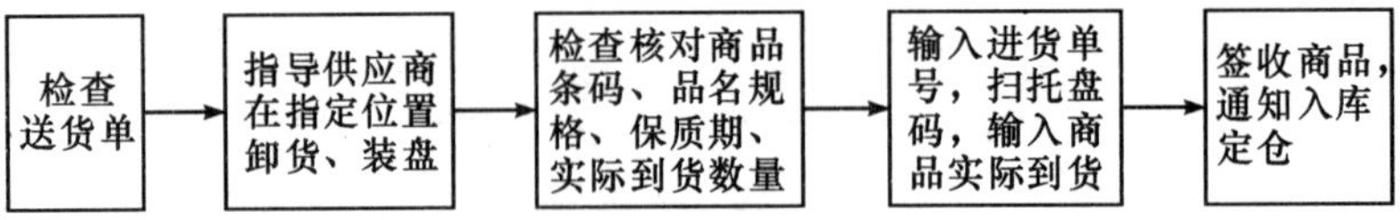

图 9-17 某配送中心收货流程

3. 收讫打单(见图 9-18)

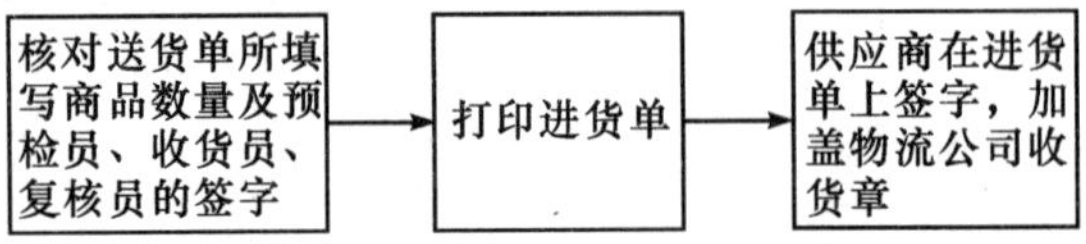

图 9-18 某配送中心收讫打单流程

4. 定仓入库(见图 9-19)

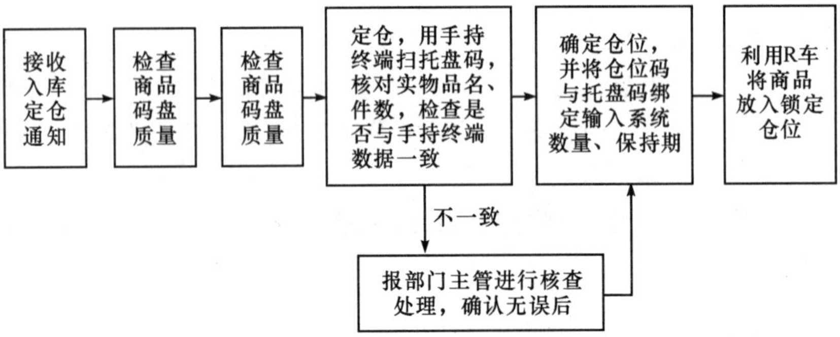

图 9-19 某配送中心定仓入库流程

➢每日一练

如果配送中心经营以下商品，请分别设计配送流程：

1. 面包　2. 矿泉水　3. 汽车配件　4. 螺纹钢　5. 煤炭产品

分项任务小结

完成本分项任务后，请进行自我测试：

是否能根据产品特点进行配送流程设计？

一、核心概念

工作流程　标准作业程序　流程优化

二、业务技能自测

(一)不定项选择题

1. 常见的配送作业流程为进货→(　　)→拣货→(　　)→配装→送货。

A. 备货　B. 理货　C. 储存　D. 配装

2. 标准作业程序，就是将某一事件的标准操作步骤和要求以统一的格式描述出来，用来指导和规范日常的工作，其缩写是(　　)。

A. SAP　B. ASP　C. SOP　D. OPS

3. 若钢材配送品种单一且数量较多时，流程中不需要安排(　　)作业环节。

A. 储存　　B. 分拣　　C. 配送加工　　D. 配装

4. 食品配送要特别强调速度和保质。因此，实践中一般都采取(　　)等形式向用户供货。

A. 定量配送　　B. 即时配送　　C. 定时配送　　D. 计划配送

5. 对化工产品配送特点的说法错误的是(　　)。

A. 一般都可以混装

B. 配送流程中应有分拣、配货、配装等环节

C. 有可能需要设置包装环节

D. 通常采用的是定点、定量配送的方式

(二)判断题

1. 不同类型、不同功能的配送中心，其配送流程是一致的。(　　)

2. 流通型配送中心的作业流程通常为：进货→拣货→配货→配装→送货。(　　)

3. 流程优化的主要途径是设备更新、材料替代、环节简化和时序调整。(　　)

4. 对钢材进行配送时，最常见的作业流程为进货→储存→拣货→配货→配装→送货。(　　)

5. 保质期较短的食品在配送时应尽量缩短其配送流程，主要是减少储存时间。(　　)

(三)简答题

1. 什么是工作流程?

2. 什么是标准作业程序。

3. 简述对生产资料和生活资料配送时，作业流程的主要区别。

三、案例分析

广州医药有限公司配送流程优化

广州医药有限公司是华南地区经营医药商品最多、最全的医药专业公司，公司自1951年成立以来，效益一直稳居全国同行业前列，下属专业批发部6个，建民医药连锁分店100多家，建立起以广东省为中心、辐射全国的庞大的销售网络，包括医疗单位网络、商业调拨网络和零售连锁网络，公司年销售额近60亿元，纯利9700万元。

在流程优化前，作业区段存在如下现象：

(1)收货：货车等待，设备不合理。造成收货耗时长，减缓了进度。

(2)临时存放：收货员不知道将药品放在什么地方，收货地点过分拥挤，指定地点被占用。

(3)储存：货道拥塞，存在过多的蜂窝形空缺，不同种类药品不规则混存在一起。

(4)拣货：有时拣选不到所需的药品，拣货人员拣选某一份或一批药品时往往通过同一通道。

(5)包装：材料利用不够充分，产品贴错标签时有发生。

(6)药品集结：货场拥塞，存在药品归类不正确的现象。

(7)运输：存在运输延迟，车辆等待，客户投诉抱怨较多。

针对以上存在的多种问题，公司管理层对配送中心流程现状进行分析，发现主要原因如下：

(1)进货车辆拥堵现象严重，导致配送中心车辆拥挤

(2)没有实现统一的存货和库存管理。

(3)没有实现统一的运输安排。

(4)药品损耗率过高，作业标准化程度低。

(5)物流设施落后，科技含量低。

(6)出货货品堆积混乱。

正是以上各种原因最终导致了企业实物运动不合理，物流成本居高不下，规模效益不明显，竞争中价格优势不明显等问题。

针对上述的问题，公司决定对广药配送中心业务流程进行改进，改进的主要目标是：仓储条件得到改善，拣选效率大幅提高，物流作业准确率不断上升，物流成本降低，整个物流作业流程处于实时状态，进出货变得更加顺畅。

改进后配送中心的流程为：

收货→储存→拣选→备货出库。

阅读以上材料，回答问题：

1. 结合公司存在的问题，提出该配送中心流程优化的几点建议？

四、实训操作

配送企业作业流程调研及比较

选择身边两家以上不同类型的配送企业进行实地调研，了解各企业的作业流程，分别画出各企业作业流程图，并对两家企业作业流程中各环节进行比较，得出异同点并分析原因，最后小组成员制作 PPT 在课堂展示并汇报。

[**实训目标**]通过深入实地调研了解配送企业的实际情况，加深对本任务内容的理解。

[**实训组织**]学生每 8 人分为一组，对所选的两家不同的企业调查，调查结束后画出各家企业的作业流程，小组成员共同商讨两家企业流程的异同点，并制作配送企业作业流程调研报告 PPT 到课堂进行汇报。PPT 汇报由老师随机抽选小组中任何一名成员进行，并由各组评委及教师组建成评委组，根据评分表打分(见表 9-1)。

表 9-1　评分表

序号	评分要点	分值
1	调研过程组织有序、分工明确、团队合作好	20
2	配送流程图绘制清晰、标准	20
3	各作业环节异同点总结合理、正确、详细	20
4	PPT 制作美观、简洁、明了	20
5	讲解人员语速适中、语调抑扬顿挫、语言简洁明了、仪态端庄	20

[**实训提示**]教师提出活动前准备及注意事项，活动以学生为主体，由每组学生进行调研前的方案准备、人员分工等，调研过程由学生自行组织完成，教师可提供适当帮助。

[**实训成果**]各组 PPT 汇报，教师及各组学生派代表做评委评分。

任务10

配送成本控制

知识目标

通过完成本任务,你应该能够:

1. 了解配送费用的构成。
2. 理解配送费用的影响因素。
3. 理解配送服务与配送成本的关系。
4. 理解配送合理化的要求。

技能目标

1. 能够掌握配送成本的计算方法。
2. 能够熟练掌握配送合理化策略。
3. 能够合理应用降低配送成本的策略。

任务导入

尊敬的读者：我们已经熟悉了配送作业的相关流程，但配送产生了哪些费用，配送成本应该如何计算，配送作业应该如何定价，我们应该怎么对配送进行绩效评价？

为了详细地了解上述问题，我们必须先从配送费用的构成入手，首先请尝试完成本任务：配送成本认知。

我们又将本任务分为两个分项任务：

分项任务1：配送成本认知。

分项任务2：配送服务和配送成本。

你可以对照能力目标，反复演练，有的放矢地依次完成各分项任务，直至完成本任务，为早日胜任配送企业相关岗位做好准备。

任务实施

一、配送成本认知

➢任务提示

本分项任务将引领你理解配送成本的构成，并能合理地对配送作业进行定价！

➢任务先行

配送费用由哪些构成？影响配送成本的因素是什么？配送成本如何计算？要了解这些问题，请往下看！

（一）配送费用的构成

重要知识 10-1

配送费用

配送费用按支付形态可以划分为支付运费、仓库保管费等向企业外部总支付的费用以及人工费、材料费等企业内部物流配送活动的费用。

1. 材料费

包装材料、消耗性工具、器具、备品、燃料等方面的费用支出，可以根据进出库记录统计出某一时期用于配送活动中的消耗量，再乘以物品单价而得出。

2. 人工费

根据发给配送物流员的工资、补贴、奖金等开支或按整个企业职工的平均工资额等费用情况计算。

3. 公益费

公益费指电费、煤气费和自来水费等开支。为便于计算,应该在每一个配送设施上都安上计数表直接计费。但作为一种简易方法,也可以从整个企业的上述项目开支中,按配送设施和配送人员的比例计算得出。

4. 维护费

这是使用和维修固定资产所支出的维修费、租赁费、保险费和税金等费用。这些都可以根据建筑物面积和设备金额等算出。

5. 一般经费

一般经费相当于财务会计中的一般管理费,若不能直接掌握,可按人头均摊。

6. 特别经费

特别经费包括折旧费和利息。折旧费可利用定额法,按实际偿还年限计算得出。利息根据配送相关资产的贷款利率计算。

(二)影响配送成本的因素

1. 积载能力

积载能力是指商品的具体尺寸、形状及其对运输工具的空间利用程度的影响。积载能力因素也与装运规模有关,大批量装运往往能够相互嵌套,有利于积载;小批量装运相互嵌套的机会较少,难以积载。

2. 搬运方式

物品在运输或配送过程中通常要用刚性容器或承载工具进行成组,形成运输单元(集装单元),以提高搬运效率。刚性容器包括箱、包、盒或桶等,承载工具主要指托盘,有些特殊物品也可用钢带捆扎进行成组。成组后的集装单元增加了搬运灵活性,可以提高搬运效率,同时也能保护商品,减少货损货差,从而使配送成本下降。

3. 物品的易损性

有些物品具有易损、易腐、易自燃、易自爆等特性,容易造成损坏风险和导致索赔事故,运输或配送这些商品除需要特殊的运输工具和运输方式外,承运人还必须通过货物保险来预防可能发生的索赔,这样就增加了配送成本。所以,承运人除投保外,还应要求托运人改善包装,以降低风险,最终降低配送成本。

4. 市场因素

市场因素是指配送的起点与终点之间相向运输的货物量是否平衡,如果不平衡,必然会出现空返的现象,这就会造成运力的浪费。但是,部分货物运输过程中,由于生产布局上的不平衡,或由于生产和消费季节方面的原因,完全实现货物运输的平衡是十分困难的。

(三)配送成本计算方法与步骤

1. 计算配送成本费用的一般步骤

配送成本费用核算是多环节的核算,是各个配送环节或活动的集成。在实际核算时,涉及哪个活动,就应当对哪个配送活动进行核算。配送各个环节的成本费用核算都具有各自的特点,如流通加工的费用核算与配送运输费用的核算具有明显的区别,其成本计算的对象及计算单位都不同。

配送成本费用的计算由于涉及多环节的成本计算,对每个环节应当计算各成本计算对象的总成本。总成本是指成本计算期内成本计算对象的成本总额,即各个成本项目金额之和。

配送成本费用总额是由各个环节的成本组成。其计算公式如下:

配送成本=配送运输成本+分拣成本+配装成本+流通加工成本

需要指出的是,在进行配送成本费用核算时要避免配送成本费用重复交叉、夸大或减小费用的支出等问题,使配送成本费用不真实,不利于配送成本的管理。

2. 各种类别配送费用的计算

(1)配送运输成本的核算

①配送运输成本计算方法

配送运输成本的核算,是指将配送车辆在配送生产过程中所发生的费用,按照规定的配送对象和成本项目,计入配送对象的运输成本项目中去的方法。

②配送运输成本的数据来源

工资及职工福利费。根据“工资分配汇总表”和“职工福利费计算表”中各车型分配的金额计入成本。

燃料。根据“燃料发出凭证汇总表”中各车型耗用的燃料金额计入成本。配送车辆在本企业以外的油库加油,其领发数量不作为企业购入和发出处理的,应在发生时按照配送车辆领用数量和金额计入成本。

轮胎。轮胎外胎采用一次摊销法的,根据“轮胎发出凭证汇总表”中各车型领用的金额计入成本;采用按行驶胎公里提取法的,根据“轮胎摊提费计算表”中各车型应负担的摊提额计入成本。发生轮胎翻新费时,根据付款凭证直接计入各车型成本或通过待摊费用分期摊销。内胎、垫带根据“材料发出凭证汇总表”中各车型成本领用金额计入成本。

修理费。辅助生产部门对配送车辆进行保养和修理的费用,根据“辅助营运费用分配表”中分配各车型的金额计入成本。

折旧费。根据“固定资产折旧计算表”中按照车辆种类提取的折旧金额计入各分类成本。

养路费及运输管理费。配送车辆应缴纳的养路费和运输管理费,应在月终计算成本时,编制“配送营运车辆应缴纳养路费及管理费计算表”,据此计入配送成本。

车船使用税、行车事故损失和其他费用。如果是通过银行转账、应付票据、现金支付的，根据付款凭证等直接计入有关的车辆成本；如果是在企业仓库内领用的材料物资，根据“材料发出凭证汇总表”“低值易耗品发出凭证汇总表”中各车型领用的金额计入成本。

营运间接费用。根据“营运间接费用分配表”计入有关配送车辆成本。

③配送运输成本计算表

物流配送企业月末应编制配送运输成本计算表，以反映配送总成本和单位成本。配送运输总成本是指成本计算期内成本计算对象的成本总额，即各个成本项目金额之和。单位成本是指成本计算期内各成本计算对象完成单位周转量的成本额。各成本计算对象计算的成本降低额，是指用该配送成本的上年度实际单位成本乘以本期实际周转量计算的总成本，减去本期实际总成本的差额。它是反映该配送运输成本由于成本降低所产生的节约金额的一项指标。

按各成本计算对象计算的成本降低率，是指该配送运输成本的降低额与上年度实际单位成本乘以本期实际周转量计算的总成本比较的百分比。它是反映该配送运输成本降低幅度的一项指标。

各成本计算对象的降低额和降低率的计算公式如下：

成本降低额＝上年度实际单位成本×本期实际周转量－本期实际总成本

成本降低率＝成本降低额/(上年度实际单位成本×本期实际周转量)×100%

配送运输成本计算表的格式如表 10-1 所示。

表 10-1 配送运输成本计算表

编制单位： 年 月份 (单位：元)

项目	计算依据	配送车量合计	配送营运车辆					
			解放	东风				
一、车辆费用								
工资								
职工福利								
燃料								
轮胎								
修理费								
折旧								
养路费								
车船使用税								
运输管理费								
行车事故损失								
其他								
二、营运间接费用								

续表

项目	计算依据	配送车量合计	配送营运车辆				
			解放	东风			
三、配送运输总成本							
四、周转量/千吨千米							
五、单位成本/(元/千吨千米)							
六、成本降低率							

(2)分拣成本核算

①分拣成本计算方法

配送环节分拣成本计算方法,是指分拣过程中所发生的费用,按照规定的成本计算对象和成本项目,计入分拣成本的方法。

②分拣成本数据来源

工资与职工福利费。根据“工资分配汇总表”和“职工福利费计算表”中分配的金额计入分拣成本。

修理费。辅助生产部门对分拣机械进行保养和修理的费用,根据“辅助生产费用分配表”分配的金额计入分拣成本。

折旧。根据“固定资产折旧计算表”中按照分拣机械提取折旧金额计入成本。

其他。根据“低值易耗品发出凭证汇总表”中分拣成本领用的金额计入成本。

分拣间接费用。根据“配送管理费用分配表”计入分拣成本。

③分拣成本计算表

物流配送企业月末应编制配送分拣成本计算表(见表10-2),反映配送分拣总成本。

表10-2 分拣成本计算表

编制单位: 年 月份 (单位:元)

项目	计算依据	合计	分拣品种				
			货物甲	货物乙			
一、分拣直接费用							
工资							
福利							
修理费							
折旧							
其他							
二、分拣间接费用							
分拣总成本							

(3)配装成本的核算

①配装成本的计算方法

配送环节的配装活动是配送的独特要求,其成本的计算方法,是指配装过程中所发生的费用按照规定的成本计算对象和成本项目进行计算的方法。

②配装成本数据来源

工资及福利费。根据“工资分配汇总表”和“职工福利费计算表”中分配的配装成本的金额计入成本。“职工福利费计算表”是依据“工资结算汇总表”确定的各类人员工资总额,按照规定的提取比例计算后编制的。

材料费用。根据“材料发出凭证汇总表”“领料单”及“领料登记表”等原始凭证,配装成本耗用的金额计入成本。

直接材料费用中,材料费用数额是根据领料凭证汇总编制“耗用材料汇总表”确定的;在归集直接材料费用时,凡能分清某一成本计算对象的费用,应单独列出,以便直接计入该配装对象的成本计算单中;属于几个配装成本对象共同耗用的直接材料费用,应当选择适当的方法,分配计入各配装成本计算对象的成本计算单中。

辅助材料费用。根据“材料发出凭证汇总表”“领料单”中的金额计入成本。

其他费用。根据“材料发出凭证汇总表”“低值易耗品发出凭证”中配装成本领用的金额计入成本。

配装间接费用。根据“配送间接费用分配表”计入配装成本。

③配装成本计算表

物流配送企业月末应编制配送环节配装成本计算表(见表 10-3),以反映配装过程发生的成本费用总额。

配装作业是配送的独特要求,只有进行有效的配装,才能提高送货水平,降低送货成本。

表 10-3　配装成本计算表

编制单位:　　　　　　　　　　　　　年　月份　　　　(单位:元)

项　目	计算依据	合计	配装品种				
			货物甲	货物乙			
一、配装直接费用							
工资							
职工福利费用							
材料费							
辅助材料费							
其他							
二、配装间接费用							
配装总成本							

(4)流通加工成本的核算

① 流通加工成本项目和内容

直接材料费。流通加工的直接材料费用是指对流通加工产品加工过程中直接消耗的材料、辅助材料、包装材料以及燃料和动力等费用。与工业企业相比,在流通加工过程中的直接材料费用,占流通加工成本的比例不大。

直接人工费用。流通加工成本中的直接人工费用,是指直接进行加工生产的生产工人的工资总额和按工资总额提取的职工福利费。生产工人工资总额包括计时工资、计件工资、奖金、津贴和补贴、加班工资、非工作时间的工资等。

制造费用。流通加工制造费用是物流中心设置的生产加工单位为组织和管理生产加工所发生的各项间接费用。主要包括流通加工生产单位管理人员的工资及提取的福利费,生产加工单位房屋、建筑物、机器设备等的折旧和修理费、生产单位固定资产租赁费、机物料消耗、低值易耗品摊销、取暖费、水电费、办公费、差旅费、保险费、试验检验费、季节性停工和机器设备修理期间的停工损失以及其他制造费用。

② 流通加工成本项目的归集

直接材料费用的归集。直接材料费用中,材料和燃料费用数额是根据全部领料凭证汇总编制的"耗用材料汇总表"确定的;外购动力费用是根据有关凭证确定的。

在归集直接材料费用时,凡能分清某一成本计算对象的费用,应单独列出,以便直接计入该加工对象的成本计算单中;属于几个加工成本对象共同耗用的直接材料费用,应当选择适当的方法,分配计入各加工成本计算对象的成本计算单中。

直接人工费用的归集。计入成本中的直接人工费用的数额,是根据当期"工资结算汇总表"和"职工福利费计算表"来确定的。

"工资结算汇总表"是进行工资结算和分配的原始依据。它是根据"工资结算单"按人员类别(工资用途)汇总编制的。"工资结算单"应当依据职工工作卡片、考勤记录、工作量记录等工资计算的原始记录编制。

"职工福利费计算表"是依据"工资结算汇总表"确定的各类人员工资总额,按照规定的提取比例计算后编制的。

制造费用的归集。制造费用是通过设置制造费用明细账,按照费用发生的地点来归集的。制造费用明细账按照加工生产单位开设,并按费用明细账项目设专栏组织核算。流通加工制造费用表的格式可以参考工业企业的制造费用表的一般格式。由于流通加工环节的折旧费用、固定资产修理费用等占成本比例较大,其费用归集尤其重要。

③流通加工成本计算表

物流配送企业月末应编制流通加工成本计算表,以反映配送总成本和单位成本。配送环节的流通加工成本是指成本计算期内成本计算对象的成本总额,即各个成本项目金额的总和。

表 10-4　流通加工成本计算表

编制单位：　　　　　　　　　　　　　　年　月份　　　　（单位：元）

项　　目	计算依据	合计	流通加工品种				
			产品甲	产品乙			
直接材料							
直接人工							
制造费用							
合 计							

(四)配送成本控制

1. 加强配送的计划性

在配送活动中，临时配送、紧急配送或无计划的随时配送都会大幅度增加配送成本。因为这些配送会使车辆不满载，浪费里程。因此，在整个配送活动中，要加强计划性，尽可能实施定时、满载的配送。

2. 采取共同配送，实现规模效益

如果配送是小批量、多频次的输送，为实现规模效益，共同配送是一种有效的方法。

3. 加强网络建设，形成稳定平衡的运输配送体系

现代物流是网络物流，配送网络不仅可以完善服务功能，提高市场占有率和覆盖率，而且还有利于组织返程货源。因此，配送企业应设立自己的网点，以形成平衡的配送体系。

4. 进行合理的车辆配载，提高运输效率

一次配送可能有多个品种，这些品种不仅形状、储运性质不一，而且密度差别较大。密度大的商品往往达到了车辆的载重量，但体积剩余很大，密度小的商品虽然达到车辆的最大体积，但达不到载重量。实行轻重配装，既能使车辆满载，又能充分利用车辆的有效体积，会大大降低运输费用。

(五)降低配送成本的策略

1. 差异化策略

差异化策略的指导思想是：产品特征不同，客户服务水平也不同。当企业拥有多种产品时，不能对所有产品按同一标准的客户服务水平来配送，而应根据产品的特点、销售水平来设置不同的库存、不同的运输方式以及不同的储存地点，忽视产品的差异性会增加不必要的配送成本。

2. 合并策略

合并策略包含两个层次：一是配送作业时的拼车；二是共同配送。

(1)配送作业时的拼车

企业在安排车辆完成配送任务时，充分利用车辆的容积和载重量，做到满载满装，

是降低成本的重要途径。

由于产品品种繁多，不仅包装形态、储运性能不一，在容量方面，也往往相差甚远。车上如果只装容重大的货物，往往是达到了载重量，但容积空余很多；而只装容重小的货物则相反，看起来车装得满，实际上并没达到车辆载重量。这两种情况实际上都造成了浪费。实行合理的轻重配装、体积大小不同的货物搭配装车，不但可以在载重方面达到满载，而且也能够充分利用车辆的有效容积，取得最优效果，最好是借助计算机计算货物配车的最优解。

(2)共同配送

共同配送是一种产权层次上的共享，也称集中协作配送。它是几个企业联合，集小量为大量，共同利用同一配送设施的配送方式。其标准运作形式是：在中心机构的统一指挥和调度下，各配送主体以经营活动(或以资产为纽带)联合行动，在较大的地域内协调运作，共同对某一个或几个客户提供系列化的配送服务。

3. 延迟策略

传统的配送计划安排中，大多数的库存是按照对未来市场需求的预测量设置的，这样就存在着预测风险，当预测量与实际需求量不符时，就会出现库存过多或过少的情况，从而增加配送成本。延迟策略的基本思想就是对产品的外观、形状及生产、组装、配送尽可能推迟到接到客户订单后再确定。一旦接到订单就要快速反应，因此，采用延迟策略的一个基本前提是信息传递要非常快。实施延迟策略的前提条件如下：

(1)产品特征

模块化程度高，产品价值密度大，有特定的外形，产品特征易于表述，定制后可改变产品的体积或重量。

(2)生产技术特征

模块化产品设计，设备智能化程度高，定制工艺与基本工艺差别不大。

(3)市场特征

产品生命周期短，销售波动性大，价格竞争激烈，市场变化大，产品的提前期短。

4. 标准化策略

标准化策略是指尽量减少因品种多变而导致附加配送成本的情况出现，尽可能多地采用标准化零部件、模块化产品。例如，服装制造商按统一规格生产服装，直到顾客购买时才按顾客的身材调整尺寸大小。采用标准化策略要求厂家从产品设计开始就要站在消费者的立场考虑节省配送成本，而不应等到产品生产出来才考虑用了什么技巧降低配送成本。

➢企业实例

配送成本控制师的职责范围及岗位操作流程

配送成本控制师的职责范围

负责配送预算和成本的控制；对配送运作过程进行成本分析；对商品在空间、时间上的转移而发生的各种消耗数据做出解释，向高层管理者提出改进系统和配送运作方式的建议;根据配送控制的方法设计开发出运作成本最低和收益最高的配送运营计划。

配送成本控制师岗位操作流程

(1)进行配送成本预测

对配送成本计划指标事先进行测算,寻求降低配送成本的有关技术经济措施,以指导成本计划的制订。通过对配送成本的预测,可以了解配送成本的大小和它在生产成本中所占的比重,并从配送成本的分布发现配送活动中存在的问题。

(2)进行配送成本计算

在计划开始执行后,对产生的有关配送的消耗进行归集,并以适当的方法进行计算。根据成本计算的结果,明确配送活动中不合理环节的责任者。通过准确地计算配送成本,运用配送成本数据,提高配送管理的效率。根据配送成本的计算,调整配送计划和下一步的配送活动,以便通过统一管理和系统优化降低配送费用。

(3)进行配送成本控制

对日常的配送成本开支,采取各种方法进行严格的控制和管理,包括从接受订单到配送中心再到用户的全部配送活动,正确把握配送成本的大小并从时间序列上看清配送成本的发展趋势,使配送成本减到最低限度,不断改善配送系统的同时控制相应的费用。

(4)进行配送成本分析

对配送成本的计算结果,借助于配送费用支出的现状进行分析,检查和考核成本计划的完成情况,找出影响成本升降的客观因素,评价企业配送绩效,总结经验,发现问题。为企业管理者提供规划配送活动和配送活动全程管理的依据。

(5)收集配送成本反馈信息

收集有关配送活动的数据和资料并提供给决策部门,使其掌握情况、加强成本控制,保证计划规定的成本目标的实现。根据配送成本信息反馈的结果,决定采取能以最少消耗获得最大效果的最优的配送运作方案,以指导以后的配送活动。

(六)配送定价

1. 定价步骤

(1)计算业务配送成本

(2)确定利润率和应缴税款

(3)计算配送货物计费数量

(4)根据收支平衡原理确定价格

(5)计算价格

2. 配送定价方法

(1)边际成本定价法

在达到规模经济时,获得利润最大化的条件是边际成本等于边际收益,这是经济学的基本原理。该原理应用在配送定价上,就是在配送达到规模经济时,利用边际成本作为定价方法。利用边际成本定价法的前提是,已达到了规模经济,而配送规模继续增加时就会使不经济的固定成本大幅度增加,从而造成所定的价格不能弥补固定成本的支出。

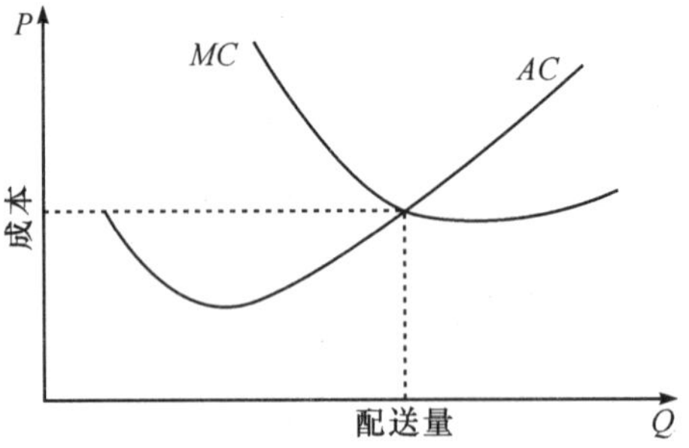

图 10-1　边际成本与平均成本关系示意图

如图 10-1 所示，配送的边际成本(MC)随着配送量的增长、资源的充分利用，有一个逐渐降低的过程。但是，继续增加配送量使原有的要素匹配不协调，或者需要增加费用支出，这时会使得配送的边际成本增加。配送总成本除以配送量所得的平均成本(AC)也同样随着配送量的增加而降低。当配送产品的边际成本高于平均成本时，继续增加配送量就会使得配送的平均成本增加。只有当配送的边际成本等于平均成本时(MC＝AC)，配送经营量才达到了利润最大化。此时由平均成本所决定的配送产品价格，就等于边际成本，即 P＝MC。这样就可以直接采用边际成本进行定价。

(2)市场价格定价法

在配送市场上，存在着由众多的配送经营人组成的配送供应者和众多对配送产品的需求者，形成配送供应和需求两方。如图 10-2 所示，对于需求者而言，当配送产品价格极高时，不愿意消费，需求量(D)较小；随着配送产品价格的降低，消费能力增大，需求量则增大，需求量与价格呈逆向变化，如图中的 D 曲线所示。同样，当配送产品价格很低时，配送商不愿意经营，供应量(S)较小；当配送产品价格增高，配送商的配送经营量就会增加，配送供应量与配送价格同向变化，如图中的 S 曲线所示。S 曲线与 D 曲线的交点，双方的数量与价格关系相同，达到平衡，这时的价格就是供需双方供需平衡的价格，此时的数量就是市场的供应和消费的平衡容量。此时的价格就是整个市场的价格，也就是配送供应商所能定的最高价格。

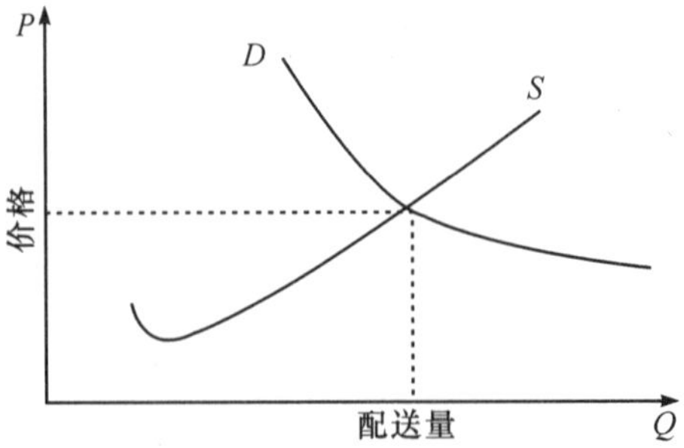

图 10-2　供应与需求关系示意图

(3)综合定价法

产品定价是企业与客户、竞争对手的博弈行为，既要保证产品尽可能被广泛接受，扩大经营规模，又要实现最高的获益。定价要根据成本、市场需求、市场竞争的需要，合理确定。总的来说，正常定价不能低于成本，但也不能高于市场均衡价格。

3. 定价方式

(1)单一价格

在一个配送区域内不论配送到哪儿，对同一计费单位都采用同一个价格。单一价格相当于采用配送货物平均成本定价方式，如有些客户运送距离远、货物少，则获得超值服务，而另一些客户则多支付了费用。

(2)分区价格

将配送覆盖区划分成若干个价格区间，对运送到不同区间的配送采用不同的价格。一般来说，区间的划分以距离为原则，也可考虑该区间的交通条件、是否经常塞车或者需要通过收费路口等因素，制定不同价格。

(3)分线价格

关键业绩指标评价法只要是属于该路线的配送，无论其是否达到该设计路线的基点，都使用该路线价格。

➢每日一练

自己试着和同学一起交流：配送定价和一般商品的定价有什么区别。

分项任务小结

完成本分项任务后，请进行自我测试：有没有了解配送成本的构成、是否掌握了配送成本的计算方法？

二、配送服务与配送成本

➢任务提示

本分项任务将引领你了解配送服务与配送成本的关系以及掌握配送合理化策略！

➢任务先行

完成以上任务，我们已经初步了解配送成本的基本构成和计算方法。接下来，再了解配送服务与配送成本的关系，进而掌握配送合理化的基本要求、标志及做法。

重要知识 10-2

二律背反

所谓二律背反(Antinomies)是指“同一资源”(例如成本)的两个方面处于相互矛盾的关系之中，要达到某个目标，必然要损失另一部分利益。

(一)配送服务与成本之间的二律背反

1. 二律背反问题

配送各项活动如运输、保管、搬运、包装、流通加工之间存在二律背反。

例如,尽量减少库存据点以及库存,必然引起库存补充频繁,从而增加运输次数。简化包装,则包装作业强度降低,包装成本降低。但却导致了仓库里的货物不能堆放过高,降低了保管的效率,而且在装卸和运输过程中容易出现包装破裂,导致搬运效率降低,破损率增加。如果航空运输取代了铁路运输,虽然运费增加,但是运输速度却大大提高,因此不仅仅减少了各物流据点的库存量,也使得仓储费大大降低。

2. 二律背反使得配送系统化成为必要

由于各配送活动之间存在二律背反关系,因此各个子系统,包括运输子系统,保管子系统,不能以其自身成本最低为目标,必须要从总体效益出发来研究(整体的眼光看问题)。

3. 配送成本与配送服务之间的二律背反问题

(1)一般说来,提高配送服务,配送成本即上升(受到收益递减法则的支配)。

(2)处于高水平的配送服务时,成本增加而配送服务水平不能按比例相应提高。

企业在选择具体措施时,应通盘考虑商品战略和地区销售战略;通盘考虑流通战略和竞争对手,通盘考虑物流成本,物流系统所处的环境以及物流系统负责人所采用的方针等。

(二)配送成本与配送服务的分析

配送服务的目标就是以尽可能低的配送成本来实现较高的配送服务。

一般来说,配送成本与配送服务的关系有以下四种形式:

1. 保持配送服务不变前提下,考虑降低配送成本

它通过改变配送系统的方法,在保持既定的服务水平下,来寻求降低成本的途径,即追求效益的提高。

2. 在成本不变的前提下提高服务水平

这是在现有的成本水平下,通过有效的利用投入的成本来改善配送功能,提高服务水平,体现的是一种追求成本绩效的做法。

3. 配送服务水平和成本均增高,即为了提高服务水平不惜增加成本

这是大多数企业在提高服务水平时的状态,也是企业在特定的顾客或特定的商品面临竞争时所采取的战略措施,它主要通过增值物流服务来实现。

4. 成本降低服务水平提高,用较低的成本来实现较高的配送水平

这是一种双赢的措施。通过对企业物流系统的流程再造,实现一种新的企业物流模式,达到降低成本、提高服务水平的目的。

(三)配送服务与合理化决策

1. 不合理配送的表现形式

对于配送的决策优劣,不能简单处之,也很难有一个绝对的标准。例如,企业效益

是配送的重要衡量标志，但是，在决策时常常考虑各个因素，有时要做赔本买卖。所以，配送的决策是全面、综合决策。在决策时要避免由于不合理配送出现所造成的损失，但有时某些不合理现象是伴生的，要追求大的合理，就可能派生小的不合理，所以，这里只单独论述不合理配送的表现形式，但要防止绝对化。

(1)资源筹措的不合理

配送是利用较大批量筹措资源。通过筹措资源的规模效益来降低资源筹措成本，使配送资源筹措成本低于用户自己筹措资源成本，从而取得优势。如果不是集中多个用户需要进行批量筹措资源，而仅仅是为某一两户代购代筹，对用户来讲，就不仅不能降低资源筹措费，相反却要多支付一笔配送企业的代筹代办费，因而是不合理的。

资源筹措不合理还有其他表现形式，如配送量计划不准，资源筹措过多或过少，在资源筹措时不考虑建立与资源供应者之间长期稳定的供需关系等。

(2)库存决策不合理

配送应充分利用集中库存总量低于各用户分散库存总量，从而大大节约社会财富，同时降低用户实际平均分摊库存负担。因此，配送企业必须依靠科学管理来实现一个低总量的库存，否则就会出现单是库存转移，而未解决库存降低的不合理现象。

配送企业库存决策不合理还表现在储存量不足，不能保证随机需求，失去了应有的市场。

(3)价格不合理

总的来讲，配送的价格应低于不实行配送时，用户自己进货时产品购买价格加上自己提货、运输、进货之成本总和，这样才会使用户有利可图。有时候，由于配送有较高服务水平，价格稍高；用户也是可以接受的，但这不能是普遍的原则。如果配送价格普遍高于用户自己进货价格，损伤了用户利益，就是一种不合理的表现。价格制定过低，使配送企业处于无利或亏损状态下运行，会损伤配送企业，也是不合理的。

(4)配送与直达的决策不合理

一般的配送总是增加了环节，但是这个环节的增加，可降低用户平均库存水平，因此不但抵消了增加环节的支出，而且还能取得剩余效益。但是如果用户使用批量大，可以直接通过社会物流系统均衡批量进货，较之通过配送中转送货则可能更节约费用，所以，在这种情况下，不直接进货而通过配送，就属于不合理范畴。

(5)送货中不合理运输

配送与用户自提比较，尤其对于多个小用户来讲，可以集中配装一车送几家，这比一家一户自提，可大大节省运力和运费。如果不能利用这一优势，仍然是一户一送，而车辆达不到满载(即时配送过多过频时会出现这种情况)，则就属于不合理。

(6)经营观念的不合理

在配送实施中，有许多是经营观念不合理，使配送优势无从发挥，相反却损坏了配送的形象。这是在开展配送时尤其需要注意克服的不合理现象。例如，配送企业利用配送手段，向用户转嫁资金、库存困难；在库存过大时，强迫用户接货，以缓解自己库存压力；在资金紧张时，长期占用用户资金在资源紧张时，将用户委托资源挪作他用获利等。

2. 配送合理化

(1)配送合理化的判断标志

对于配送合理化与否的判断,是配送决策系统的重要内容,目前国内外尚无一定的技术经济指标体系和判断方法,按一般认识,有以下若干标志:

①库存标志。库存是判断配送合理与否的重要标志。具体指标有以下两方面:

库存总量。库存总量在一个配送系统中,从分散于各个用户转移给配送中心,配送中心库存数量加上各用户在实行配送后库存量之和应低于实行配送前各用户库存量之和。此外,从各个用户角度判断,各用户在实行配送前后的库存量比较,也是判断合理与否的标准,某个用户上升而总量下降,也属于一种不合理。库存总量是一个动态的量,上述比较应当是在一定经营量前提下的比较。在用户生产有发展之后,库存总量的上升则反映了经营的发展,必须扣除这一因素,才能对总量是否下降做出正确判断。

库存周转。由于配送企业的调剂作用,以低库存保持高的供应能力,库存周转一般总是快于原来各企业库存周转。此外,从各个用户角度进行判断,各用户在实行配送前后的库存周转比较,也是判断合理与否的标志。为取得共同比较基准,以上库存标志,都以库存储备资金计算,而不以实际物资数量计算。

②资金标志。总的来讲,实行配送应有利于资金占用降低及资金运用的科学化。具体判断标志如下:

资金总量。用于资源筹措所占用的流动资金总量,随储备总量的下降及供应方式的改变必然有一个较大的降低。

资金周转。从资金运用来讲,由于整个节奏加快,资金充分发挥作用,同样数量资金,过去需要较长时期才能满足一定供应要求,配送之后,在较短时期内就能达此目的。所以资金周转是否加快,是衡量配送合理与否的标志。

资金投向的改变。资金分散投入还是集中投入,是资金调控能力的重要反映。实行配送后,奖金必然应当从分散投入改为集中投入,以增加调控作用。

③成本和效益。总效益、宏观效益、微观效益、资源筹措成本都是判断配送合理化的重要标志。对于不同的配送方式,可以有不同的判断侧重点,例如,配送企业、用户都是各自独立的以利润为中心的企业,不但要看配送的总效益,而且还要看对社会的宏观效益及两个企业的微观效益,不顾及任何一方,都必然出现不合理。又例如,如果配送是由用户集团自己组织的,配送主要强调保证能力和服务性,那么,效益主要从总效益、宏观效益和用户集团企业的微观效益来判断,不必过多顾及配送企业的微观效益。

由于总效益及宏观效益难以计量,在实际判断时,常以按国家政策进行经营,完成国家税收及配送企业及用户的微观效益来判断。

对于配送企业而言(投入确定了的情况下),则企业利润反映配送合理化程度。

对于用户企业而言,在保证供应水平或提高供应水平(产出一定)前提下,供应成本的降低,反映了配送的合理化程度。

成本及效益对合理化的衡量,还可以具体到储存、运输具体配送环节,使判断更为精细。

④供应保证标志。实行配送，各用户的最大担心是害怕供应保证程度降低，这是个心态问题，也是承担风险的实际问题。

配送的重要一点是必须提高而不是降低对用户的供应保证能力，才算实现了合理。供应保证能力可以从以下方面判断：

缺货次数。实行配送后，对各用户来讲，该到货而未到货以致影响用户生产及经营的次数，必须下降才算合理。

配送企业集中库存量。对每一个用户来讲，其数量所形成的保证供应能力高于配送前单个企业保证程度，从供应保证来看才算合理。

即时配送的能力及速度是用户出现特殊情况的特殊供应保障方式，这一能力必须高于未实行配送前用户紧急进货能力及速度才算合理。

特别需要强调一点，配送企业的供应保障能力，是一个科学的合理的概念，而不是无限的概念。具体来讲，如果供应保障能力过高。超过了实际的需要，属于不合理。所以追求供应保障能力的合理化也是有限度的。

⑤社会运力节约标志。末端运输是目前运能、运力使用不合理、浪费较大的领域，因而人们寄希望于配送来解决这个问题。这也成了配送合理化的重要标志。

运力使用的合理化是依靠送货运力的规划和整个配送系统的合理流程及与社会运输系统合理衔接实现的。送货运力的规划是任何配送中心都需要花力气解决的问题，而其他问题有赖于配送及物流系统的合理化，判断起来比较复杂。可以简化判断如下：

社会车辆总数减少，而承运量增加为合理。

社会车辆空驶减少为合理。

一家一户自提自运减少，社会化运输增加为合理。

⑥用户企业仓库、供应、进货人力物力节约的标志。配送的重要观念是以配送代劳用户，因此，实行配送后，各用户库存量、仓库面积、仓库管理人员减少为合理；用于订货、接货、搞供应的人应减少才为合理。真正解除了用户的后顾之忧，配送的合理化程度则可以说是一个高水平了。

⑦物流合理化标志。配送必须有利于物流合理。这可以从是否降低了物流费用、是否减少了物流损失、是否加快了物流速度、是否发挥了各种物流方式的最优效果、是否有效衔接了干线运输和末端运输、是否不增加实际的物流中转次数、是否采用了先进的技术手段等方面判断。

物流合理化的问题是配送要解决的大问题，也是衡量配送本身的重要标志。

(2)配送合理化可采取的做法

国内外推行配送合理化，有一些可供借鉴的办法，简介如下：

①推行一定综合程度的专业化配送。通过采用专业设备、设施及操作程序，取得较好的配送效果并降低配送过分综合化的复杂程度及难度，从而追求配送合理化。

②推行加工配送。通过加工和配送结合，充分利用本来应有的这次中转，而不增加新的中转求得配送合理化。同时，加工借助于配送，加工目的更明确和用户联系更紧密，更避免了盲目性。这两者有机结合，投入不增加太多却可追求两个优势、两个效益，

是配送合理化的重要经验。

③推行共同配送。通过共同配送，可以以最近的路程、最低的配送成本完成配送，从而追求合理化。

④实行送取结合。配送企业与用户建立稳定、密切的协作关系，配送企业不仅成了用户的供应代理人，而且承担用户储存据点，甚至成为产品代销人，在配送时，将用户所需的物资送到，再将该用户生产的产品用同一车运回，这种产品也成了配送中心的配送产品之一，或者作为代存代储，免去了生产企业库存包袱。这种送取结合，使运力充分利用，也使配送企业功能有更大的发挥，从而实现合理化。

⑤推行准时配送系统。准时配送是配送合理化重要内容。配送做到了准时，用户才有资源把握，可以放心地实施低库存或零库存，可以有效地安排接货的人力、物力，以追求最高效率的工作。另外，保证供应能力，也取决于准时供应。从国外的经验看，准时供应配送系统是现在许多配送企业追求配送合理化的重要手段。

⑥推行即时配送。即时配送是最终解决用户企业担心的断供之忧，大幅度提高供应保证能力的重要手段。即时配送是配送企业快速反应能力的具体化，是配送企业能力的体现。

即时配送成本较高，但它是整个配送合理化的重要保证手段。此外，用户实行零库存，即时配送也是重要保证手段。

➢每日一练

自己试着总结配送合理化的判断标志。

分项任务小结

完成本分项任务后，请进行自我测试：你是否能说出不合理配送的表现形式？

一、核心概念

配送费用　边际成本定价　市场价格定价　二律背反　即时配送　加工配送

二、业务技能自测

(一)不定项选择题

1.(　　)通过加工和配送结合，充分利用本来应有的这次中转，而不增加新的中转求得配送合理化。

A. 即时配送　B. 加工配送　C. 共同配送　D. 送取结合

2.(　　)的基本思想就是对产品的外观、形状及生产、组装、配送尽可能推迟到接到客户订单后再确定。

A. 标准化策略　B. 合并策略　C. 差异化策略　D. 延迟策略

3.(　　)是指尽量减少因品种多变而导致附加配送成本的情况出现，尽可能多地采用标准化零部件、模块化产品。

A. 标准化策略　B. 合并策略　C. 差异化策略　D. 延迟策略

4. 配送合理化的做法有(　　)。

A. 推行综合专业化配送　　B. 推行共同配送

C. 推行即时配送　　D. 推行加工配送

5. 降低配送成本的策略有(　　)。

A. 标准化策略　　B. 合并策略

C. 差异化策略　　D. 延迟策略

6. 一般说来,提高配送服务,配送成本(　　)。

A. 不变　　B. 上升　　C. 下降　　D. 不确定

7. (　　)指电费、煤气费和自来水费等开支。

A. 材料费　　B. 公益费　　C. 维护费　　D. 人工费

8. (　　)包括折旧费和利息。

A. 材料费　　B. 公益费　　C. 维护费　　D. 特别经费

9. 影响配送成本的因素有(　　)。

A. 积载能力　　B. 搬运方式

C. 物品的易损性　　D. 企业因素

10. 配送定价的方法有(　　)。

A. 边际成本定价法　　B. 市场价格定价法

C. 综合定价法　　D. 折扣定价法

(二)判断题

1. 即时配送成本较高,但它是整个配送合理化的重要保证手段。(　　)

2. 运力使用的合理化是依靠送货运力的规划和整个配送系统的合理流程及与社会运输系统合理衔接实现的。(　　)

3. 单一价格是指将配送覆盖区划分成若干个价格区间,对运送到不同区间的配送采用不同的价格。(　　)

4. 标准化策略是指尽量减少因品种多变而导致附加配送成本的情况出现,尽可能多地采用标准化零部件、模块化产品。(　　)

5. 通过筹措资源的规模效益来降低资源筹措成本,使配送资源筹措成本高于用户自己筹措资源成本,从而取得优势。(　　)

6. 维修费相当于财务会计中的一般管理费,若不能直接掌握,可按人头均摊。(　　)

7. 差异化策略的指导思想是:产品特征不同,客户服务水平也不同。(　　)

(三)简答题

1. 配送费用的构成有哪些?

2. 简述配送成本影响的因素。

3. 简述配送定价的方法。

4. 什么是配送合理化?

5. 配送不合理的表现形式有哪些?

三、案例分析

丰田公司的配送成本管理

2007 年 10 月成立的同方环球(天津)物流有限公司(以下简称 TFGL)作为丰田在华汽车企业的配送业务总包,全面管理丰田系统供应链所涉及的生产零部件、整车和售后零件等厂外配送。作为第三方物流公司,TFGL 在确保配送品质、帮助丰田有效控制配送成本方面拥有一套完善的管理机制。

一、丰田配送模式的特点

整车配送和零部件配送虽然在操作上有很大不同,但从丰田的管理模式来看,二者具有以下共同特点:

(1)月度内的配送量平准。

(2)设置区域中心,尽可能采用主辅路线结合的配送模式。

(3)月度内配送点和配送线路稳定。

(4)配送准时率要求非常高。

二、配送承运商管理原则

TFGL 是第三方物流公司,主要负责配送企划、配送计划的制定、配送运行监控和配送成本控制,具体的配送操作由外包的配送承运商执行。TFGL 对配送承运商的管理原则如下:

1. 为避免由于配送原因影响企业的生产、销售的情况发生,要求配送承运商理解丰田生产方式,并具有较高的运行管理能力和服务水平。为此,TFGL 采取了一些必要的措施:

(1)TPS 评价

TFGL 把理解生产方式作为配送承运的首要条件,并按照丰田生产方式的要求,制作了详细的评价表。TPS(Toyota Production System)评价是丰田生产方式对承运商最基本的要求,包括对承运商的运输安全、运输品质、环保、人才培养和运输风险控制等过程管理的全面评价。通过评价,不仅淘汰了不合格的承运商,也使达到要求的承运商明确掌握自己的不足之处。

(2)必要的风险控制

在同一类型的配送区域内,使用两家配送商,尽可能降低风险。

2. 对配送承运商进行循序渐进的培养。

在实际的配送运行中,承运商会遇到很多问题,如车辆漏雨、品质受损、频繁的碰撞事故、配送延迟等。出现问题并不是坏事,需要找到引发问题的主要原因。在 TFGL 的监督和指导下制定具体措施,同时,在逐步改善过程中,承运商的运行管理能力得到了提高。

3. 建立长期合作的伙伴关系

对入围的配送承运商,TFGL 秉承丰田体系一贯的友好合作思想,不会因为运输事故多或配送价格高就更换承运商,而是采取长期合作的方式,共同改善。

(1)承运商的配送车辆初期投入大,需要较长的回收期。

(2)TFGL 视承运商的问题为自己的问题,更换承运商并不能从根本上解决问题。

(3)长期合作的承运商能更好地配合TFGL推进改善活动,如导入GPS、节能驾驶等。

三、丰田的配送成本控制

在维持良好合作关系的基础上,TFGL通过以下方法科学系统地控制配送成本。

1.成本企划

每当出现新类型的配送线路或进行配送战略调整时,前期的企划往往是今后配送成本控制的关键。企划方案需要全面了解企业配送量、配送模式、包装形态、供应商分布、配送大致成本等各方面的信息,此外,还要考虑到企业和供应商的稼动差、企业的装卸货和场内面积等配送限制条件。TFGL在前期企划中遵守以下原则:

(1)自始至终采用翔实可信的数据。

(2)在综合分析评价后,分别制定一种或几种可行方案,并推荐最优的方案。

(3)各方案最终都归结反映为成本数据。

(4)向企业说明各方案的优劣,并尊重企业的选择。

从以上几点可以看出,方案中的数据大多涉及丰田的企业战略,所以TFGL和企业之间必须充分互信,而且要有良好的日常沟通渠道。

2.原单位管理

原单位管理是丰田配送管理的一大特色,也是丰田外配送成本控制的基础。

丰田把构成配送的成本因素进行分解,并把这些因素分为两类,一类是固定不变(如车辆投资、人工)或相对稳定(如燃油价格)的项目,丰田称之为原单位;另一类是随着月度线路调整而发生变动(如行驶距离、车头投入数量、司机数量等)的项目。称之为月度变动信息。

为了使原单位保持合理性及竞争优势,原单位的管理遵循以下原则:

(1)所有的原单位一律通过招标产生

在企划方案的基础上,TFGL向TPS合格的配送承运商进行招标。把配送稳定期的配送量、车辆投入、行驶距离等月度基本信息告知承运商,并提供标准版的报价书进行原单位询价。

由于招标是非常耗时费力的工作,因此只是在新类型的配送需求出现时才会进行原单位招标,如果是同一区域因为配送点增加导致的线路调整,原则上沿用既有的配送原单位。

(2)定期调整

考虑到原单位因素中燃油费用受市场影响波动较大,而且在运行总费用中的比重较大,TFGL会定期(4次/年)根据官方公布的燃油价格对变动金额予以反映。对于车船税、养路费等"其他固定费"项目,承运商每年有两次机会提出调整。

(3)合理的利润空间

原单位项目中的"管理费"是承运商的利润来源。合理的管理费是运输品质的基本保障,TFGL会确保该费用的合理性,但同时要求承运商要通过运营及管理的改善来增加盈利,并消化人工等成本的上升。

3. 月度调整路线至最优状态

随着各配送点的月度间配送量的变动，区域内配送路线的最优组合也会发生变动。TFGL 会根据企业提供的配送计划、上月的积载率状况以及成本 KPI 分析得出的改善点，调整月度变动信息，以维持最低的配送成本。

4. 成本 KPI 导向改善

对于安全、品质、成本、环保、准时率等配送指标，TFGL 建立了 KPI 体系进行监控，并向丰田进行月次报告，同时也向承运商公开成本以外的数据。其中成本 KPI 主要包括：RMB/台（台：指丰田生产的汽车/发动机台数）、RMB/千米×立方米、RMB/趟等项目。通过成本 KPI 管理，不仅便于进行纵向、横向比较，也为配送的改善提供了最直观的依据。

5. 协同效应降低配送费用

TFGL 作为一个平台，管理着丰田在华各企业的配送资源，在与各企业协调的基础上，通过整合资源，充分利用协同效应，大大降低了配送费用。例如，统一购买运输保险，降低保险费用；通过共同配送，提高车辆的积载率，减少运行车辆的投入，从而达到降低费用的目的。在共同配送的费用分担上，各企业按照配送量的比率支付配送费。在具体配送操作中，TFGL 主要从两个方面实现共同配送：不同企业在同一区域内共同集货、配送；互为起点和终点的对流配送。

以上措施表明，丰田汽车配送成本控制的基本思想是使配送成本构成明细化、数据化，通过管理和调整各明细项目的变动来控制整体配送费用。虽然 TFGL 管理下的丰田配送成本水平在行业未做比较，但其通过成本企划、精细的原单位管理、成本 KPI 导向的改善以及协同效应等方法系统化、科学化的配送成本控制，对即将或正在进行配送外包的企业具有一定的借鉴意义。

阅读以上材料，回答问题：

1. TFGL 公司对于丰田公司的配送成本是如何分解的？

2. TPS 评价是什么类型的评价，对配送成本又什么影响。

3. 结合案例分析，为什么进行配送成本控制必须要进行配送绩效评价。

4. 结合案例分析，配送成本控制的主要方法有哪些？

四、实训操作

走访身边的配送企业，通过调研了解这些配送企业是如何进行配送成本控制的。

[**实训目标**]通过深入实地调研了解配送企业的实际情况，加深对本任务内容的理解。

[**实训组织**]学生每 6 人分为一组，选择不同的企业调查。

[**实训提示**]教师提出活动前准备及注意事项，同时随队指导。

[**实训成果**]各组汇报，形成实训报告，教师讲评。

任务 11

配送绩效评价

知识目标

通过完成本任务,你应该能够:

1. 准确叙述绩效评估指标。
2. 叙述建立绩效评估指标体系遵循的原则。
3. 阐释绩效指标分析的方法。

技能目标

1. 能够正确收集绩效评价的基础数据。
2. 能够建立合理绩效评价指标体系。
3. 能够运用 KPI 评价法、因素分析法进行绩效评估。
4. 能够提出绩效改进措施。

任务导入

尊敬的读者：上一章我们已经学习了配送中心成本管理的内容，接下来我们将学习配送中心的绩效评价。在学习本章内容之前，大家不妨思考几个问题：如何衡量配送中心各个环节的作业效率和作业质量？配送中心绩效评价的作用有哪些？配送中心绩效评价的指标有哪些？如何改进配送中心的绩效？

为了详细地了解上述问题，使大家对配送绩效评价环节有详细地了解，请尝试完成本任务：配送绩效评价。

我们又将本任务分为两个分项任务：

分项任务1：配送绩效评价认知。

分项任务2：实施配送绩效评价。

你可以对照能力目标，反复演练，有的放矢地依次完成各分项任务，直至完成本任务，为早日胜任配送中心营运管理相关岗位做好准备。

任务实施

一、配送绩效评价认知

➢任务提示

本分项任务将引领你理解配送绩效评价的定义，掌握配送绩效评价的步骤！

➢任务先行

什么是配送中心绩效评价？怎样进行配送绩效评价？要了解这些问题，请往下看！

(一)什么是配送绩效评价？

所谓绩效，是组织期望的结果，是组织为了实现经营的整体目标及部门的工作目标而必须达到的经营成果，它包括个人绩效和组织绩效两个方面。

绩效评价是指运用科学的评价方法，采用特定的评价指标体系和评价标准，按照一定的评价程序，通过定量与定性分析，对特定组织或人员在一定期间的业绩、行为和发展潜力做出客观、公正和准确的判断。开展绩效评价能正确判断企业实际经营水平，发现运营方面的不足并予以改正，提高经营能力和管理水平，调动各部门与人员的积极性，控制成本，提高效率，提供更优质产品和服务，从而增加企业整体效益。

配送绩效是指在一定经营期间内物流配送的运行效率和取得的财务效益等经营成果。配送经济发展不仅对配送需求日益增加，同时也对配送水平提出更高要求。对配送活动进行绩效评价，才能正确判断配送实际运作水平，才能进一步优化并促进配送中心经营能力的提高，进而增加配送企业及整个供应链的整体效益。

重要知识 11-1

配送绩效评价的含义

运用数量统计和运筹学方法，采用特定的指标体系，对照统一的评价标准，按照一定的程序，通过定量、定性分析，对配送中心一定经营区间的经营效益和经营者的业绩，做出客观、公正和准确的综合判断。提高经营能力和管理水平，从而增加中心的整体效益。

配送企业的绩效评价与一般传统企业管理绩效评价相比，有其自身的特点。现行一般企业绩效评价对象大多限于单个企业及其内部职能部门或者员工个人，评价内容主要为部门和岗位工作完成情况，数据来源于财务结果，侧重事后分析。配送企业绩效评价内容则更为广泛，除了要反映配送整体运作情况，着重反映客户需求的落实，并且尽可能提供实时分析功能。配送作业绩效评价是配送企业绩效管理的重要环节，它为配送企业如何改进管理绩效提供具体依据。

阅读与思考 11-1

日本可口可乐千叶配送中心的经营业绩

千叶配送中心，管理人员仅为 113 名，中心设计能力出库配送量为 1000 万箱，投产当年预计出库配送量为 500 万箱。整个投资预计 5 年全部回收，可见，物流效益不一般。

该中心采用三种方式接收客户订单：EOS(电子订货系统)、电子传真、电话。中心接单后，发出指令在 48 小时内分送到各店铺，如店铺要求可在 24 小时内送到。如遇店铺急需紧急补货，备有一台自动拣选系统和轨道输送机，任何一批配送的货物，从中心接到紧急补货指令到完成出货装上运送的卡车，只需 20 分钟。配货结束后，由自动输送机以托盘为单元输送，并用塑料薄膜塑封机自动塑封。

这种集约化配送，比以前节约 50 名劳动力，店铺接货时间缩短 21.4%，物流活动效率提高 26.5%，库存商品压缩 25%，取得了较好的效率和效益。

请思考：

1. 说明日本可口可乐千叶配送中心的集约化配送特点？
2. 日本可口可乐千叶配送中心的作业绩效如何？

(二)配送绩效评价的目标

(1)应用配送系统标准体系实时对配送系统动作绩效进行控制,以此改进配送运作程序,调整动作方式。

(2)评价配送作业绩效,了解配送中心空间、人员、设施、物品、订单、时间、成本、品质、作业规划等各个要素的状况,以便采取改进的措施。

(3)评价配送业务各部门和人员的工作绩效,达到激励员工、优化配送动作效率的目的。

(4)通过评价服务水平和配送成本,并与以往进行比较分析,向管理者和客户提供绩效评估报告。

(三)配送绩效评价的作用

1. 提供管理决策依据

评价配送企业整体运行效果,了解其在同行业竞争中的优劣地位,为拟定和调整企业战略、目标、计划、投入预算等提供决策依据。

2. 促进企业绩效持续改进

评价配送企业内部流程作业和外部客户服务绩效,及时发现存在的问题,持续改进流程安排和作业方式、方法和条件;评价和反馈员工的业绩和行为,帮助员工提供工作绩效。

3. 用于责任考核与激励

评价员工和团队对企业的贡献,为企业实施奖惩、调整薪酬、变动职务等提供客观依据;激发员工潜能,提高工作满意度,增强团队凝聚力,促进形成以绩效为导向的企业文化。

4. 用于其他人力资源安排

发现员工、团队培训和教育需要,修订员工职业生涯规划,做出招聘选择和工作分配决策,为人力资源规划提供有用信息。

(四)配送绩效评价的流程

1. 明确企业战略目标

在明确企业发展战略的前提下,识别战略实施的关键评价因素,确定企业具体经营目标。

2. 确定绩效评价的对象及评价要素

配送绩效评价的对象包括内部流程作业层面(进出货、储存、盘点、订单处理、拣选、配送、采购等作业)的绩效和配送企业整体层面的绩效。为此,配送中心作业效率评估主要分成八大要素(见表 11-1)。

表 11-1　配送绩效评价要素

评价要素	含义
设施空间利用率	衡量整个配送中心空间设施的利用效率。配送中心设施是指除人员设备以外的一切硬件,包括办公室、休息室、仓储区、拣货区、收货区和出货区等区域空间的安排及一些消防设施等周边硬件。所谓设施空间利用率就是针对空间利用度、有效度做考虑。一句话,就是要提高单位土地面积的使用效率。要考虑货架、仓储区的储存量、每天理货场地的配货周转次数等
人员利用率	衡量人员作业效率的发挥程度和产生的价值。对于人员作业效率的考核分析,是每一个企业配送中心经营评估的重要指标。人员利用率评估主要包括人员编制。要求人员的分配等达到最合理的程度,避免忙闲不均,这里包括上班作息时间的安排。通常要研究工作需要性、工作量、人员流动性、加班合理性问题以及员工待遇等问题
设备利用率	衡量各种物流设备的利用状况。配送中心的设备主要用于保管、搬运、存储、装卸、配送等物流作业活动。由于各种作业有一定的时间性,设备工时不容易计算,通常从增加设备运作时间和提高设备每单位时间内的处理量来实现提高设备利用率的目的
商品、订单效率	衡量商品销售实现预定目标的情况。配送中心的主要工作包括:通过对配送中心的出货情况分析,提示采购人员调整水平结构;要根据客户的要求,快速拆零订单;严格控制配送中心的库存,留有存货以减少缺货率;同时保证避免过多的存货造成企业的资金积压、商品质量出问题等损失
作业规划管理能力	衡量管理者决策水平与效率。规划是一种手法,用来拟定根据决策目标应采取的行动;规划的目的是为整个物流活动过程选择合理的作业方式及正确的行动方向。要让订单产出最佳的效果,规划管理人员必须决定作业过程中最有效的资源组合,才能配合环境,设计出最好的资源方式,来执行物流运作过程中的每一个环节的工作
时间效益率	衡量每项作业对最佳时间的运用。包括缩短资源时间,一方面可使工作效率提高,另一方面可使交货期限提前;时间是衡量效率最直接的因素,最容易看出整体作业能力是否降低,从而很容易了解配送中心整体经营运作的优劣;评估时间效益,主要是掌握单位时间内收入、产出量、作业单元数及各作业时间比率等情况
成本率	衡量每项作业成本费用的合理状况。配送中心的物流成本,是指直接或间接用于收货、储存保管、拣货配货、流通加工、信息处理和配送作业的费用的总和
质量水平	衡量物流服务质量实现客户满意的程度。质量不仅包括商品的质量优劣,还包括各项物流作业的特殊质量指标。如损耗、缺货、呆滞品、维修、退货、延迟交货、事故、误差率等。对物流质量的管理,一方面要建立起合理的质量标准,另一方面需多加重视存货管理及作业过程的监督,尽可能避免不必要的损耗、缺货,以降低成本,提高客户的服务质量;维持和提高质量标准,需要从人员、商品、设备和作业方法四个方面思考

3. 建立绩效评价指标体系

将企业经营目标进行分解,据以确定各部门主要评价活动和关键评价点绩效指标,最终分解落实到每个岗位,形成员工行为与结果共同构成的岗位绩效指标体系。

重要知识 11-2

建立配送中心绩效评估指标体系的原则

1. 突出重点，关键绩效指标重点分析。

2. 采用能反映配送中心业务流程的绩效指标体系。

3. SMART 原则。即指标的具体性(Specific)、衡量性(Measurable)、可达性(Attainable)、现实性(Realistic)、时限性(Time-based)。

4. 评价指标能反映整个配送中心的运营情况。

5. 尽可能采用实时分析与评估的方法。

6. 最终以用户对配送中心产品或服务的满意度指标作为配送中心绩效评估的一个最终标准。

4. 绩效计划、实施与监控

制定绩效工作方案，确定评价原则、评价方法、评价周期，安排工作进程、评价时间表和评价小组人员分工。员工对自己绩效目标做出承诺，在绩效实施期间，管理者要对员工的工作过程进行指导和监督，对发现的问题及时予以解决，并根据需要对绩效计划进行调整。

5. 绩效数据收集、评价与分析

绩效实施过程中和周期结束后，收集、核实和整理评价所需基础资料和数据，依据预先评价方案与标准统计计分，对照绩效目标形成综合评价结论，并对结果的形成原因进行讨论、分析和总结，撰写评价报告。

6. 绩效反馈与持续改进

通过绩效反馈面谈，员工了解主管期望和本人实际绩效，得到指导和帮助。双方对绩效评价结果和改进点达成共识后，共同商定调整下一轮绩效周期、绩效目标和改进点。

7. 绩效评价结果运用

根据绩效评价结果，有针对性地开展员工教育与培训，据以决定对员工的奖惩、薪酬调整和相应人事变动等。

➢企业实例

戴尔成功的诀窍——高效物流配送

在不到 20 年的时间内，戴尔计算机公司的创始人迈克尔·戴尔，白手起家把公司发展到 250 亿美元的规模。即使面对美国经济目前的低迷，在惠普等超大型竞争对手纷纷裁员减产的情况下，戴尔仍以两位数的发展速度飞快前进。根据美国一家权威机构的统计，戴尔 2001 年一季度的个人电脑销售额占全球总量的 13.1%，仍居世界第一。

“戴尔”现象，令世人为之迷惑。

戴尔公司分管物流配送的副总裁迪克·亨特一语道破天机：“我们只保存可供 5 天生产的存货，而我们的竞争对手则保存 30 天、45 天，甚至 90 天的存货。这就是区别。”

物流配送专家詹姆斯·阿尔里德在其专著《无声的革命》中写道，主要通过提高物流配送打竞争战的时代已经悄悄来临。看清这点的企业和管理人员才是未来竞争激流中的弄潮者，否则，一个企业将可能在新的物流配送环境下苦苦挣扎，甚至被淘汰出局。

亨特在分析戴尔成功的诀窍时说："戴尔总支出的 74%用在材料配件购买方面，2000 年这方面的总开支高达 210 亿美元，如果我们能在物流配送方面降低 0.1%，就等于我们的生产效率提高了 10%。"物流配送对企业的影响之大由此可见一斑。

信息时代，特别是在高科技领域，材料成本随着日趋激烈的竞争而迅速下降。以计算机工业为例，材料配件成本的下降速度为每周 1%。从戴尔公司的经验来看，其材料库存量只有 5 天，当其竞争对手维持 4 周的库存时，就等于戴尔的材料配件开支与对手相比保持着 3%的优势。当产品最终投放市场时，物流配送优势就可转变成 2%～3%的产品优势，竞争力的强弱不言而喻。

在提高物流配送效率方面，戴尔和 50 家材料配件供应商保持着密切、忠实的联系，庞大的跨国集团戴尔所需材料配件的 95%都由这 50 家供应商提供。戴尔与这些供应商每天都要通过网络进行协调沟通：戴尔监控每个零部件的发展情况，并把自己新的要求随时发布在网络上，供所有的供应商参考，提高透明度和信息流通效率，并刺激供应商之间的相互竞争；供应商则随时向戴尔通报自己的产品发展、价格变化、存量等方面信息。

几乎所有工厂都会出现过期、过剩的零部件。而高效率的物流配送使戴尔的过期零部件比例保持在材料开支总额的 0.05%～0.1%之间，2000 年戴尔全年在这方面的损失为 2100 万美金。而这一比例在戴尔的对手企业都高达 2%～3%，在其他工业部门更是高达 4%～5%。

即使是面对如此高效的物流配送，戴尔的副总裁亨特仍不满意："有人问 5 天的库存量是否为戴尔的最佳物流配送极限？我的回答：'当然不是，我们能把它缩短到两天。'"

➢每日一练

自己试着和同学一起交流，如何完成配送绩效评价任务？

分项任务小结

完成本分项任务后，请进行自我测试：你是否已理解配送绩效评价的含义？如何完成配送绩效评价任务？

二、实施配送绩效评价

➢任务提示

本分项任务将带领你熟悉配送中心各作业绩效评价指标体系，能根据评价目的、范围，正确选择与计算相应的指标，会针对计算结果进行合理分析，并对配送中心经营管理的薄弱环节提出合理化建议！

➢任务先行

我们已经初步了解配送绩效评价的基本知识，掌握了配送绩效评价的基本流程。接下来，我们将通过建立配送绩效评价指标体系并对相应指标进行计算和分析，实施对具体企业的绩效评价。

阅读与思考 11-2

联华便利配送中心与江杨配送中心绩效比较

在上海，零售业态的竞争已扩展到连锁便利店。联华便利店以每月新开 60 家门店的速度急剧扩张，在物流配送方面形成了巨大的需求，原来的江杨配送中心显然不能满足其需要。联华便利店与日本岗村制作所共同设计建造联华便利配送中心。

两个配送中心在作业效率方面有以下区别：

江杨配送中心每天的拆零商品配送能力在 1 万箱左右，单店商品拆零配置时间约需 4 分钟，由于场地小、缺乏先进技术、人力资源浪费，人工分拣差错率达 0.6%，每天配送 200 多家门店。

联华便利配送中心库存商品可达 10 万箱，每天拆零商品可达 3 万箱，商品周转期从原来的 14 天缩短到 3.5 天，库存积压资金大大降低；采用 DPS 方式取代人工拣选，使差错率减少到万分之一，配送时间从 4 分钟/店压缩到 1.5 分钟/店，每天可配送 400 多家门店，配送准确率、门店满意度都有大幅提升。新的配送中心降低了物流成本，为联华便利店业态的良好稳定发展奠定了坚实基础。

请思考：

1. 上述案例从哪些方面对江杨配送中心和联华便利配送中心进行比较？
2. 涉及的配送中心作业绩效评估指标有哪些？
3. 联华便利配送中心是如何改进配送中心服务和作业绩效的？

按照配送作业环节和工作内容描述，常用的配送作业绩效评价量化指标主要有以下几个方面，应用时可根据评价目的和评价对象进行适当调整。

（一）进出货作业

进货作业包括从车辆上将货物卸下、搬运、堆码、核对数量和质量、接收签单及将有关信息书面化等一系列工作。出货作业是指将拣取分类完成的货物做好出货核查后，根据各车辆或配送路线将货物搬至出货准备区，而后装车配送。

在进出货作业环节，管理人员需要衡量人员作业的效率与质量、人员工作负担、装卸货设备及站台利用率等方面的问题。

1. 人员效率:衡量进出货人员作业效率的高低(见表11-2)

表11-2 人员效率具体指标及计算公式

具体指标	计算公式
每人每小时处理进货量	=进货量/(进货人员数×每日进出货小时数×工作天数)
每人每小时处理出货量	=出货量/(出货人员数×每日进出货小时数×工作天数)

2. 人员工作负担:衡量进出货人员工作负担的大小,确定是否需要增减人手(见表11-3)

表11-3 人员工作负担具体指标及计算公式

具体指标	计算公式
进货时间率	=每日进货时间/每日工作时间
出货时间率	=每日出货时间/每日工作时间

3. 人员作业质量:考核进出货人员工作质量的好坏(见表11-4)

表11-4 人员作业质量具体指标及计算公式

具体指标	计算公式
进货数量误差率	=进货误差量/进货总量
出货数量误差率	=出货误差量/出货总量
进货品合格率	=进货品合格的数量/进货总量

(1)指标说明

如果进出货共用一批人员,则可合并计算。

(2)指标分析

①若每人每小时处理进出货量高,且进出货时间率高,说明什么?该怎么办?

②若每人每小时处理进出货量低,但进出货时间率高,说明什么?该怎么办?

③若每人每小时处理进出货量高,但进出货时间率低,又该怎么办?

④若每人每小时处理进出货量低,但进出货时间率低呢?

4. 月台空间利用率:考核站台是否因数量不足或规划不当造成拥挤或低效(见表11-5)

表11-5 月台空间利用率具体指标及计算公式

具体指标	计算公式
站台利用率	=进出货车次装卸货停留总时间/(站台泊位数×工作天数×每天工作时数)
站台高峰率	=高峰期车辆数/站台泊位数

(1)指标计算

某配送中心总泊位数为10个,每月工作天数22天,每天工作8小时,经统计进出货车次装卸货停留总时间为880小时,计算站台使用率。

(2)指标分析

①若站台利用率为0.5,站台高峰率为2,说明什么?该怎么办?

②若站台利用率为0.9,说明什么问题?应采取何种措施?

5.设备利用率(见表11-6)

表11-6 设备利用率具体指标及计算公式

具体指标	计算公式
设备能力利用率	=设备的实际装卸搬运量/设备的额定装卸搬运量
设备时间利用率	=设备的实际工作时间/设备的额定工作时间

(二)储存作业

配送企业的存货管理主要是将货物短期妥善保管,要求充分利用仓库空间,加强库存控制,既要防止存货过多而占用资源和资金,又要及时补货,降低存货的缺货率,并定期或不定期做好盘点,为日后准确、及时出货做准备。

在储存作业环节绩效评价指标主要有以下几类:

1. 储存空间利用率(见表11-7)

表11-7 储存空间利用率具体指标及计算公式

具体指标	计算公式
储区面积率	=储区面积/配送中心建筑面积
可使用保管面积率	=可保管面积/储区面积
储位容积利用率	=存货总体积/储位总容积
单位面积保管量	=平均库存量/可保管面积
平均每品项所占储位数	=料架出位数/总品项数

由于配送中心除了仓库以外还包括办公区、停车场、接待中心、食堂等,因此,可用储区面积率来衡量仓库的面积占整个配送中心所有建筑面积的比率;可使用保管面积率用来衡量仓储内通道规划的合理性;储位容积利用率和单位面积保管量用来衡量储位空间利用情况;平均每品项所占储位数应规划在0.5～2个之间,便于储存、拣货人员找寻存取货品。

2. 库存管理水平指标(见表11-8)

表11-8 库存管理水平具体指标及计算公式

具体指标	计算公式
库存周转率	=出货量/平均库存量
	或=营业额/平均库存金额
缺货率	=缺货次数/客户订货次数

库存周转率是考核配送企业库存控制水平和经营绩效的重要指标，该指标值越高，表明库存积压占用资金越少，库存管理水平越高，企业利润随周转率提高而增加。需要提醒的是，在计算库存周转率指标时，必须始终按照同一公式计算，指标值才具有可比性。

(1)指标分析

若配送中心库存周转率低，说明什么？什么原因？可采取的对策有哪些？

(2)改善对策

加强库存管理，分析库存需求的变化规律，掌握采购、补货时机，督促供应商及时送货。

缺货率是衡量收到客户订货后库存缺货的指标，缺货率越高，客户满意度越低。因此配送中心应将库存周转率和缺货率两个指标结合在一起分析，库存周转率越高、缺货率越低，说明配送中心库存管理水平越高。

3. 储存质量指标(见表 11-9)

表 11-9　储存质量具体指标及计算公式

具体指标	计算公式
呆废货品率	＝呆废货品数量/平均库存
	或＝呆废货品金额/平均库存金额

(1)指标分析

呆废货品率高怎么办？

(2)发生呆废料的原因

验收疏忽，产品变质，仓库保管不善，存货长期积压，订单取消或客户退货，变更设计，新产品或替代品出现，市场需求变化。

(3)改善对策

验收时严格把关；检查储存方法、设备与养护条件；防止货物变质，特别是对货品的有效期管理更应重视；随时掌握库存水平，特别是滞销品的处理，减少呆废品积压资金和占用库存。

4. 储存消耗指标(见表 11-10)

表 11-10　储存消耗具体指标及计算公式

具体指标	计算公式
存货管理费率	＝库存管理费用/平均库存量

(1)指标分析

库存管理费率高怎么办？

(2)库存管理费

仓库租金、保险费、损耗费(包括变质、破损、盘点短缺和盘点损失等费用)、仓库管理费用(入库验收、保管、盘点人工费、仓库照明费、空调费、温调温控费、建筑物和设备及器具的维修费等,但不包含相应折旧费)、货品淘汰费用(流行商品过时、季节性商品换季等造成的损失)、资金费用(机会成本损失、货物变价损失等)。要降低库存管理费率,必须降低库存管理费。

5. 盘点质量指标(见表11-11)

表11-11 盘点质量具体指标及计算公式

具体指标	计算公式
盘点数量误差率	=盘点数量误差/盘点总量 其中:盘点数量误差=∣实际库存数-账面库存数∣
盘点品项误差率	=盘点误差品项数/盘点实际品项数
平均盘差品金额	=盘点误差金额/盘点数量误差

(1)指标分析

产生盘点误差的原因有哪些?

① 记账员疏忽。

② 盘点计数错误。

③ 单据遗失,进出货未过账。

④ 捆扎包装错误。

⑤ 出入库作业时票据输入、检查点数错误。

如果平均盘差品金额较高,表示高价产品的误差较大,即高价位货品流失量严重。这会给企业利益造成较大损失,必须加强管理。

(2)改善对策

最好的管理方法是对在库品进行ABC分类管理。A类物品品项数占15%~20%,但金额却占75%~80%;B类物品品项数占30%,金额却占15%~20%;C类物品品项数占45%~50%,金额数只占5%;为此,必须对A类物品加强管理。

(三)订单处理作业

从接到客户订单开始到着手准备拣货之前的作业阶段,包括订单资料确认、存货查询、单据处理等,主要评价指标如下:

1. 订单处理数量(见表11-12)

表11-12 订单处理数量具体指标及计算公式

具体指标	计算公式
平均每日订单数	=订单数量/工作天数
平均客单数	=订单数量/下级客户数
平均客单价	=营业额/订单数量

(1)指标分析

平均每日订单数、平均客单价指标值不高,表明配送中心业务量不多,有待拓展业务,谋求较大的效益。

(2)改善方法

强化经营体制,加强促销,提高产品质量,经营受客户欢迎的产品。

通过对平均每日订单数,平均客单数和平均客单价的分析,观察每天订单变化情况,以拟定客户管理策略及业务发展计划。

2. 订单处理质量(见表 11-13)

表 11-13　订单处理质量具体指标及计算公式

具体指标	计算公式
订单延迟率	=延迟交货订单数/订单数量
订单货件延迟率	=延迟交货量/出货量
订单满足率	=实际交货数量/订单需求数量
订单缺货率	=接单缺货数/出货量
紧急订单响应率	=未超过 12 小时出货订单/订单数量

(1)指标说明

订单延迟率+订单满足率=1。

(2)指标分析

①订单延迟率高该怎么办?如何提高紧急订单响应率?

订单延迟率衡量交货延迟状况,降低订单延迟率可从以下几方面着手:找出配送作业流程的瓶颈加以解决,改善作业环节间的协调性和均衡性;动态、准确掌握库存情况,及时补货;合理安排配送时间。

②订单货件延迟率的含义?

评价配送中心是否应实施客户重点管理,使自己有限的人力、物力做到最有效的利用。应考虑实施顾客 ABC 分析,以确定客户重要性程度,而采取重点管理。例如,根据订单资料,按客户的购买量占配送中心营业额的百分比做客户 ABC 分析。尽可能减少重要客户延迟交货的次数,提高服务水平。

③如果缺货率过高,怎么处理?

缺货率用于衡量存货控制决策是否合理,是否应该调整订购点及订购量的基准。如果缺货率过高就应当重新审视目前的库存控制策略,如无调整再订货点、订货批量基准的必要,督察是否及时录入进出货品情况,动态关注存货异动,掌握采购、补货时机,督促供应商准时送货。

④如何提高紧急订单响应率?

这是分析配送中心快速订单处理能力及紧急插单业务的需求情况。通过提高配送企业订单快速处理能力,事先制定快速作业处理流程与操作规程,制定快速送货计费标准等方法可提高紧急订单响应率。

(四)拣货作业

拣货作业是依据客户订货要求或配送作业计划，准确、迅速地将货品从其储位或其他区域拣取出来的过程，一般属于劳动密集型作业，耗费成本较多，而拣货时间、拣货策略及拣货质量对配送时间与出货质量影响较大。拣货作业绩效评价指标包括：

1. 拣货作业效率(见表 11-14)

表 11-14　拣货作业效率具体指标及计算公式

具体指标	计算公式
人均每小时拣货品项数	=订单总品项数/(拣货人数×工作天数×每天拣货时数)
人均每小时拣货件数	=累积拣货总件数/(拣货人数×工作天数×每天拣货时数)
批量拣货时间	=每天拣货时数×工作天数/拣货批次

(1)指标分析

如想改善人均每小时拣货品项数，则可通过拣货路径合理规划、储位合理配置、确定高效的拣货方式，拣货人员数量及工时合理安排，拣货的机械化、电子化等途径来改善。

(2)批量拣货时间指标分析

批量拣货时间短，表示拣货作业快，即订单进入拣货作业系统至完成拣货作业所花费的时间短。

2. 拣货作业质量(见表 11-15)

表 11-15　拣货作业质量具体指标及计算公式

具体指标	计算公式
拣误率	=拣取错误笔数/订单货物总笔数

拣误率高改善对策：

① 选择最合理的拣货方式。

② 加强拣货人员培训。

③ 引进先进的条码技术、电脑辅助拣货系统等先进拣货技术，以提高拣货的准确度和拣货作业效率。

3. 拣货作业成本(见表 11-16)

表 11-16　拣货作业成本具体指标及计算公式

具体指标	计算公式
每份订单拣货成本	=拣货总成本/订单数量
每笔货物拣货成本	=拣货总成本/订单货物总笔数

(五)送货作业

送货作业是将货品送到客户的活动,是配送作业绩效的最终体现。如何选择合适的送货人员、合适的送货车辆、最佳的行车路径,合理规划送货时间,实现最大配载效率,控制成本费用及减少交货延迟率等都是送货管理人员应该考虑的问题。送货作业绩效评价指标有:

1. 人员负担(见表 11-17)

表 11-17　人员负担具体指标及计算公式

具体指标	计算公式
人均送货量	=出货量/送货人数
人均送货距离	=送货总距离/送货人数
人均送货重量	=送货总重量/送货人数
人均送货车次	=送货总车次/送货人数

这四个指标可以充分了解送货作业人员的工作量,并根据实际情况及时调整送货作业人员数量,也可以反映送货人员的作业贡献,从而对相关人员进行绩效考核。

2. 车辆负荷(见表 11-18)

表 11-18　车辆负荷具体指标及计算公式

具体指标	计算公式
每车周转量	=(送货总距离×总吨数)/送货车辆数
每车配送距离	=送货总距离/送货车辆数

如果车辆负荷过大就需要增加车辆,负荷过小说明配送业务量小,需要增加业务量。

3. 车辆安排(见表 11-19)

表 11-19　车辆安排具体指标及计算公式

具体指标	计算公式
空驶率	=空驶里程/送货总里程
送货平均速度	=送货总距离/送货总时间
送货车辆开动率	=送货总车次/(车辆数量×工作天数)
外车比例	=外车数量/(自车数量+外车数量)

(1)指标分析

①当空驶率较高时,表明有部分车“回程空驶”,这时配送成本较高。

②车辆开动率反映车辆的利用率,如果利用率过高,表明车辆负荷较重,应增加车

辆；如果利用率太低，则应该减少车辆或增加配送货物。

③送货平均速度可以反映送货路线是否最佳，路线上的交通状况是否良好。

(2)改善方法

若本企业送货货物中季节性或节假日商品比例高，旺淡季出货量差别大，宜提高外车比例，以此应付业务量变动和降低平日养车成本；反之，宜降低外车比例，选择自车以提高送货效率和成本。

4. 时间效益(见表11-20)

表11-20 时间效益具体指标及计算公式

具体指标	计算公式
送货时间比率	＝送货总时间/(送货人数×工作天数×每天工作时数)
单位时间送货量	＝出货量/送货总时间

以上指标用于分析单位时间对于送货量的贡献率。

5. 送货成本(见表11-21)

表11-21 送货成本具体指标及计算公式

具体指标	计算公式
每吨(车次或公里)送货成本	＝拣送货成本/总送货吨位(车次或里程)

6. 送货质量(见表11-22)

表11-22 送货质量具体指标及计算公式

具体指标	计算公式
送货延误率	＝送货延误车次/送货总车次
送货短缺率	＝出货品短缺数/出货量

(1)指标分析

送货延误原因有哪些？出货品短缺的原因呢？

送货延误原因很多，可能是车辆设备故障、路况不佳、交通意外、供应交货延误、缺货等原因造成，要全面分析，有针对性地采取对策。

(2)改善方法

出货品短缺会影响客户满意度，增加再次送货成本，需要注意每位员工每次作业质量，做好出货每一作业环节的复核。

（六）配送中心整体绩效指标

1. 单位面积效益（见表 11-23）

表 11-23　单位面积效益具体指标及计算公式

具体指标	计算公式
配送中心单位面积效益	＝营业额/建筑总面积

2. 设备投资情况（见表 11-24）

表 11-24　设备投资情况具体指标及计算公式

具体指标	计算公式
设备投资效益	＝营业额/固定资产总额
人均装备率	＝固定资产总额/配送中心总人数

设备投资效益用来评估资产是否充分发挥效用，该值越高说明每单位固定资产创造的营业额越多。

3. 工作人员情况（见表 11-25）

表 11-25　工作人员情况具体指标及计算公式

具体指标	计算公式
人均生产量	＝出货量/配送中心总人数
人均生产率	＝营业额/配送中心总人数
直间接工比率	＝作业人数/（配送中心总人数－作业人数）
加班率	＝员工共加班时数/（每天工作时数×工作天数×配送中心总人数）
新员工比例	＝新员工人数/配送中心总人数
临时工比例	＝临时员工人数/配送中心总人数
离职率	＝离职员工人数/配送中心总人数

4. 营业情况（见表 11-26）

表 11-26　营业情况具体指标及计算公式

具体指标	计算公式
产出与投入平衡	＝出货量/进货量
每天营业额	＝营业额/工作天数
营业支出与营业额比率	＝营业支出/营业额

指标分析：

①产出与投入平衡用来衡量公司进货量与出货量之间的关系，数值最好在每一期

间都维持在1左右，如果产出与投入平衡长期大于1，说明出货量大于进货量，容易导致缺货，如果该值小于1，则会导致库存积压。

②每天营运额可以衡量公司营运的稳定性，通过分析一段时间内每天营运金额的变化趋势，了解公司的业务发展情况。

③营业支出与营业额比率用来测定营业成本费用对该期损益影响程度，该值越低则说明企业盈利能力越强。

(七)配送服务质量指标

1. 服务水平指标(见表11-27)

表11-27 服务水平具体指标及计算公式

具体指标	计算公式
缺货率	=缺货次数/客户要求总次数
订单满足率	=满足订单数/订单总数
订单处理正确率	=无差错订单处理数/订单总数
订单按时完成率	=按时完成订单数/订单总数
信息传递准确率	=向客户传递信息准确次数/传递总次数
客户投诉处理及时率	=及时处理数量/总数量
客户满意度	从客户的有效投诉次数进行考评，另外还从总体质量、服务意识和服务态度等方面进行综合考虑。

2. 交货水平指标(见表11-28)

表11-28 交货水平具体指标及计算公式

具体指标	计算公式
货物准时送达率	=准时送达订单数/订单总数
配送延迟率	=配送延迟车次/配送总车次
订单延迟率	=延迟交货订单数/订单总数
紧急订单响应率	=在12小时内发货订单数/紧急订单总数

3. 交货质量指标(见表11-29)

表11-29 交货质量具体指标及计算公式

具体指标	计算公式
完好交货率	=完好交货物品量/交货总量
货损率	=损失量/总量
货差率	=差错量/总量

4. 满足程度指标(见表 11-30)

表 11-30　满足程度具体指标及计算公式

具体指标	计算公式
满足率	=满足客户货物要求的数量/要货总量

5. 经济性指标(见表 11-31)

表 11-31　经济性具体指标及计算公式

具体指标	计算公式
单位产品配送成本	=配送费用/配送总量

(八)选择绩效评价方法

实践中,常用的绩效评价方法很多,主要用于对人员的考核,亦可变通于对企业的评价。大致可分为相对评价法、绝对评价法、描述法和其他考核方法。

1. 相对评价法

包括序列比较法、相对比较法、强制/硬性分布法三种方法。

①序列比较法。序列比较法是按员工工作成绩的好坏进行排序考核的一种方法。在考核之前,首先要确定考核的模块,但是不确定要达到的工作标准。将相同职务的所有员工在同一考核模块中进行比较,根据他们的工作状况排列顺序,工作较好的排名在前,工作较差的排名在后。最后,将每位员工几个模块的排序数字相加,就是该员工的考核结果。总数越小,绩效考核成绩越好。

②相对比较法。相对比较法是对员工进行两两比较,任何两名员工都要进行一次比较。两名员工比较后,相对较好的员工记“1”,相对较差的员工记“0”。所有员工相互比较完毕后,将每个人的得分相加,总分越高,绩效考核的成绩越好。

③强制/硬性分布法。属于强制比例法的一种,评价者根据被考核者的业绩,将被考核者归到类似正态分布的有限数量的类型中去,例如,把最好的 10%的员工归为优秀一类,次之的员工归为良好一类,再次之的 40%归为中等,又次之的 20%归为较差档,余下的 10%放在最低等级的类别中。

2. 绝对评价法

包括目标管理法、关键绩效指标法、等级评估法、平衡记分卡四种方法。

①目标管理法。目标管理是通过将组织的整体目标逐级分解至个人目标,最后根据被考核人完成工作目标的情况来进行考核的一种绩效考核方式。在开始工作之前,考核人和被考核人应该对需要完成的工作内容、时间期限、考核的标准达成一致。在时间期限结束时,考核人根据被考核人的工作状况及原先制定的考核标准来进行考核。

②关键绩效指标法(KPI)。关键绩效指标法是以企业年度目标为依据,通过对员

工工作绩效特征的分析，据此确定反映企业、部门和员工个人一定期限内综合业绩的关键性量化指标，并以此为基础进行绩效考核。

③等级评估法。等级评估法根据工作分析，将被考核岗位的工作内容划分为相互独立的几个模块，在每个模块中用明确的语言描述完成该模块工作需要达到的工作标准。同时，将标准分为几个等级选项，如“优、良、合格、不合格”等，考核人根据被考核人的实际工作表现，对每个模块的完成情况进行评估。总成绩便为该员工的考核成绩。

④平衡记分卡。平衡记分卡从企业的财务、顾客、内部业务过程、学习和成长四个角度进行评价，并根据战略的要求给予每个指标不同的权重，实现对企业的综合测评，从而使得管理者能整体把握和控制企业，最终实现企业的战略目标。

3. 描述法

包括全视角考核法、重要事件法、叙述法三种方法。

①全视角考核法。全视角考核法(360 度考核法)，即上级、同事、下属、自己和顾客对被考核者进行多维度的评价，综合不同评价者的意见，得出一个全面的评价结论。

②重要事件法。考核人在平时注意收集、保存对评价对象最有利和最不利工作行为或事件的书面记录。这些行为或事件会对部门的整体工作绩效产生积极或消极的重大影响。考核时根据这些书面记录进行整理和分析，最终形成考核结果。

③叙述法。评价者写一篇短的记叙性文字来描述员工的业绩，这种方法集中倾向于员工工作中的突出行为，而不是日常业绩。

4. 其他考核法

包括比较分析法、因素分析法、功效系数法、综合分析法等、工作计划考核法。

①比较分析法指对两个或几个相关的可比数据进行对比，揭示差异和矛盾。按比较对象可分为与本企业历史比、与同类企业比、与计划数据比；按比较内容可分为总量的比较、比较结构百分比、比较比率。

②因素分析法用来测定受多种因素影响的某种经济现象总变动中各个因素的影响的方向和影响程度的一种统计分析方法。运用因素分析法的一般程序是：

首先，确定需要分析的指标；

其次，确定影响该指标的各因素及与该指标的关系；

最后，计算确定各个因素影响的程度数额。

③功效系数法(Efficacy Coefficient Method)又叫功效函数法，它是根据多目标规划原理，对每一项评价指标确定一个满意值和不允许值，以满意值为上限，以不允许值为下限，计算各指标实现满意值的程度，并以此确定各指标的分数，再经过加权平均进行综合，从而评价被研究对象的综合状况。运用功效系数法进行业绩评价，企业中不同的业绩因素得以综合，包括财务的和非财务的、定向的和非定量的。

④综合分析法是指运用各种统计综合指标来反映和研究配送企业总体的一般特征和数量关系的研究方法。

⑤工作计划考核法是由被考核部门负责人在年初时提出部门工作计划，经与公司领导及其他相关部门负责人沟通确认后提交人力资源部等机构；人力资源部等机构根

据公司工作计划等级分类规定，对各部门工作计划进行分类，部门负责人根据本部门工作计划组织员工填写员工工作计划；考核期结束后部门负责人与员工进行沟通，并根据员工工作计划的完成情况进行打分；人力资源部等机构根据各考核相关部门提供的信息对各部门进行考核，并依据分类工作计划的考核标准确定部门绩效水平和薪酬。详见企业实例1。

➢企业实例1

实例1 某公司工作计划考核细则

自该公司实施工作计划以来，在某种程度上提高了工作效率，综合来看和总公司尚有一定差距，为了实现2010年度公司在工作效率、工作计划方面的转变，特做出计划考核方案，请各部门、各单位负责人认真履行，加强管理，真正做到工作有计划，计划不流于形式，起到提高工作效率的作用。

目前该公司决定从以下几个方面进行工作计划考核。

一、工作计划管理(占60分)

工作计划管理是工作计划的核心部分，对工作计划的合理性、工作计划的可行性、工作量的饱和情况及工作质量、上月工作计划的执行检查落实情况起着重要作用。

(1)工作计划的合理性：工作计划是本部门负责人对本部门下一个月整体工作的一个大体安排，应根据部门实际情况、部门人员变化情况和上月未完成工作情况进行合理安排，不可以过多，也不能使工作量不饱和，基本做到每个人有合理的安排。

(2)工作计划的可行性：工作计划的可行性是指安排的工作计划基本能够在一定的时间内完成，在充分考虑人员、时间、计划的情况下对工作计划的可行性进行客观公正的评估，必要时听取本部门或主管领导的意见和建议，对工作计划进行合理调配。

(3)工作量的饱和情况及工作质量：工作量的饱和情况直接和工作计划是否合理有关，工作量过大会造成工作方面的个人情绪，工作量过少会影响工作的正常开展。工作质量是检验工作的主要指标，当然和工作效率、工作方法等有密切联系。

(4)上月工作计划的执行检查落实情况：做工作计划首先要考虑到本月工作计划的执行情况，对因主观原因造成的没有完成的工作部门负责人应认真分析原因，做出安排，并指明由谁去完成、什么时间完成。同时对上个月的遗留问题的解决情况予以汇报。

二、管理情况(占40分)

主要是计划控制能力、费用管理、人员管理、部门合作及公司决议的执行情况。

(1)计划控制能力主要是部门负责人对已经制定的工作计划有把控能力，及时调整工作重点，有计划有步骤地执行。

(2)费用管理是部门负责人的一个主要能力体现，合理控制费用的开支，对违反规定的一律不予报销。

(3)部门合作主要体现在主办部门的工作需要其他部门协调时能够及时配合，共同完成，积极热情、顾全大局。

(4)公司决议的执行情况，对公司下发的各项文件及管理制度能够坚决执行，在执行过程中能够对不合理的地方提出合理化建议。

三、考核小组由总经理、副总经理及办公室组成。

四、工作计划的具体考核办法见表 11-32。

表 11-32　部门负责人工作计划考核办法

考核内容（满分 100 分）		考核细则及分值				备注
工作计划管理 60 分	工作分配的合理性 10 分	工作分配客观合理，能按计划执行，员工认可	工作分配客观合理，能按计划执行，员工基本认可	工作分配基本合理，部分能按计划执行，员工不认可	工作分配不合理，不能按计划执行，员工不认可	
		10～9	8～6	5	4	
	工作计划的可行性 10 分	计划可行性强，切合实际，能够有效解决公司阶段性问题，得到好评	计划可行性强，切合实际，能够解决公司阶段性问题	计划基本可行，部分切合实际，基本能够解决公司阶段性问题	计划基本可行，不切合实际，不能解决公司阶段性问题	
		10～9	8～6	5	4	
	工作量是否饱和 10 分	经常超过计划完成工作，工作成果多	工作量饱满，无多少空闲时间	工作量基本饱满，符合工作要求	工作量不足，经常延后工作计划，甚至不能完成工作计划	
		10～9	8～6	5	4	
	工作质量 10 分	工作效果优秀，常常超出期望值	工作效果较好，符合工作要求	工作效果一般，尚符合工作要求	工作效果一般，有时会出错，并且没有改进	
		10～9	8～6	5	4	
	工作计划完成率 10 分	工作计划可以确保 100%完成	工作计划可以确保完成 85%	工作计划可以完成 60%以上	工作计划完成 60%以下	
		10～9	8～6	5	4	
	工作计划未完成原因分析 5 分	能常对工作采用新办法或提出新建议	有时能主动提出或采用新办法新思维，但实施力不够	创新力一般，在提点下能融会贯通	工作方法守旧，不愿变革，甚至认为麻烦	
		5	4	3	2～0	
	上月工作计划改进情况 5 分	吸取同事的合理化建议，齐心协力，找到有效解决办法	吸取同事的合理化建议，一言堂，能够找到有效解决办法	吸取同事的合理化建议，可以解决存在问题	不能吸取同事的合理化建议，找不到有效解决办法	
		5	4	3	2～0	

续表

考核内容（满分100分）		考核细则及分值				备注
管理情况40分	计划控制能力5分	有计划，分步骤，按重要性工作，及时调整	工作有一定计划性，也能及时调整	计划控制能力一般	工作常无计划，丢三落四	
		5	4	3	2～0	
	成本费用控制10分	做到了合理开支，没有违规浪费，得到部门认可，手续齐备	做到了合理开支，没有明显违规浪费，得到部门认可，手续齐备	做到了合理开支，没有明显违规浪费，不公平，手续齐备	开支不合理，有明显违规浪费，部门认可，手续齐备	
		10～9	8～6	5	4	
	人员管理10分	员工工作热情高、积极主动解决问题，考核合理；得到员工拥护	员工工作热情高、积极主动解决问题，考核合理	员工工作热情高、主动解决问题，考核基本合理；	员工工作怠工，工作懒散，考核不合理；	
		10～9	8～6	5	4	
	部门配合情况10分	保持与上下级，平级及客户的良好沟通，非常积极主动地与人合作	合作性好，关系融洽，具一定的团队意识	合作性一般，可达到工作要求，能保持稳定的关系	不合群，关系紧张，很少与人合作，上司与同事非常反感	
		10～9	8～6	5	4	
	公司决议、文件执行情况、公司制度贯彻情况5分	服从公司安排，执行力强、及时宣传，很好的传达和贯彻公司决议	服从公司安排，执行力强、传达和贯彻公司决议	不能第一时间执行和宣贯公司决议	对公司的决议、文件、制度不管不问	
		5	4	3	2～0	

注：1. 此表适合考核各部门所做月度工作计划。
2. 考核权限为办公室参与，分管副总经理配合总经理考核。
3. 考核周期为每月一日至月末最后一日。
4. 考核时间为每次月八日前最后一个工作日。
5. 考核工资对应发放表格。

实例2　某医药配送中心出库绩效评价指标

某医药配送中心出库绩效评价指标详见表11-33。

表 11-33　某医药配送中心出货作业具体指标及计算公式

类别	指标	计算公式
出库作业总体情况	出库件均条目数	=出库总条目数/出库总件数
	出库订单件数比	=出库总件数/出库总订单数
	内复核件均条目数	=内复核条目数/内复核总拼箱数
	拆零条目比例	=拆零拣货总条目数/出库总条目数
	整件条目比例	=整件立库出库拣货总条目数/出库总条目数
	拆零件数比例	=拆零拣货总件数/出库总件数
	整件件数比例	=整件立库拣货总件数/出库总件数
人员作业效率	整件日人均拣货件数	=整件作业总件数/整件出勤天数
	立库日人均拣货件数	=立库作业总件数/立库出勤天数
	拆零日人均拣货条目数	=拆零工作条目数/拆零拣货出勤天数
	内复核日人均复核条目数	=内复核条目数/内复核出勤天数
	外复核日人均复核件数	=出库总件数/外复核出勤天数
	日人均装车件数	=出库总件数/装车人员出勤总天数
人员作业质量	整件差错率	=整件立库差错条目数/整件立库出库条目数×100%
	拆零差错率	=拆零差错条目数/拆零出库条目数×100%
	内复核差错率	=内复核差错条目数/内复核条目数×100%
	外复核差错率	=外复核差错条目数/外复核条目数×100%
	装车差错率	=装车差错条目数/出库总条目数×100%
	作业总差错率	=整件、拆零、内复核、外复核、装车差错条目数之和/出库条目数×100%
	出库总差错率	=内、外复核，装车差错条目数之和/出库条目数×100%

实例 3　某冷链配送中心夜班分拣薪酬考核方案

一、指导思想：为了进一步调动分拣员的工作积极性，按照“按劳分配，多劳多得，奖优罚劣”的原则。特制定冷链事业部作业二部夜班分拣薪酬考核方案。

二、薪酬考核实施对象：冷链作业二部夜班分拣人员。

三、薪酬考核试行时间：2013 年 10 月 1 日起试行薪酬考核方案。

四、薪酬考核细则

（一）岗位

1. 仓储商品分拣

主要负责仓储伊利牛奶分拣、仓储面包与馒头分播工作。

2. 便民奶制品、豆制品及仓储豆制品分拣主要负责便民奶制品与豆制品的分播、分拣及仓储豆制品的分播、分拣工作。

3. 其他类型商品分拣

主要负责便民整件商品分播、粉面、精肉与豆奶商品分拣工作。

（二）岗位工资结构

1. 现行工资情况

计时工资（11 元/小时，超过半小时按 1 小时计算；不足半小时则不计入工资范围）。

(1)仓储商品分拣：每日 5 人分拣，下午 14：00—分拣完成。具体时间由仓储伊利与中央大厨房到货时间决定，分拣约需 4～5 小时完成。

(2)便民奶制品、豆制品及仓储豆制品分拣：每日 48 人分拣，下午 18：00—分拣完成，分拣约需 5～6 小时完成。

(3)其他类型商品分拣：每日 10 人分拣，下午 18：00—分拣完成，分拣约需 4 小时完成。

2. 作业数据

(1)工资数据（见表 11-34）

表 11-34 某冷链配送中心工资数据表

2013 年 月份	5 月	6 月	7 月	8 月	9 月
分拣员人数	36	59	70	73	
分拣员工资	50150	60610	101700	104480	

注：①6 月份 1—15 日共 40 人，工资为 23590，人均日工资 39.32 元；6 月份 16—30 日共 59 人，工资为 37020，人均日工资 41.83 元。

②7 月份 1—15 日共 68 人，其中 5 人离职，新增 13 人。工资为 43640，人均日工资 42.78 元；7 月份 16—31 日共 72 人，其中 8 人离职，新增 9 人。工资为 58060，人均日工资 40.40 元。

③8 月份 1—15 日共 78 人，其中 13 人离职，新增 10 人。工资为 50620，人均日工资 43.26 元；8 月份 16—31 日共 69 人，其中 13 人离职，新增 7 人。工资为 53860，人均日工资 48.79 元。

(2)作业数据（见表 11-35）

表 11-35 某冷链配送中心作业数据表

2013 年 月份	5 月	6 月	7 月	8 月	9 月	合计	月均	月人均
仓储伊利	401121	545701	537289	79050			488488	97698
便民牛奶			641409	149014	973983		1129170	29715
便民豆制品			86616	16935	96822		115056	2876

注：①7月9日中央大厨房豆制品入库，7月15日光明牛奶入库，8月份只有4天的作业数据；便民牛奶整件商品月均184350件，剔除整件商品后，便民牛奶分拣细数总计661378，月均944826个，月人均23621个。

②因新系统切换，便民和仓储奶制品细数有变，建议绩效值按9月份数据计算：

a. 便民奶制品：每天钟点工31人，9月1日—9月21日便民奶制品总量973983，月人均47128个；便民豆制品总量96822个，月人均4685个；

b. 仓储奶制品：每天钟点工5人，9月1日—9月21日(9月1日为1002个，9月2日为346个)总量为236346个，月人均74634个。

3. 计件工资方案(每人每月休息4天)

(1)仓储奶制品分拣

按44元*26天=1144元/人/月标准计件，则1144/74634=0.015元/个

按55元*26天=1430元/人/月标准计件，则1430/74634=0.019元/个

注：①作业时间：每日中午14：00上班，分拣完成后下班。

②作业人员：标准配置为6人。每天安排5人上班，1人休息。

(2)便民奶制品及豆制品分拣

按44元*26天=1144元/人/月标准计件，则1144/(47128+4685)=0.022元/个

按55元*26天=1430元/人/月标准计件，则1430/(47128+4685)=0.028元/个

按66元*26天=1716元/人/月标准计件，则1716/(47128+4685)=0.033元/个

注：①作业时间：每日下午18：00上班，分拣完成后下班。

②作业人员：标准配置为48人。两人一组，分为24组。每天安排4组人员休息。

③线路安排：40条线，一组分拣两条线。

④作业方式：上班后所有分拣人员参与分播，待分播完成后，开始分拣便民牛奶。便民牛奶分拣完成后，还需分拣各自线路的豆制品。

4. 计时工资方案(其他类型商品分拣，每人每月休息4天)

便民整件商品分播、粉面、精肉与豆奶商品分拣人员实行计时工资制(11元/小时，超过半小时按1小时计算；不足半小时则不计入工资范围)。

5. 节假日工资发放标准按公司人事薪酬制度执行。

(三)分拣作业质量奖罚

1. 分拣差异处罚

分播、分拣环节出现差异没有发现，或者发现差异没有及时上报的，一个月内出现两次给予口头警告、第三次给予过失处罚并罚款10元、第四次给予较严重过失处罚并罚款20元、第五次给予严重过失处罚并罚款50元，并承担商品差额损失。

2. 分拣质量奖励

①一个月内无分播、分拣差异的员工，每人奖励100元。

②一个月内分播、分拣差异仅一笔的员工，每人奖励50元。

➢**每日一练**

自己试着总结如何建立配送绩效评价指标体系,并选择合适的方法对配送中心绩效进行评价。

分项任务小结

完成本分项任务后,请进行自我测试:

1. 各作业面的绩效评价指标有哪些?
2. 配送中心整体绩效评价指标有哪些?
3. 配送服务质量指标有哪些?
4. 配送绩效评价方法有哪些?

一、核心概念

配送绩效　配送绩效评价　关键绩效指标法(KPI)　因素分析法

二、业务技能自测

(一)不定项选择题

1. 关于绩效评价,叙述正确的是(　　)。
   A. 按一定评价程序进行定性分析　B. 仅针对员工的工作业绩进行评价
   C. 企业绩效评价工作周期是一年　D. 能调动各部门与人员的积极性
2. 企业岗位绩效指标从根本上应服务于(　　)。
   A. 员工利益　B. 客户利益　C. 主管利益　D. 企业战略
3. 关于配送作业绩效评价指标,描述有误的是(　　)。
   A. 是配送企业加强内部流程作业的管理工具
   B. 是配送企业提高对外服务水平的管理工具
   C. 对于特定配送企业,该指标体系是稳定不变的
   D. 是绩效考核双方共同商榷、沟通的结果
4. 以下属于人员利用率的指标是(　　)。
   A. 人均配送吨千米　B. 人均用车比率
   C. 配送时间比率　D. 配送成本比率
5. 配送中心紧急订单的响应率,可通过(　　)指标来反映。
   A. 订单延误率　B. 订单满足率　C. 订单速交率　D. 订单缺货率
6. 以下对于关键绩效指标(KPI)的叙述,不正确的是(　　)。
   A. 应当符合“二八原理”　B. 是目标式量化管理指标
   C. 能抓住业绩评价的重心　D. 评价全面
7. 在进出货作业环节,反映进出货时间集中度控制问题的指标为(　　)。
   A. 每人每小时处理出货量　B. 进出货时间率
   C. 站台使用率　D. 站台高峰率
8. 与一般传统企业管理绩效评价相比,关于配送绩效评价的说法错误的是(　　)。

A. 数据来源于财务结果，更侧重事后分析

B. 反映岗位任务完成情况，而与业务流程无关

C. 能全方位反映企业整体运作情况

D. 着重反映客户需求的落实，尽可能提供实时分析功能

9. 以下哪些指标不能反映订单处理质量(　　)。

A. 订单缺货率　　B. 订单延迟率

C. 紧急订单响应率　　D. 平均每日订单数

10. 送货准确率属于(　　)方面的指标。

A. 配送作业效率　　B. 配送作业质量

C. 配送作业安全　　D. 客户服务效果

(二)判断题

1. 绩效评价是一种静态的管理方法。(　　)

2. 库存周转率数值越低则反映产品销售情况越好，库存占压资金越少。(　　)

3. 配送绩效指标的 SMART 原则指的是指标的具体性、可衡量性、可达性、现实性、时限性。(　　)

4. 引进先进的条码技术、电脑辅助拣货系统等先进拣货技术，是降低拣误率唯一途径。(　　)

5. 固定资产周转率用来评估资产是否充分发挥效用，该值越高越好。(　　)

(三)简答题

1. 什么是配送绩效评价?

2. 衡量拣货作业的绩效评价指标有哪些?

3. 绩效评价的方法有哪些? 请简要说明。

(四)计算题

1. 某配送中心总泊位数为 10 个，每月工作天数 22 天，每天工作 8 小时，经统计进出货车次装卸货停留总时间为 880 小时，高峰车辆数为 12 辆，计算站台使用率、站台高峰率。

2. 配送中心 4 月份平均有配送人员 20 人，平均每天工作 8 小时，出货量 30000 件共 15000 万吨，完成配送总距离 20000 千米，其中空驶里程 3000 千米，配送时间共计 300 小时，共计发车 300 次，延误车次 21 次，用车 21 辆，车辆配送成本共计 21000 元。计算该配送中心人均送货量、每车周转量、送货延误率、空驶率、每吨送货成本、单位时间送货量。

三、案例分析

中储物流配送业务

中国物资储运总公司立足发挥储运的硬件优势和网络优势，积极拓展配送业务，以现有分布于全国各大中城市的仓库为据点，形成地域物流配送中心，并逐步建立中储全系统的物流配送网络和完整的配送业务流程以及服务范围，向现代物流产业进军。目前已有所属 60 多个仓储企业介入此项业务，许多传统仓库成了提供分销、库存、加工等多项服务的配送中心。配送的形成多种多样，服务的深度和广度不断延伸。

为了让客户放心、满意地使用中储的配送服务，中储向客户提出了“配送及时、交接准确、反馈迅速、搬运安全、信誉可靠、网络服务”等承诺。“配送及时”，即接到配送单后，保证市内当天送达，200千米以内24小时内送达，600千米以内36小时内送达；“交接准确”，即由专业人员负责交接工作，保证货物和各种票据的交接手续简单、准确；“反馈迅速”，即货物经分拣送达后，保证用最快的通信方式通知顾客确认；“搬运安全”，即实行绿色服务，不污染，不破坏货物包装，保证外包装破损率在1%以下；“信誉可靠”，即由中储原因发生的货损货差责任事故，中储将按市价全额赔偿，同时客户还可以选择是否由中储给货物代上保险；“网络服务”，即中储在沈阳、大连、天津、石家庄、郑州、西安、咸阳、成都、重庆、武汉、衡阳、南京、连云港、上海实现联网改造，以降低空车率。

中储不仅在服务中认真履行承诺，而且还针对不同的客户提供具体的个性化服务。例如，中储一分公司在为海尔服务的过程中，库房温度和湿度保持在规定的范围之内，做到库房内地面和货物上无尘土，同时保管员“日事日毕”，配送业务原则上当天任务当天完成，每天、每周、每月进行动态盘点并按时报告。又如，无锡中储物资公司在与张家港浦项不锈钢有限公司的合作中，无锡中储为保证货物的运输途中的安全，车辆配备足够数量的“井”字形木架底座；卷板装载汽车后，加固并遮盖防雨布；装卸时使用软索，落地时上盖下垫；卷板被装上火车后，车皮地板上铺满草垫，并按张家港图纸规定方式装车；卷板与车皮间使用8号铁丝捆绑牢固，卷板与铁丝的接触部位全部使用橡皮垫加以保护。无锡中储在保证货物运输安全的同时，真正做到了客户满意。再如，中储为LG电子沈阳乐金有限公司的库存商品不仅提供防雨、防盗、防鼠、防污染等基本保证，还按要求为该公司的一切业务资料保密，提供24小时装卸服务，并通过汽车运输快速、及时、准确地运送到东北地区各指定的代销地点；此外，中储为西门子产品、基士得耶办公设备(中国)有限公司辽宁分公司的高档办公设备、为海尔电冰箱销售有限公司的电冰箱，中储股份上海沪南公司为正大集团易初莲花超市的货物进行配送服务等，都切实履行了配送服务承诺，并且根据不同客户的需求提供个性化服务，做到一切为客户着想，一切为客户服务。

思考题：

1. 中储公司对用户的承诺中体现了绩效管理的哪些内容？该公司又是如何实施的？

2. 对中储公司的绩效做简单评价。

四、实训操作

计算配送绩效指标

情景描述

配送绩效评价是配送中心经营管理水平提高的“促进器”，通过数据收集，某配送中心6月份绩效评价的原始数据汇总如下，请根据配送中心的作业项目及项目评价要素建立各作业面以及非作业面(整体评估)的绩效评价指标体系，并进行指标分析，提出绩效改进的意见。

1.该配送中心6月份工作20天，进出货作业数据如下：月台数10，装卸设备20台，进出货车次装卸停留总用时300小时，高峰时车辆数20辆，共完成进货量2万吨，出货量3万吨，进货总用时100小时，出货总用时150小时。

2.配送中心总面积4万平方米，其中储区面积1万平方米，总容积20万立方米，可供保管面积6000平方米，货架储位数4万个，储存商品共2万种，4月份平均库存量3万件，平均存货总体积10万立方米，出货量2万件，库存管理费用共计2万元，呆废料共10件。

3.该配送中心共有客户40家，6月份完成订单400份，实现营业额50万元，其中，延迟交货订单5份，12小时内发货订单60份，缺货量2吨。

4.该配送中心6月份平均有拣货人员20人，平均每天拣货作业时间4小时，拣货区域10个。平均每订单5笔商品，每笔平均20件，共涉及300种商品，误拣6笔，拣货成本6000元。

5.该配送中心6月份平均有配送人员20人，平均每天工作8小时，完成配送总距离3万千米，其中空驶里程3000千米，配送时间共计300小时，共计发车300次，延误车次18次，用车20辆，车辆配送成本共2.1万元。

6.配送中心固定资产总额500万元，6月份平均有50人，其中作业人员45人，新员工9人，临时工18人，离职5人，6月份营业支出30万元，加班200小时。

7.信息传递准确次数70次，传递总次数80次，即时处理客户投诉事件数12件，客户投诉事件数15件，完好交货物品量1.9万件，由于霉变、残损、丢失、短少等原因造成损失量500件，累计差错货物量300件。

[实训目标]通过本实训任务，培养学生熟悉配送中心各作业绩效评价指标体系，能根据评价目的和范围，正确选择与计算相应的指标，会针对计算结果进行指标分析，并对配送中心经营管理的薄弱环节提出合理化建议。

[实训条件]实训资料、笔、纸、计算器。

[实训组织]每位学生根据所给的配送中心运营数据，对应配送中心绩效指标计算相应指标数据，学生计算，老师讲解，对相应指标含义进行提问，学生讨论指标数据的意义，并提出改善指标的方法。

[实训提示]阅读情景资料→确定相应指标→找数据算指标→分析指标→提出配送中经营存在的问题→提出指标优化措施。

[实训成果]每位学生在实训完成后，整理出指标评价数据及指标改善措施，提交纸质文件。

参考文献

1. 沈天文. 配送作业管理. 北京：高等教育出版社，2012

2. 郑丽. 配送作业与管理. 北京：中国传媒大学出版社，2011

3. 钱芝网. 仓储管理实务情景实训. 北京：电子工业出版社，2011

4. 姜大立，姜玉宏. 物流仓储与配送管理实训. 北京：中国劳动社会保障出版社，2011

5. 翟敏，陈凤芝. 配送管理实务. 长春：东北师范大学出版社. 2011

6. 石佐生. 配送管理. 北京：冶金工业出版社，2009

7. 杨爱明，李述容. 配送管理实务. 大连：大连理工大学出版社，2009

8. 钱芝网. 配送管理实务情景实训. 北京：电子工业出版社，2009

9. 马俊生，王晓阔. 配送管理. 北京：机械工业出版社，2009

10. 马毅，张虎臣. 物流仓储与配送. 北京：北京交通大学出版社，2009

11. 李永生. 仓储与配送管理. 北京：机械工业出版社，2009

12. 李志英. 仓储与配送. 北京：机械工业出版社，2009

13. 郑玲. 配送中心管理与运作. 北京：机械工业出版社，2008

14. 陈平. 物流配送管理实务. 武汉：武汉理工大学出版社，2007

15. 杨敏. 配送中心运营管理. 北京：北京理工大学出版社，2007

16. 武晓钊. 物流公司岗位综合实训. 上海：上海财经大学出版社，2006

17. 陈百建. 物流实验实训教程. 北京：化学工业出版社，2006

18. 职业教育培训网：http://www.chinatat.com/new/174_202/2009_12_17_xu268939482717121900221560.shtml

19. 中国建材网：http://www.bmlink.com/lisababy1234/news/408304.html

20. 百度文库：http://wenku.baidu.com/view/2cb4c1b2b0717fd5360cdc5b.html

图书在版编目(CIP)数据

配送管理实务 / 黄晶主编. —杭州：浙江大学出版社，2014.12
高等职业教育物流专业规划教材
ISBN 978-7-308-14157-4

Ⅰ.①配… Ⅱ.①黄… Ⅲ.①物流配送中心—运营管理—高等职业教育—教材 Ⅳ.①F253

中国版本图书馆 CIP 数据核字(2014)第 284753 号

配送管理实务

黄 晶 主编

责任编辑 曾 熙 zxpeggy@zju.edu.cn
封面设计 杭州林智广告有限公司
出版发行 浙江大学出版社
(杭州市天目山路 148 号 邮政编码 310007)
(网址：http://www.zjupress.com)
排　　版 浙江时代出版服务有限公司
印　　刷 浙江印刷集团有限公司
开　　本 787mm×1092mm 1/16
印　　张 18.75
字　　数 410 千
版 印 次 2014 年 12 月第 1 版 2014 年 12 月第 1 次印刷
书　　号 ISBN 978-7-308-14157-4
定　　价 36.00 元

浙江大学出版社发行部联系方式 (0571)88925591；http://zjdxcbs.tmall.com